HELIOGÁBALO

UM ROMANCE GAY DE SEXO, EXCESSO E DECADÊNCIA

SÉRIE A ROMA GAY LIVRO 1

EVAN D. BERG

Também disponível nos seguintes idiomas:

Inglês: Elagabalus: A gay novel of sex, excess, and decadence.

Alemão: Elagabal: Ein schwuler Roman über Sex, Exzess und Dekadenz.

Espanhol: Elagábalo: Una novela gay de sexo, exceso y decadencia.

PROOEMIUM

Vario Avito Bassiano era apenas um jovem - um jovem excitado - quando foi proclamado imperador do império mais poderoso que a Terra já viu...

Embora na história ele seja conhecido como Heliogábalo, nosso protagonista usou diferentes nomes ao longo de sua vida: Vário, ao nascer; Bassiano, como cognome; e Antonino, como imperador. Heliogábalo era o nome de seu deus, posteriormente usado pelos historiadores para identificar também o imperador.

Ele nunca foi cruel ou maligno, mas seu estilo de vida extravagante lhe rendeu uma reputação escandalosa ao longo da história: se havia algo em que pagãos e cristãos concordavam, era a condenação moral do sacerdote do sol.

Chegou a hora, se não de redimi-lo, então de celebrá-lo. Aos olhos modernos, as ações de Heliogábalo parecem mais com as de uma antiga celebridade problemática, um hedonista sensual e esteta, do que com as de um pervertido ou lunático. Como costuma acontecer com pessoas que alcançam a fama da noite para o dia, o delírio produzido pela exaltação de ter sido subitamente elevado a um cume que alcançava os céus deve ter transformado o mundo real em nada além de uma miragem. O horizonte diante dele nunca poderia ter constituído um limite para seus sonhos apaixonados de amar primeiro um deus e depois um homem.

Você se coloca à venda; os mercenários fazem o mesmo. Você pertence a qualquer pessoa que pague seu preço; os pilotos também.

Nós bebemos de você como de riachos; acariciamos você como rosas.

Seus amantes gostam de você porque você se despe e se oferece à admiração - algo que é um direito peculiar apenas à beleza, uma beleza afortunada com liberdade de ação.

Ore, não se envergonhe de agradá-los, mas orgulhe-se de sua disposição, pois a água também é propriedade pública, e o fogo não pertence a nenhum indivíduo, e as estrelas pertencem a todos, e o sol é um deus comum.

Sua casa é uma cidadela de beleza, os que entram são sacerdotes, os que usam guirlandas são enviados sagrados, sua prata é dinheiro de tributo.

Governe graciosamente seus súditos e receba o que eles lhe oferecerem e, além disso, aceite a adoração deles.

Carta erótica nº 19 de Filóstrato, que se acredita ter sido escrita sobre o imperador Heliogábalo.

"'Why did you do it?'"

"'What,' he said but he didn't move."

"'Why did you go in after him?'"

"'After who?' he said and I smiled at the 'who'. They didn't teach you everything at the Academy."

"'P.J. Franklin,' I said. 'Why did you go in after him?'"

"'Somebody had to.'"

"'Nobody said you had to.'"

"'It had to be somebody,' and when he said that he was looking into the dark and I was looking at him."

"'We could have put a man in the life-raft, two men, with a line on it. Drifted it down to him. The way we did with the others, with somebody in the raft.'"

"'If we could then that's the way the Captain would have done it,' and he looked at me for a moment the way he had on the bridge when I had said, 'If he has any chance at all.'"

"'Maybe he didn't think of it,' I said and he started to get up but I put my hand on him."

"'The Captain couldn't make anyone go, not in those seas.'"

"'No,' he said, 'he couldn't make anyone go.'"

"We sat on those racks on the flat sea and there wasn't even a wake behind us. I looked out over the stern and maybe I was getting heat stroke because though there were only some ripples on the water, it seemed to me as if there was something underneath. Something following along nearly underneath the ship but there was nothing I could see. And then I turned back to him and said,"

"'But you saved him,' and he nodded once, half a nod, enough to say 'yes' instead of nothing, and then he said,"

"'But the Captain found him.'"

"'Anyone could have found him.'"

CAPÍTULO 1

A DANÇA

– Entrem, o templo está quase cheio – disse a anfitriã. – Vamos ver se os senhores conseguem encontrar um lugar para se sentar!

Os soldados da *Legio III Gallica*, ainda suados pela longa caminhada ao sol desde o acampamento romano em Rafanea, seguiram as instruções da mulher e caminharam pelo piso acarpetado até a *cella* pouco iluminada, em meio à fumaça do incenso que pairava no ar e aos olhares mal-humorados e murmúrios dos assistentes religiosos. Os assentos estreitos perto do altar já estavam ocupados, então eles se acomodaram em um local um pouco distante, mas com uma visão desobstruída, que era tudo o que importava para eles, afinal.

As grandiosas dimensões internas do Templo de Heliogábalo não eram exatamente o que se esperava ao observar suas paredes e colunas externas e a escadaria que levava ao saguão. Na verdade, elas transmitiam a sensação de estar em um teatro. A influência da cultura grega antiga havia deixado um impacto perene na arquitetura da cidade de Emesa, mesmo agora que seus dias de glória haviam ficado para trás. O altar era luxuosamente decorado com ouro, prata e pedras preciosas de valor inestimável, trazidas não apenas de Emesa e de seu interior, mas de reinos e satrapias de todo o Império Romano do Oriente, tanto que até mesmo o templo de Salomão – a última palavra em ostentação bárbara – era facilmente superado em gosto, riqueza e esplendor em Emesa. Embora os guardas sírios não fossem suficientes para impedir que a população roubasse esses tesouros, o roubo era impensável nessas terras, pois a fé oferecia melhor proteção do que o aço.

Para os romanos, o motivo de seu interesse em participar da cerimônia não era religioso, mas de entretenimento. Seus companheiros haviam contado a eles sobre a dança exuberante do sumo sacerdote Bassiano, um jovem de extraordinária beleza, e eles decidiram se deleitar antes de voltar ao acampamento para uma farra precoce. As atividades recreativas eram escassas em Emesa, e eles tinham que aproveitar ao máximo o tempo antes de serem enviados em uma missão para a fronteira da Pártia ou para outro lugar.

Quando as portas se fecharam e todos os participantes tomaram seus assentos, as velas nos corredores foram apagadas por quatro jovens com vestes vermelhas esvoaçantes e longos colares de pérolas, deixando apenas as velas do altar acesas e mergulhando a *cella* em uma escuridão profunda e quase completa. A tagarelice de repente se transformou em um silêncio deferente. O espetáculo estava prestes a começar.

Atrás do altar, ouviu-se o rufar lento e monótono de um tambor solitário. Logo depois, o tamborileiro apareceu, seguido por seus companheiros, aumentando o ritmo à medida que marchavam. Outros músicos se juntaram a eles, tocando flautas, gaitas de fole – e instrumentos de corda em forma de pera que os romanos não conseguiram identificar – assumindo posições em ambos os lados do altar. As jovens vestidas de vermelho ficaram no centro e anunciaram a entrada do sumo sacerdote de Heliogábalo com um arco cerimonial.

Bassiano emergiu solenemente da escuridão em meio à música e assumiu uma posição central na frente dos dançarinos. Ele era um jovem alto e esguio, vestido com o que os romanos consideravam um traje bárbaro: uma túnica púrpura com mangas compridas e um xale mais escuro amarrado no pescoço, cobrindo-o do peito aos quadris. O reflexo da luz da vela no ouro de seus inúmeros braceletes e colares e nos bordados de suas vestes deslumbrou os que estavam sentados nas primeiras fileiras, que tiveram de cobrir os olhos como se estivessem olhando para o sol. O jovem sacerdote também usava um diadema do mesmo metal precioso incrustado com várias pedras preciosas. Seu traje havia sido feito sob medida não apenas para agradar a seu deus, Heliogábalo, mas para lembrar aos presentes sua origem nobre, algo que, desde seu exílio de Roma, alguns plebeus despreocupados tendiam a esquecer. Com os braços caídos, ele olhava para a plateia com seus olhos cor de avelã sonhadores, profundos e enigmáticos. Seus cabelos castanhos claros, curtos e ondulados, estavam penteados para frente e seu rosto oval e pálido era emoldurado por costeletas na altura do maxilar. Um pequeno bigode aparecia acima de seus lábios cheios e rosados. Sua expressão não revelava nenhum tipo de emoção, e sua postura revelava o glamour da grandeza real, algo que havia desaparecido dessas terras fenícias desde que o imperador Domiciano aboliu a monarquia de seus ancestrais cinco gerações antes.

— Garoto bonito, não é? — disse um jovem soldado loiro e animado ao seu superior sentado ao lado dele.

— Sim, ele parece o próprio Baco — respondeu o oficial com voz rouca.

O sacerdote se virou, subiu os amplos degraus de mármore que levavam ao altar e abriu um par de grossas cortinas de veludo preto, prendendo-as nas laterais. Isso revelou uma pedra cônica, preta e porosa, com metade do tamanho de um homem, com relevos curiosos que não pareciam ter sido esculpidos por mãos humanas; dizia-se que era a pedra enviada à Terra pelo próprio deus-sol Heliogábalo. A pedra era guardada por uma águia síria dourada gravada em uma postura descendente. Quando Bassiano expôs o meteorito, a música cessou, e os músicos e dançarinos acompanharam o jovem ajoelhado diante do altar por um tempo aparentemente interminável. No momento em que os soldados começaram a perder a paciência, o sacerdote levantou a mão esquerda com um movimento lento e delicado do pulso, sinalizando aos flautistas que tocassem uma melodia em uma cadência suave e sutil. Os outros músicos logo os seguiram. Bassiano se levantou com seus dançarinos e, por meio de uma variedade de movimentos sedosos, sempre de frente para seu deus e de costas para o público, o jovem sacerdote permitiu que os homens e as mulheres olhassem através das fendas de seu manto para seus braços e coxas brancos, perfeitamente tonificados e sem pelos.

Depois que essa dança sensual se prolongou por algum tempo, Bassiano se ajoelhou e, olhando para um lado, permaneceu por alguns momentos imóvel como uma estátua, e a música parou com ele. Em seguida, ele saltou com grande ímpeto, dando piruetas no ar, deslumbrando o público com o brilho de seu traje. No mesmo instante, os músicos imprimiram um ritmo mais rápido, mais atraente e sedutor e, quando seus pés tocaram o chão novamente, seus dançarinos balançaram para frente e para trás ao som, seus corpos iluminados pelo brilho líquido da luz das velas. O ritmo inebriante foi enriquecido pelo som peculiar de dedos ágeis batendo nas peles de cabra esticadas. O jovem alto e musculoso dominava a cena com saltos, giros, o movimento ondulante de suas mãos e o rodopio de suas roupas, causando um frenesi muito maior do que os soldados esperavam.

Os dois soldados, sentados próximos um do outro, com as pernas peludas se tocando, olharam nos olhos um do outro e trocaram sorrisos. A proximidade física aumentou o calor corporal já sufocante e acelerou os batimentos cardíacos deles. O soldado de patente mais baixa apalpou levemente a protuberância de seu superior.

— Desculpe-me, general, mas não pude deixar de notar sua ereção.

— E quem não teria uma com esse espetáculo? — disse o oficial com naturalidade.

— Claro! — disse o jovem legionário, enquanto seu superior retribuía o gesto agarrando-o pelas partes íntimas. — Mas aposto que isso seria mais apropriado para o culto de *Fascinus*, não é mesmo, general?

Os dois homens estavam tentando conter o riso quando uma mulher de certa idade, com cabelos tingidos de preto e penteados no meio, olhos grandes e salientes e maçãs do rosto encovadas, aproximou-se deles por trás e deu um tapinha no ombro do mais velho.

– Perdão, oficiais – disse ela com um semblante severo, enquanto a luz da vela destacava seu nariz grande e queixo pontudo. – Parece-me que vocês não estão prestando o devido respeito ao nosso deus.

O oficial sênior se virou, assustado. Ele percebeu imediatamente pelas roupas dela, que consistiam em uma túnica de seda vermelho-amaranto – com decote e bainha bordados em ouro – coberta por uma estola de renda vermelho-escuro amarrada com um broche em forma de pavão, que ela era uma mulher importante, talvez a esposa de algum oficial da cidade. Ele abaixou a cabeça, reprimindo rapidamente o sorriso como uma criança repreendida por um tutor.

– Vejo que está visitando nossa cidade. Posso saber seu nome?

– Sou o General Públio Valério Comazão, senhora.

Seus olhos eram azuis brilhantes e profundos como um lago em frente a uma cachoeira, sua pele era de um tom claro de oliva, seu cabelo era preto e crespo, pronto para ficar desgrenhado se não fosse mantido curto, e ele tinha o perfil forte de um romano puro-sangue. Seu rosto envelhecido, mas bonito, revelava a expressão viril de um legionário experiente.

Pêlos faciais espessos, não crescidos o suficiente para esconder a covinha no queixo e a mandíbula esculpida, obscureciam a pele grossa do rosto.

– Eu sou Júlia Maesa – respondeu ela, inclinando ligeiramente a cabeça.

– Júlia Maesa, a tia de...

– Sim, a tia de nosso amado e falecido imperador Caracala.

Comazão estava prestes a se levantar quando ela fez sinal para que ele a seguisse até os fundos do templo. Eles se esgueiraram por entre a multidão, que permaneceu sentada enquanto o sacerdote se ocupava com as oferendas de alimentos e libações, cujo cheiro já superava o do incenso. Eles passaram por uma grossa cortina de veludo que levava a uma sala escondida onde o som da música era abafado.

– Não há necessidade de formalidades, general – disse ela, segurando-o com o braço cheio de braçadeiras. – Sou profundamente grata por seus serviços prestados à nossa pátria.

– Obrigado – disse Comazão, incapaz de pensar rapidamente em uma resposta melhor.

– É claro que o senhor e eu estamos bem cientes da gravidade da situação atual. O imperador morto e o usurpador Macrinus comandando o império... Estou convencida de que ele está por trás do assassinato do meu sobrinho. – A mulher o agarrou com mais força, e o rosto dele escureceu. Ela se apressou em suavizar a expressão e soltou o braço dele. – Mas isso, é claro, é assunto para outro dia. Há apenas uma coisa que eu gostaria de lhe confidenciar neste momento, meu caro general.

– Sim...?

– Não sou apenas a tia de Caracala; sou também a avó desse adorável jovem – disse ela, abrindo ligeiramente as cortinas e olhando para o corredor. – Percebi que o senhor gostou dele... estou certa?

– Sua adoração sacerdotal ao deus-sol é algo que nunca presenciamos antes, Vossa Alteza – respondeu Comazão perplexo, perguntando-se o que exatamente a mulher havia visto.

– Tal classe e elegância têm sua razão de ser. Ele é o filho secreto de nosso amado imperador.

– A senhora quer dizer... filho de Caracala? Mas... como isso pode ser possível?

– Minha filha Soémia era muito querida por ele e lhe deu um filho – disse ele com uma risada. – Mantivemos isso em segredo durante todo esse tempo. Não era conveniente revelar a verdade na época, porque ela era uma mulher casada, mas agora as coisas mudaram. – Ela pausou um pouco. – O senhor sabe o que isso significa para o império, certo? – disse ela, olhando-o nos olhos.

O general permaneceu em silêncio, com calafrios percorrendo sua espinha dorsal.

– Eu sei que sabe; posso dizer que é um homem inteligente – ela sorriu, dando ao seu rosto uma oportunidade de evocar a beleza de tempos passados. – De qualquer forma, tudo o que eu preciso do senhor é algo muito simples – disse ela, colocando a mão no ombro dele: – Poderia fazer a gentileza de compartilhar com a sua legião o que sabe agora sobre o querido Bassiano?

– Mas, *domina* – disse Comazão, olhando por trás da cortina, – tal ação seria considerada traição... A senhora sabe disso! – ele sibilou.

– Isso o convencerá? – disse Maesa, entregando-lhe uma pequena bolsa de veludo vermelho, amarrada com um cordão amarelo.

Comazão a desamarrou e, quando olhou para dentro, ficou de queixo caído. A bolsa continha pelo menos quarenta *aurei*. Ele olhou para Maesa.

– Posso lhe dar muito mais. Isso não é problema. Tudo o que o senhor precisa fazer é me ajudar a espalhar a verdade sobre meu neto. – Ela sorriu ao ver o brilho nos olhos do oficial. – Não faça isso apenas pelo dinheiro. Seria um grande serviço para sua pàtria!

Δ

Após a cerimônia, os legionários percorreram o longo caminho de volta à sua base, comentando e brincando sobre a apresentação de dança exótica, mas excitante, que haviam testemunhado e como havia sido empolgante admirar na vida real alguém tão dissoluto, mas ao mesmo tempo tão divino. A marcha passou rapidamente e, ao chegarem, acenderam fogueiras para assar a carne da caçada da manhã e trouxeram ânforas com *posca*, uma bebida fermentada que usavam como aperitivo.

Comazão entrou em seus aposentos, acendeu uma pequena vela e se jogou na cama. Ficou deitado por um tempo, deixando os pensamentos correrem livremente em sua mente. Um pensamento o perturbava especialmente: ele suspeitava que Maesa tivesse visto ele e o soldado brincando. Que droga. A bolsa de dinheiro que ela havia dado a ele ainda estava em sua mão; ele olhou para ela e a jogou no ar algumas vezes. Esse garoto era o herdeiro legítimo de Caracala? A própria ideia parecia ridícula. Mas não seria bom ter uma beleza dessas para admirar no trono? Sorriu. Quão ruim governante ele poderia ser? Certamente não pior do que Macrinus, que – ele concordava com Maesa – foi responsável pela morte de Caracala e que definitivamente não tratava as tropas com o respeito de seu antecessor. Ele lhes negou privilégios e um aumento de salário, enquanto vivia no luxo em Antioquia, cuidando de sua barba e organizando debates «filosóficos». Sim, seria bom se livrar de Macrinus. No entanto, era permitido colocar esse rapaz em seu lugar? Se o que sua avó dizia sobre sua ascendência fosse verdade, tudo seria perfeitamente legal. Mas e se não fosse? Ele olhou novamente para a bolsa. De uma coisa ele tinha certeza: essa mulher não era alguém que ele queria como inimiga, especialmente se ela tivesse visto o que ele achava que ela tinha visto. Um som alto de buzinas, trombetas e *buclinas* começou a soar, distraindo-o de seus pensamentos, e ele percebeu que era melhor sair e se juntar a seus subordinados. Colocou a bolsa na mesa de cabeceira.

Do lado de fora, alguns dos legionários já estavam cantando velhas canções de guerra, enquanto outros tentavam, para riso de seus companheiros, recriar os passos de dança que haviam visto no templo. Os homens beberam, cantaram, dançaram e riram, de braços dados, em uma camaradagem que não poderia ter deixado Comazão mais orgulhoso. Esse era o sinal pessoal de sua liderança: bravura no campo de batalha e leveza no acampamento. Era por isso que seus homens o amavam.

Depois de algumas horas, em meio à folia, Comazão se levantou, esticando os braços, tentando dar a impressão de estar cansado. Depois de tropeçar alguns passos em direção ao seu quarto, ele olhou para o jovem soldado loiro que estava sentado ao seu lado no templo. Quando o garoto retornou seu olhar, ele piscou e acenou para ele, fazendo sinal para que o seguisse. O garoto o seguiu e eles caminharam nos braços um do outro, longe da luz das fogueiras.

Uma vez dentro do covil, os dois homens se derreteram em um beijo apaixonado. Comazão habilmente despiu o soldado de sua túnica e roupa de baixo, esfregando suas mãos ásperas sobre a pele branca do legionário. Seu companheiro retribuiu e, por sua vez, despiu o general. Eles caíram na cama se beijando, saboreando o vinho na língua um do outro, acariciando-se desesperadamente. Comazão apagou a única vela que iluminava o quarto e os dois, completamente nus, se enfiaram debaixo de um cobertor de pele grossa para se protegerem do frio do outono. Eles se abraçaram com força e continuaram a se beijar e a tocar o corpo um do outro à vontade. O soldado não se cansava de brincar com os pelos do peito de Comazão e roçava o nariz nas axilas peludas e com cheiro de homem do general. Comazão esfregou as bochechas brancas e delicadas do soldado com sua barba áspera e incipiente antes de beijá-lo mais um pouco, dedilhando seu cuzinho faminto. Ele virou o garoto para que ficasse de costas para ele e cuspiu em sua própria mão para lubrificar o pinto em crescimento. Ele inseriu cuidadosamente a cabeça de seu membro na bunda do jovem soldado, enquanto o segurava pelo peito com um de seus braços fortes e peludos. Ele usou a outra mão para segurar o pênis totalmente ereto do legionário enquanto o penetrava. Comazão soltou um grunhido e o garoto gemeu, vítima de um prazer desconhecido, pois nunca havia provado a arma preferida do general. Comazão continuou a empurrar até estar completamente dentro do orifício apertado do legionário, sentindo e apreciando o calor acolhedor de seu interior. Ele começou a se mover lentamente, saboreando cada investida à medida que os deslizamentos de sua madeira se tornavam mais suaves e escorregadios. O movimento de seu corpo fez com que os pelos de seu peito roçassem as costas do rapaz de forma agradável. Ele beijou o pescoço do soldado e colocou a língua em seu ouvido enquanto o masturbava, fazendo com que o jovem estremecesse.

Os homens do lado de fora notaram a ausência do general e do recruta. Eles sabiam que seu líder gostava de ter um jovem diferente em seu covil a cada noite. Isso não tinha importância para eles, pois ele era o melhor e mais corajoso comandante do mundo e os havia levado a inúmeras vitórias em ambos os lados da fronteira.

Dentro da sala, a ação havia se tornado mais intensa. O garoto agora estava deitado de costas, enquanto Comazão o penetrava sem piedade. Dessa forma, o general conseguiu penetrar ainda mais fundo em sua cavidade masculina e empurrar seu pênis impossivelmente ereto em investidas rítmicas, coordenadas com os gemidos cada vez mais altos do garoto.

– Sim, General Comazão, possua-me, torne-me seu! Ahh!

Finalmente, era hora de descarregar. Ele puxou o pinto para fora e o sacudiu violentamente até que a substância branca e espessa caísse sobre os abdominais esculpidos do jovem. Ele beijou profundamente seu amante enquanto espalhava seu sêmen nas bolas e no pau do rapaz e o ajudava a gozar.

Os dois homens se deitaram nos braços um do outro no calor da toca, que estava cheia do cheiro de sexo: o cheiro doce que dava a Comazão uma coragem incrível antes de uma batalha e também uma grande calma depois de vencê-la. Entretanto, sexo em um dia normal, especialmente em um dia de bebedeira, não era uma exigência incomum de sua insaciável masculinidade. Comazão abraçou seu rapaz, protegendo-o com o calor de seu corpo como um urso protege seu filhote, e logo os dois adormeceram profundamente.

Δ

Os amantes acordaram antes do amanhecer, pois para Comazão a disciplina era a única coisa tão sagrada quanto o sexo: apesar de suas diversões noturnas, o general se preocupava em manter o moral de sua legião. O garoto descansou a cabeça no peito poderoso do comandante, passando os dedos pela grossa pelagem negra.

— Você se divertiu ontem à noite? — sussurrou Comazão com sua voz grave e masculina.

— Claro que sim, general. E foi uma honra finalmente servi-lo como todo bom soldado desta legião deve fazer.

—Você se saiu bem, rapaz, você se saiu bem — disse Comazão, passando os dedos pelos cabelos do jovem.

— Gostaria que eu lhe preparasse uma bebida? — disse o soldado, sentando-se ligeiramente.

— Não, fique aqui um pouco mais. — Comazão se levantou e se encostou ao seu lado. — Há algo sobre o qual quero falar com você. Lembra-se daquela mulher que me abordou no templo?

— Claro. Ela parecia ser do tipo assustador.

— Sim. Ela é, sem dúvida, uma respeitável matrona romana, uma mulher inteligente e poderosa. Você viu o que ela me deu?

O garoto encolheu os ombros.

Comazão pediu que ele lhe entregasse a bolsa que estava na mesa de cabeceira. O jovem a entregou a ele. Ele a desamarrou e os olhos dele brilharam.

— O que é isso? Ela lhe devia esse dinheiro?

Comazão sorriu diante da inocência do garoto. — Não. Não vou mentir para você, filho. É um suborno.

— Um suborno?

14

– Sim, um suborno – disse Comazão, sorrindo, – suponho que ela queira que proclamemos seu neto... aquele sacerdote simpático... imperador de Roma. O garoto começou a rir. – Não pode estar falando sério, general? – Tenho certeza absoluta de que ela fez isso. – Mas o senhor nunca poderia pensar seriamente nisso, não é? Isso seria traição. Nós seríamos crucificados. – Se falharmos. Além disso, isso me deu um motivo ainda mais forte para ajudá-la. – O que é? – Ela afirma que o jovem é o filho natural de Caracala. O rapaz fez uma pausa meditativa. – Ela tem alguma prova? – Sua semelhança com o falecido imperador. – Comazão fez uma breve pausa. – E sua palavra – disse ele, sorrindo. – Por que está me contando tudo isso, general? – Quero seu conselho sobre o que fazer. – Meu conselho? Mas o homem sábio nesta cama é o senhor, não eu! Como posso eu, um mero *miles*, aconselhar o maior general de nossos tempos sobre o que fazer? – Às vezes, bons conselhos vêm dos lugares mais inesperados.

Comazão se deitou de costas na cama e o garoto descansou a cabeça no enorme peito novamente.

– Sinto-me lisonjeado com sua confiança, senhor – disse ele enquanto o acariciava, – e lamento não poder lhe dar nenhum conselho, mas....

– Mas?

15

– Tudo o que posso lhe dizer é que seus homens e eu o seguiremos até a glória ou até a morte em batalha, se necessário. Comazão sorriu e deu um beijo de língua no garoto. Em seguida, olhou-o nos olhos. – Isso é tudo o que eu precisava ouvir. Os homens desta legião me deixam muito orgulhoso. – Ele lhe deu outro pequeno beijo nos lábios. – Não só acredito nas histórias da velha sobre a linhagem de seu neto, mas...

– Sim?

– Não seria ruim se todos nós ficássemos muito ricos de repente! O garoto caiu na gargalhada e voltou a beijar profundamente seu homem. Não havia nada melhor no mundo do que ser um legionário da *Legio III Gallica*.

Δ

O jantar havia sido servido em uma dos *triclinii* da *domus* de Júlia Maesa. Ela estava deitada no divã central, acompanhada por sua família, composta por sua filha mais velha, Júlia Soémia, e seu filho, Bassiano – o sumo sacerdote de Heliogábalo –, bem como sua filha mais nova, Júlia Mameia, e seu filho Alexiano, quatro anos mais novo que seu primo. Não havia homens mais velhos, pois as três mulheres eram viúvas.

O jantar consistia em pão, sopa de legumes, frango com ervas e aspargos, tâmaras, ameixas e vinho. A família estava jantando em silêncio quando foi interrompida por um jovem escravo.

— Desculpe-me, *domina* — disse ele, voltando-se para Maesa, que lhe lançou um olhar irritado, — mas o homem que me deu esse aviso disse que era da maior importância.

Maesa, mal olhando para o garoto, continuou a mastigar o pão que havia mergulhado na sopa farta e o chamou para perto enquanto limpava as migalhas das mãos com um guardanapo. O escravo lhe entregou com uma reverência o rolo lacrado. Ela lhe disse para ir embora, enquanto rompia o lacre com rapidez.

— O que foi, mamãe? — disse Soémia, mordendo uma ameixa. Seus olhos verdes pareciam mais brilhantes do que o normal naquele momento. Ela era uma mulher de quarenta e poucos anos, com alguns fios grisalhos em seu exuberante cabelo loiro, que, apesar de seu notável ganho de peso, não havia perdido muito da beleza e do charme de sua juventude.

Maesa leu o aviso quase engasgando. Ela olhou para a filha. — Soémia! É uma carta de Comazão, o comandante da *Legio III Gallica*!

Soémia franziu a testa. Sua irmã olhou para ela confusa. Os dois meninos pareciam desinteressados.

— Minha querida filha, seu filho será o imperador!

— Do que está falando, mãe? Isso é uma piada?

— Não é brincadeira! Eu sabia que ia dar certo — disse ela, batendo palmas febrilmente. — Em breve estaremos de volta a Roma!

— Todos? — perguntou Mameia.

Ela não parecia entusiasmada com a notícia, pois não fazia referência a seu filho. Oito anos mais nova que a irmã e ainda no auge da vida, ela sempre teve inveja do esplendor e da capacidade de Soémia de atrair pretendentes. Ela se irritava com o fato de não ter o carisma e a atratividade necessários para competir com ela. Suas características faciais fortes e austeras e seu cabelo preto-âmbar revelavam o temperamento de uma mulher forte que os homens temiam como a peste. Em nenhum de seus dois casamentos ela teve a mesma sorte que sua irmã, embora isso não importasse agora.

— Você ainda não me explicou o que está acontecendo — disse Soémia, ansiosa, para a mãe.

Maesa lhe entregou a carta.

Soémia leu rapidamente e olhou de volta para ela. — Mas... por que os soldados fariam uma coisa dessas?

— Você não me viu conversando com o homem durante a cerimônia?

— Eu a vi conversando com um oficial, sim.... mas não suspeitei que meu filho fosse o tema da sua conversa! O que você disse a ele?

— Apenas a verdade sobre seu filho.

— Que verdade? — disse Soémia com a voz trêmula.

— Que seu filho também é filho de Caracala.

Os dois rapazes, que até então não haviam intervindo na conversa, se entreolharam surpresos.

— Mãe! — exclamou Soemias, levantando-se freneticamente. — Como você pôde fazer isso! Como pôde desonrar meu falecido marido dessa maneira!

18

– Os mortos não se importam com a honra, minha querida.

– Mas isso é perigoso... O que nosso imperador Macrinus pensará se descobrir o que você fez?

– Não mencione esse nome vil em minha casa! Muito menos na frente de sua irmã.

Mameia soluçou ao se lembrar de como Macrino havia mandado matar seu marido.

Ele não só fez isso, como também mandou toda a família de volta para Emesa, no exílio, onde – pensava ele – não poderiam conspirar contra seu reinado. As duas filhas pareciam ter se conformado com seu destino, mas não Maesa, que, tendo estado tão perto do centro do poder, não conseguia se ver vivendo novamente em uma região remota do mundo.

Sua irmã, Júlia Domna, tivera sorte na infância: era a filha mais velha, a mais importante; a que recebera a melhor educação, embora Maesa tivesse um intelecto superior e ansiasse por conhecimento – que ela adquirira na biblioteca do pai; a que fora apresentada a pretendentes melhores e que se casara com um que se tornaria imperador e que lhe dera um filho, que por sua vez reinaria. Maesa, por outro lado, havia se casado apenas com um nobre – com uma impressionante carreira militar e política – mas apenas isso, um nobre, sem nenhuma oportunidade de ocupar o trono. Ela tinha visto sua irmã gostar de estar no centro do mundo, e isso exacerbou seu ciúme sempre presente. Também viu como ela havia sido tão estúpida a ponto de nunca tentar tirar proveito de sua posição e governar por trás do trono. E, o pior de tudo, como Domna havia pedido condescendentemente que ela morasse no palácio, apenas para jogar seu status e sucesso na cara dela. Para lembrá-la de que ela sempre seria a «irmã mais nova».

Seu sobrinho, Caracala, quando era um jovem imperador, desejava sua bela filha Soémia, e Maesa havia estimulado seus apetites, mas nunca conseguiu fazer com que Soémia traísse seu marido por um homem que ela não amava, mesmo que esse homem fosse o próprio imperador. Caracala, infelizmente, não chegou ao ponto de assassinar o marido dela para tomá-la como esposa, e nem mesmo a forçou a se deitar com ele.

Mas agora, a vida lhe deu outra oportunidade: Caracala estava morto, sua irmã se deixou morrer lentamente e Macrinus havia usurpado o trono. Ela não precisava de um oráculo para saber que sua hora havia chegado: tudo o que ela precisava era de uma mentira e do momento certo. Esse momento havia chegado no templo, quando ela viu aqueles dois oficiais se acariciando. Um deles parecia ser um general. Ela havia encontrado seu instrumento. O plano era simples: oferecer-lhe um suborno e, se ele recusasse, ameaçar desmascará-lo como o homem invertido que era e destruir sua carreira e sua vida. Ela esperava não ter de ir tão longe, mas era sempre bom ter opções.

Determinada a não deixar que o poder saísse da dinastia severa, uma vez de volta a Roma, ela não cometeria o mesmo erro da irmã: ela, Maesa, não se contentaria com uma vida de luxo e conforto; suas ambições eram muito maiores. Ela não descansaria até se tornar a governante de fato do mundo. Ela se deliciaria com a glória e entraria para a história como o que sonhava ser desde a infância: a mulher mais poderosa da terra. Ela provaria a seus pais, mesmo no túmulo, o quanto eles estavam errados em relação a ela.

– Não chore, minha querida – continuou Maesa, pegando Mameia, – ele logo será destronado e voltará para onde pertence!

Soémia estava prestes a sair da sala quando Maesa correu até ela e a agarrou pelos ombros. Ouça-me! – ela disse, forçando-a a olhar para ela. – Você não quer voltar para o palácio?

– Não, mamãe, a vida aqui é boa! Fizemos novos amigos e há pessoas que nos amam. Por que deveríamos voltar para Roma? Aqui podemos ser felizes juntos!

– Roma é onde as coisas acontecem, minha filha; isto é, se você tiver os contatos certos. Isso é o que eu sempre disse a seu pai. Olhe! Ele me deu ouvidos e nos tornou muito ricos. –Ela olhou para a filha com severidade. – Você pode ter se acostumada com esse lugar imundo novamente, mas eu nunca me acostumarei! Além disso, eu nunca deixaria um traidor sair impune do assassinato do imperador. Esse homem não merece estar no cargo! Ele é um usurpador! O único herdeiro legítimo do trono é o seu filho! Entendeu?

Soémia ficou sem palavras no meio da sala, balançando a cabeça e levando a mão à bochecha.

– Bem, primo, você vai ser imperador, parabéns! – disse Alexiano, regozijando-se.

Bassiano se levantou de sua cadeira e começou a dançar animadamente pela sala.

Mameia revirou os olhos.

– A carta diz que devemos estar no acampamento em três dias – disse Maesa. – Não há tempo a perder! Temos de comprar roupas novas e uma carruagem!

Δ

Na noite anterior ao grande dia, por volta da meia-noite, Maesa, Soémia e Bassiano embarcaram na carruagem que cruzaria as muralhas da cidade e os levaria pelo deserto, em meio a altas colinas e olivais, até o encontro com o destino. Levaria várias horas para chegar ao acampamento em Rafanea, localizado a vinte milhas a oeste de Emesa, no final de uma longa e empoeirada *via romana*. A fortaleza era o orgulho da *Legio III Gallica*, uma legião com uma longa e gloriosa história. Fundada pelo próprio Júlio César com veteranos da conquista da Gália – daí seu nome –, ela havia participado de grandes batalhas em lugares tão distantes quanto a Hispânia e a Mesopotâmia desde seu início e, devido ao constante conflito com os partas, estava estacionada no Oriente há mais de um século.

A família usava seus trajes mais deslumbrantes: Maesa e Soémia, estolas de seda – enfeitadas no decote e na bainha – encimadas por *palas* coloridas presas com broches de ouro, que usavam na cabeça, e Bassiano, a característica túnica de seda púrpura que ele amava acima de todas as outras vestimentas e com a qual realizava seus serviços religiosos.

Os membros da futura família imperial estavam deitados nas camas e almofadas estofadas em veludo dentro do *carpentum* espaçoso e bem decorado que Maesa havia conseguido adquirir no último momento de um vendedor muito feliz. Bassiano estava deitado no centro, e sua mãe e avó ocupavam as laterais.

A família viajou em meio ao rangido das rodas de ferro que, se não fossem as tiras de couro que ajudavam a amortecê-lo, teriam tornado a viagem insuportável. Quando a luz do sol apareceu no horizonte, Soémia abriu as cortinas e contemplou a paisagem desolada ao redor. Normalmente, ela era uma mulher tranquila e ficava feliz em ter companhia sem falar. No entanto, a preocupação começou a se infiltrar em sua mente.

– Mãe, tem certeza de que estamos fazendo a coisa certa? – disse Soémia com um toque de agitação na voz.

– Querida, de novo não, por favor. – Ela sorriu, tentando tranquilizá-la. – É a única coisa a fazer.

Bassiano olhou pela janela, apoiando a cabeça e a mão no ombro de sua mãe. Maesa estava olhando para a túnica dele, irritada por não ter conseguido forçá-lo a usar a *toga virilis*, como convém a um cidadão romano, especialmente um que estava prestes a ser proclamado imperador. «Talvez em Roma», ele havia dito a ela. A privação de sono da noite anterior começou a afetar o garoto, que bocejou e esticou os braços até que uma rajada de vento arenoso o obrigou a fechar as cortinas.

– Quando chegaremos lá? – perguntou ele, semicerrando os olhos.

Maesa permaneceu sem expressão. Ela pensou no quanto odiava a voz chorosa e efeminada dele. Embora ele tivesse completado dezoito anos, seu comportamento ainda não havia evoluído o suficiente para ser digno de um jovem da sua idade, e ela duvidava que isso acontecesse algum dia. Ela se sentiu deprimida por ser a única pessoa da família que entendia a magnitude do momento. Ou talvez fosse a única que se importava. – Estamos quase lá, querido.

Pouco depois da *hora prima*, a carruagem parou abruptamente em um vale com vista para um santuário. De um lado, havia uma grande pedreira de rocha negra e, do outro, o imponente acampamento da legião. Uma nuvem de poeira invadiu a cabine pelas frestas das cortinas. A família se levantou em meio a tosses e pigarros. Eles desceram da carruagem, tentando sacudir a poeira de suas roupas antes imaculadas o mais rápido possível.

Um guarda se aproximou do veículo. Após os cumprimentos protocolares, ele fez sinal para que um companheiro abrisse o portão principal da fortaleza e conduziu a família pela *via praetoria*, que passava entre fogueiras ainda não apagadas em frente aos quartéis de madeira dos legionários. Eles pararam no fórum, onde havia uma proeminente *aquila*, e os visitantes puderam ver os austeros mas robustos edifícios de tijolos, que incluíam o quartel-general do comandante, as residências dos centuriões, capelas para os vários deuses, oficinas e até mesmo banhos rudimentares. Radiante, Comazão se aproximou dos visitantes vestindo impecável traje de *legatus*, que incluía um capacete com uma crista longitudinal de penas vermelhas, um manto escarlate e uma couraça musculosa – larga o suficiente para cobrir seu enorme peito. Seus soldados esperavam atrás dele.

– Salve, Vossa Alteza – disse ele, inclinando ligeiramente a cabeça, – estamos honrados com sua presença e com a de sua mãe e avó.

Bassiano olhou o oficial de cima a baixo. – Avó, este é o homem de quem você me falou? – perguntou ele a Maesa em um tom chato.

Maesa assentiu com um leve sorriso. Ela olhou para Comazão com olhos questionadores. Ele parecia diferente em seu uniforme completo: mais marcante, mais atraente. Seus olhos azuis brilhavam intensamente sob a luz incipiente do sol. Ele era, de longe, o homem mais alto e robusto do acampamento. Mesmo a armadura pesada não conseguia esconder totalmente as características corporais sólidas do general. O que estava por baixo era certamente mais impressionante do que a própria armadura de ferro. Ele também era notavelmente jovem para sua posição de comandante; não aparentava ter mais de trinta e cinco anos.

Bassiano se aproximou de Comazão com um olhar arrogante. – Bem, vamos acabar logo com isso.

Comazão ficou agradavelmente impressionado com a atitude do garoto. A falta de servilismo era a marca inconfundível de um governante nato.

Um soldado entregou a Comazão um manto militar púrpura. Maesa o reconheceu. Era o famoso manto que havia pertencido a Caracala e do qual ele recebeu o apelido. Comazão se aproximou do garoto e o envolveu com cuidado. Ao fazer isso, ele se certificou de passar suavemente seus antebraços escuros e peludos contra os braços e ombros brancos cremosos do futuro imperador. O contato fez

Bassiano estremecer de prazer. Ele abriu a boca e quase protestou, mas no final segurou a língua. Na verdade, ele desejou que o contato tivesse durado um pouco mais.

Comazão prendeu o manto com um fecho de ouro. Por fim, ele prendeu um *cingulum* com um gládio forjado especialmente para ele. Em seguida, passou em frente a Bassiano e lhe fez a saudação militar. – Nós, soldados da *Legio III Gallica* – continuou o general, – proclamamos o senhor, *Domine Excellentissime*, o único imperador legítimo de Roma, reconhecendo seu nobre nascimento na Casa de Antonino, à qual juramos lealdade, como filho e herdeiro do falecido imperador Caracala e neto de Severo, Pio, Félix e Augusto.

Ele desembainhou sua espada e a balançou no ar antes de segurá-la firmemente em um ângulo. – Nós o defenderemos na batalha contra as forças de qualquer um que desafie sua autoridade! *Roma et imperator! Roma victrix!*

– *Roma et imperator! Roma victrix!* – exclamaram os soldados.

Bassiano ficou surpreso com a efusividade dos soldados, mas se esforçou para não demonstrar isso. Seu estômago estava revirando com borboletas e vermes. Ele tentou dissipar o nervosismo caminhando entre seus novos súditos, segurando suas vestes e erguendo a cabeça como um pavão, observando-os, mas tomando cuidado para não olhá-los nos olhos, para que um sorriso nervoso não traísse seus lábios femininos e arruinasse a impressão. Ele pensou em desembainhar seu gládio e empunhá-lo na frente dos soldados, mas decidiu que seria uma atitude arriscada, considerando que nunca havia segurado uma espada antes.

Como seus serviços religiosos eram frequentados principalmente por mulheres, ele não estava acostumado a receber elogios de homens, muito menos daqueles que agora estariam oficialmente sob seu comando. Tendo sido criado apenas por sua mãe, ele ainda se sentia intimidado em uma atmosfera de total masculinidade. Ele respirou fundo, disfarçando com uma tosse, antes de voltar à sua posição frontal para fazer seu primeiro discurso oficial, que havia ensaiado com sua avó na noite anterior.

– Romanos – disse ele em um tom artificial de comando, – chegou a hora de restaurar a legitimidade do governo da nossa pátria. O usurpador Macrinus tentou tirar de mim, pela força bruta, o que pertence somente a mim; ele tentou me privar do meu direito de conduzir meu povo ao seu destino. Saibam, queridos amigos, que eu, como o divino Augusto, trarei a Roma a glória que há tanto tempo ela espera. Eu, jovem e sábio, imitarei em todas as coisas os feitos do *pater patriae*, o homem mais glorioso que Roma deu à luz. Eu, imperador e César, filho de Vênus e Apolo, declaro neste momento que também ocupo o cargo de procônsul e exerço o poder tribunicial, pois sou o *pontifex maximus* e terei autoridade em todos os assuntos, perante o senado, para o bem do povo!

Uma explosão de *aves* e aplausos irrompeu das fileiras.

– Portanto – continuou ele – declaro que meu nome será, a partir de agora, Antonino, pois o nome de meu pai deve ser restaurado e continuar a representar um legado de virtude e honra. E vocês, meus leais legionários, receberão a recompensa que merecem. Como meu primeiro ato de governo, imediatamente após minha chegada a Roma, restaurarei às legiões de fronteira os privilégios e as condições que existiam sob o comando de meu pai, e não apenas isso: distribuirei os tesouros entre todos vocês, como pagamento justo por sua bravura e devoção! Uma infinidade de aplausos ainda mais entusiasmados irrompeu da legião, agora em êxtase desenfreado.

— Este rosto que vocês veem — observou ele, apontando para si mesmo, — não mentirá nem os enganará, mas é um sinal da verdade. Saibam bem, meus queridos soldados, que minha beleza é igual à minha sabedoria, e minha glória será igual à minha beleza. E vocês, filhos de Roma, serão partícipes dessa glória, pois sou um de vocês, e é somente para vocês que quero viver!

— *Roma et Antonino! Roma victrix!* — gritou um dos soldados. Os demais seguiram em uníssono, brandindo espadas no ar.

Maesa, que estava respirando pesadamente com uma mão no peito, abriu os olhos após a improvisação do neto e olhou nervosamente para Comazão. Ele sorriu levemente, revelando uma covinha em sua bochecha, e piscou para ela. Ela piscou de volta.

Δ

A notícia da nova proclamação chegou às províncias apenas alguns dias após a partida do garoto do acampamento em Rafanea. Macrinus, o homem sem vergonha no espírito e na aparência que ocupava o cargo supremo de imperador de Roma, apressou-se em enviar uma unidade de cavalaria para acabar com o que ele acreditava ser nada mais do que a rebelião tola e mesquinha de uma legião romana, instigada para instalar um garoto desconhecido no trono. Ele ordenou que seus homens crucificassem todos os sobreviventes entre os insurgentes, depois que o acampamento deles foi totalmente queimado.

Certa noite, quando Comazão estava jantando com suo Estado-Maior, uma sentinela entrou correndo no pretório. – Comandante – disse o homem, quase sem fôlego, – uma unidade de cavalaria imperial está se aproximando! Estamos sendo atacados!

Comazão se levantou abruptamente, pegou sua espada e escudo, vestiu apressadamente seu capacete e correu pela *via praetoria* à luz da lua, alertando seus homens ao longo do caminho. Sua Estado-Maior o seguiu. Quando chegaram a uma das torres de vigia, puderam ver e ouvir o galope à distância, em meio a uma enorme nuvem de poeira.

– Rápido, reforcem os portões! – Comazão ordenou a um de seus oficiais. – Temos menos de uma hora antes de eles chegarem!

– Como vamos lidar com eles, comandante? Nossa unidade de cavalaria é muito menor do que a deles – disse um oficial, ao lado de Comazão na torre de vigia. – Devo ordenar que eles os detenham no campo?

– Tenho uma ideia melhor – disse o general, descendo da torre. – Não respondam, atirem apenas naqueles que tentarem pular os muros!

A cavalaria inimiga havia se aproximado dos portões e estava apontando seus arcos para o acampamento. Alguns legionários caíram mortos com flechas no pescoço e no peito. O inimigo desmontou e alguns dos atacantes tentaram pular os muros, enquanto outros improvisaram aríetes. Comazão retornou à torre de vigia alguns momentos depois, carregando uma bolsa trazida de seu quartel-general por um legionário. Ele se dirigiu a um ponto visível na parede frontal.

– Comandante! – gritou um soldado – tenha cuidado!

Comazão ignorou o aviso, embora abaixo dele estivesse uma das unidades de cavalaria mais poderosas que ele já havia visto.

– Soldados de Roma! Soldados de Roma! Se eu puder falar com vocês!

– Não dêem ouvidos a ele! – gritou o comandante da unidade, um homem chamado Ulpio Júliano. – Continuem atacando!

Comazão, vendo que suas palavras foram ignoradas, usou seu truque de mágica. Ele abriu a bolsa que seu enviado havia trazido e despejou seu precioso conteúdo sobre os soldados.

– Olhem! – gritou um dos cavaleiros – este tolo está jogando ouro em nós!

Os outros soldados pararam, atônitos, para pegar as moedas do chão.

– Ouçam-me, irmãos! – Sei que Macrino foi ganancioso e reteve seu pagamento legítimo! Essa é uma atitude desonrosa para um homem que jurou apoiar o exército e cuidar de seus homens! Vejam a efígie nas moedas, camaradas! Contemplem a imagem de nosso benfeitor!

Os soldados seguiram as instruções.

– Esse jovem que vocês vê nas moedas é o imperador Antonino! Ele é o herdeiro legítimo de nosso falecido imperador Caracala, em virtude de seu nascimento. Como vocês podem lutar contra ele e contra nós, que o apoiamos em nome de seu pai?

– Cale a boca, seu tolo! gritou um dos soldados. Cale-se e lute!

Uma segunda e maior chuva de moedas caiu sobre os soldados.

– Tudo o que vocês precisam fazer é se juntar a nós na luta pelo nosso imperador Antonino!

Os soldados se entreolharam confusos.

– Camaradas, olhem para o céu! – gritou Comazão, apontando para uma estrela cadente. – Olhem! Um presságio dos deuses! Que outra prova vocês querem dos decretos do destino?

Em seguida, todos levantaram suas espadas no ar e gritaram: – Antonino! Antonino!

– O que vocês, idiotas, estão fazendo? Ele está tentando enganá-los! Se vocês pararem de lutar, ele os matará! Não estão vendo? – gritou Júliano em desespero.

Seus soldados, no entanto, não apenas não lhe deram ouvidos, mas atacaram seu próprio comandante. Quando Júliano percebeu isso, tentou fugir, mas vários cavaleiros o perseguiram. Eles finalmente o alcançaram, derrubaram-no do cavalo e o forçaram a caminhar com as mãos amarradas de volta ao acampamento. Com um chute nas costas, eles o colocaram de joelhos diante de Comazão, que ainda estava de pé na muralha, de braços cruzados, com o manto esvoaçando no ar. Um soldado enlouquecido agarrou Júliano pelos cabelos, enquanto outro agarrou sua garganta com a espada. Com um rápido movimento em zigue-zague, esse último cortou a garganta de Júliano até que a cabeça se soltasse e o corpo caísse no chão em uma poça de sangue. O soldado agora segurava a cabeça desencarnada na frente de Comazão e gritava: – Aqui está a prova de nossa lealdade! Abram a porta! Comazão ordenou que seus homens removessem os troncos e abrissem o portão, e os cavaleiros foram recebidos pelos legionários como irmãos. Eles trocaram beijos e abraços, abriram ânforas de vinho e tocaram trombetas. Os mortos foram enterrados fora do acampamento com honras breves, mas necessárias. Apesar do infortúnio de alguns, um novo vínculo foi criado entre os homens, um vínculo que nunca poderia ser quebrado. Em parte, era o entusiasmo por uma nova Roma sob o comando do jovem Antonino e, em parte, a excitação provocada pelo desejo por ouro, tudo consistente com uma nova amizade. Os homens se entregaram à bebida e à comida, cantaram canções nas fogueiras e, finalmente, caíram nos braços uns dos outros na fria noite síria.

Δ

Não ajudou o fato de Macrinus ter recebido a cabeça de Júliano embrulhada em tecido de linho – amarrada com muitos nós intrincados e com o anel de sinete do próprio

Júliano – e uma saudação insolente do «general vitorioso Comazão» em um jantar de arrecadação de fundos, no qual, falando com dificuldade, ele estava tentando persuadir alguns dos homens mais ricos da Anatólia a apoiar sua causa de reforçar a fronteira após a destruição da rebelde *Legio III Gallica*. Confiante de que era a cabeça de Comazão que estava recebendo, ele mandou abrir o pacote sem inspeção na frente de seus convidados, que ficaram paralisados de choque, terror e repulsa quando o objeto horrível foi erguido pelos cabelos na frente deles. Não é preciso dizer que ele não conseguiu obter o financiamento e as tropas que buscava, de modo que a única esperança que lhe restava contra a rebelião antonina era a ajuda do restante do exército romano.

Semanas depois, o Senado Romano se reuniu em assembleia extraordinária. Os senadores estavam conversando afavelmente quando o cônsul Quinto Tineo Sacerdos chegou à *Curia Julia* para presidir a reunião, e quando ele entrou, eles se calaram e se levantaram. Com um aceno de mão, o ancião de barba feita os chamou de volta aos seus lugares.

– Honoráveis pais do Senado Romano – disse ele com sua voz sonora e oratória, – convoquei esta reunião para informá-los sobre as últimas notícias da fronteira síria. – Ele pausou. Como sabem, nas semanas anteriores fomos informados das ações de uma legião romana, a *Legio III Gallica*, que se rebelou contra o imperador e tentou proclamar um menino de origem síria, suposto filho de Caracala, imperador de Roma, em virtude de seu nascimento.

Houve alguns murmúrios nas fileiras. O cônsul estendeu a mão e segurou um pergaminho com o selo imperial.

– Recebi uma carta do imperador que, suponho, relata a situação da insurreição: uma carta que estou prestes a abrir e ler em voz alta para os senhores neste exato momento.

Ele abriu o pergaminho e o estendeu, afastando-o de seus olhos cansados.

– *Imperator* César Marcus Opellius Severus Macrinus Pius Felix Augusto, ao povo de Roma e ao sagrado senado, *salvete!* É meu dever informá-los sobre os últimos acontecimentos relacionados à rebelião da *Legio III Gallica* com a intenção sediciosa de me depor como imperador e instalar um garoto sírio iludido em meu lugar.

A carta continuava relatando os eventos da tentativa de ataque ao acampamento da legião.

– Atribuo o motivo da derrota à ganância dos novos recrutas, que se juntaram à rebelião atraídos por promessas de riqueza. Estou ciente de que as tropas se ressentem de mim por não ter aumentado seus salários, mas me recuso a continuar a política de meu antecessor, que, em sua ânsia de conquistar a lealdade dos soldados, esvaziou os cofres imperiais ao conceder-lhes benefícios que a situação financeira do império não permitia.

Seguiram-se mais algumas linhas de autoexaltação.

– Sei que sou muito estimado entre os senhores, queridos pais, e que todos desejam que eu tenha um longo reinado e não morra nas mãos de algum estranho....

– Todos nós rezamos por isso – interrompeu o senador Fulvio Diogeniano, para a risada de seus colegas.

– Portanto, solicito seu apoio para esmagar essa rebelião insolente de uma vez por todas, e o envio de pelo menos três, mas de preferência cinco legiões, caso o garoto consiga mais recrutas usando o dinheiro da avó. Também enviei cartas aos governadores das províncias vizinhas e conto com seu apoio leal.

Houve silêncio depois que o cônsul terminou de ler a carta. – Bem, a questão é: o que fazer agora? – disse ele.

Um senador levantou a mão. Sacerdos acenou com a cabeça. – Como bem disse o senador Fulvio, o rapaz nos faria um favor se eliminasse o homem.

– No entanto – disse outro senador, – nós, o Senado, aprovamos Macrino no cargo. Por mais que alguns de nós não gostem dele, não apoiá-lo durante uma insurreição seria equivalente a traição!

Vários senadores levantaram suas vozes ao mesmo tempo.

– Ordem. Ordem! – gritou Sacerdos.

– Eu tenho uma solução – exclamou outro senador. Ele está pedindo o apoio de três legiões, certo? O fato é que não temos essas legiões.

Seguiram-se exclamações de confusão.

– De fato – disse o senador, levantando-se, – todas as nossas legiões estão longe, nas províncias. Quanto tempo levariam para chegar à Síria vindas, digamos, da Britânia ou da África? Certamente não chegariam lá rápido o suficiente para enfrentar os rebeldes. Além disso, deixaríamos partes do império desprotegidas de ataques bárbaros. Sua solicitação é impossível de ser atendida.

-Mas precisamos enviar algo – disse outro, – precisamos dar a impressão de que estamos pelo menos tentando ajudar o imperador em seu momento de necessidade.

– Vamos enviar a Guarda Pretoriana então – disse Sacerdos. Sua função é justamente defender o imperador, não é? Não faz sentido mantê-los em Roma se o imperador estiver com problemas na Síria.

– Mas os pretorianos não serão suficientes, não contra duas legiões e seus aliados! O imperador não terá a menor oportunidade.

– Eles são mais habilidosos – disse Sacerdos. – Além disso...

Os senadores esperaram em silêncio.

– Não foi para isso que todos nós rezamos? – disse Sacerdos, olhando de lado para Fulvio.

A assembleia caiu na gargalhada.

– Considero isso como uma aprovação unânime – disse Sacerdos.

– Uma pergunta – disse um senador com a mão levantada, – o que faremos com o garoto?

– Isso é ele, apenas um garoto – disse Sacerdos, sorrindo. – Não vamos nos precipitar muito. Ele precisa vencer sua batalha primeiro. Se vencer... então veremos o que podemos fazer com ele!

Δ

Após a chegada do escasso apoio do senado, Macrinus e seus homens cavalgaram pelas profundezas da Síria em busca do jovem malandro e de sua família.

Não muito longe de Emesa, as tropas imperiais encontraram resistência armada, não apenas da *Legio III Gallica* e da antiga unidade de cavalaria de Júliano, mas também da *Legio II Parthica*, que havia se juntado à revolta. O exército rebelde combinado era comandado por um homem peculiar, ou pode-se dizer, *meio* homem peculiar; um eunuco chamado Gânis, a quem Maesa ordenou que abandonasse temporariamente sua vida de luxo e conforto em Emesa para assumir o comando do exército crescente. Talvez ele não tivesse experiência militar suficiente, mas era um homem leal, e isso era o que mais importava para Maesa no momento.

Naturalmente, Comazão ainda estava no comando de sua legião, e a batalha estava marcada para começar numa manhã de junho, um mês após o ataque fracassado ao acampamento. O calor escaldante castigava a região onde os dois exércitos se encontravam. Embora as tropas de Gânis fossem numericamente superiores, estavam sobrecarregadas e sedentas desde as primeiras horas devido a seus pesados capacetes e armaduras, e foram surpreendidas pela ousada investida dos homens do exército de Macrinus – a quem ele havia ordenado que removessem suas armaduras, para que fossem mais leves na batalha, – que rompeu as apertadas e espessas linhas de defesa e fez com que a maioria dos legionários fugisse.

Maesa, que estava observando a batalha por trás das linhas, estava determinada a não permitir a derrota. Ela acelerou seu cavalo para correr a toda velocidade entre os desertores, a quem repreendeu e envergonhou por sua covardia. Atrás dela, vinha seu neto, que, embora estivesse prestes a desmaiar de medo e exaustão pelo calor, fez o melhor que pôde para manter a compostura e parecer corajoso durante a tribulação. A velha e o rapaz galoparam na direção oposta à dos homens em fuga até chegarem ao centro do campo de batalha, onde estava o núcleo do exército rebelde. Comazão olhou para trás quando ouviu o relinchar de cavalos se aproximando. O primeiro cavaleiro passou por ele como um relâmpago, mas o segundo parou abruptamente e o encarou. A imagem era tão fantástica que, por um momento, ele pensou que tinha morrido e que Apolo tinha vindo para levá-lo para a vida após a morte. Ele tentou ver o rosto do cavaleiro, mas a luz do sol cegou seus olhos. O cavaleiro se aproximou um pouco mais até que sua cabeça cobriu o sol, como um eclipse. Comazão pôde finalmente ver o rosto dele: era Antonino. Mesmo na escuridão, o rosto do garoto ainda era esplêndido, talvez mais do que nunca. Comazão caiu no chão e esfregou os olhos, como se estivesse tentando acordar de um sonho. Mas quando olhou para cima, o garoto ainda estava parado em seu cavalo, com o manto de Caracala esvoaçando em suas costas, segurando a espada que havia pegado durante a proclamação. Comazão pensou ter ouvido sua voz suave dizer: – Lute por mim, Comazão. Lute por mim, meu leal general. – Em seguida, a figura desapareceu em uma nuvem de poeira.

Comazão precisou de alguns instantes para se recuperar. Seus olhos ainda doíam por causa da luz e do atrito de suas mãos empoeiradas. Então, ele pegou sua espada e a ergueu no ar, exclamando: – Pelo imperador, por Antonino!, – e correu em direção ao inimigo. Os homens, vendo a coragem de seu comandante, viraram-se e atacaram como leões, com uma fúria que ainda não haviam demonstrado naquela manhã. Macrinus, horrorizado com o contra-ataque, fugiu do local e abandonou seus homens à própria sorte.

À noite, os soldados estavam de volta ao acampamento, recuperando-se da horrível intimidade da batalha. Comazão estava deitado em sua cama quando um jovem soldado entrou em seu covil após uma leve batida na porta.

– O senhor está bem?

– Sim, estou bem – respondeu Comazão em uma voz calma.

Ficamos surpresos que não tenha precisado da companhia de um de seus homens esta noite para ajudá-lo a recarregar energias, senhor.

Comazão sorriu. É claro que ele queria a companhia de um garoto. O problema é que esse garoto já havia voltado para a avó, onde era o seu lugar.

– Estou muito cansado hoje – disse ele, – acho que vou tentar dormir um pouco.

– Deixe-me pelo menos cuidar de seus ferimentos, general.

O jovem pegou um pano branco limpo e o molhou com água. Em seguida, esfregou-o nos braços e pernas ensanguentados de Comazão.

– Oh – disse o comandante, – tenha cuidado!

O rapaz espremeu o pano ensanguentado em uma panela e o molhou novamente em água fresca. Ele despiu o general e o lavou gentilmente; quando terminou, foi recompensado com um beijo nos lábios.

– Tenha uma boa noite, filho. Diga aos meus homens que eles se saíram bem, que estou orgulhoso deles. Mas eles também devem se dar conta de que isso pode ser o início de uma guerra.

Quando o legionário partiu, Comazão se deitou de costas, vestindo apenas uma tanga, lembrando-se da visão que tivera durante a batalha. Ou teria sido real? Tudo estava confuso em sua mente. Ele se virou para um lado e agarrou-se a um enorme travesseiro. Ele tinha certeza de apenas uma coisa. Não havia ninguém no mundo com quem ele preferisse estar naquela noite. Ninguém além do garoto do sol.

Δ

Dois dias depois, logo após o sol começar a irradiar seus raios amarelos no horizonte do deserto, Comazão já havia vestido seu uniforme e estava preparando uma xícara de *calda*. Ele estava prestes a sair de seu quartel-general para se encontrar com seu Estado-Maior quando foi abordado por um legionário.

– General – disse o jovem, com a saudação militar, – o senhor recebeu esta carta pelo correio. Comazão pegou o pergaminho e o contemplou. Estava amarrado com uma fita púrpura e selado com o emblema imperial; só poderia ter vindo de... Ele apressadamente empurrou sua bebida para o lado, quase derramando seu conteúdo, quebrou o selo com os polegares e desenrolou o papiro. Seus olhos se moviam rapidamente de um lado para o outro enquanto ele lia.

O MUITO ESTIMADO GENERAL PÚBLIO VALÉRIO COMAZÃO:

FOI CONVOCADO PARA A CIDADE DE EMESA PARA UMA AUDIÊNCIA COM O IMPERADOR. SUA CHEGADA ESTÁ PREVISTA PARA A TARDE DE HOJE.

SUA MAJESTADE IMPERIAL, MARCO AURELIO ANTONINO AUGUSTO.

Ele pulou de emoção como uma criança e, sem revelar o conteúdo da carta ao mensageiro, beijou-o nas duas faces e o abraçou. Em seguida, disse-lhe para dizer aos seus homens que preparassem o melhor cavalo para ele. Ele partiu imediatamente para Emesa.

Comazão chegou à corte logo após do *prandium*. Ele não esperava que lhe fosse oferecida uma refeição na casa imperial, por isso deu uma mordida rápida em uma barraca de comida no caminho. A última coisa que ele queria era que seu estômago roncasse durante a reunião com o imperador. Pelo menos, não de fome. As borboletas podem ser barulhentas às vezes.

A residência era luxuosa para os padrões sírios, mas não tinha muito do brilho das casas patrícias de Roma, para as quais Comazão era regularmente convidado devido a suas conquistas militares, sempre que retornava à cidade eterna. Ele era de origem humilde e, quando jovem, trabalhou como mímico e dançarino de rua para ajudar a sustentar a família, pela qual seu pai, que bebia muito, não era nem um pouco responsável. Sua boa aparência – e os favores discretos que ocasionalmente prestava a certos homens da alta sociedade – sempre o ajudaram a ganhar dinheiro extra. Quando se tornou soldado, ele foi punido mais de uma vez por pequenos delitos, e até mesmo uma vez foi condenado a ser algemado e forçado a remar em uma galera de guerra. Naquela ocasião, ele foi rebaixado de legionário para fuzileiro naval, mas depois se recuperou e alcançou patamares mais altos em sua carreira militar. De fato, foi a esses tempos difíceis que ele deveu sua impressionante musculatura. Ninguém na legião conhecia seu passado; ele tinha o cuidado de escondê-lo. Ele não queria correr o risco de perder o respeito de seus homens por causa de um passado indigno. No entanto, no fundo, ele estava ciente do amor deles por ele e tinha a sensação de que não perderia a devoção deles, mesmo por causa de tal assunto. Mas era melhor não descobrir.

De todas as questões de seu passado, no entanto, foi o relacionamento com o pai que permaneceu sem solução: ele o amou profundamente e queria que ele a amasse também, mas recebeu apenas violência em troca. Não foram os golpes dele que mais o machucaram, mas a frieza e a indiferença, a falta de um abraço ou de uma palavra gentil. O homem havia sido infiel à esposa, negligente com o trabalho e ausente dos filhos, e havia deixado um vazio no coração de Comazão que ele ainda não havia conseguido preencher. No fundo, ele sempre sentiu que não era bom o suficiente, que era sua culpa o fato de seu pai não tê-lo amado. Agora ele era um homem adulto e queria se redimir encontrando um garoto, um jovem que seria o objeto de seu imenso amor e afeição. Ele sabia que suas aventuras com os legionários eram satisfações temporárias; ele queria algo real e para toda a vida.

Depois de alguns minutos, um escravo o conduziu ao que ele pensou ser o *tablinum* do jovem imperador, mas ficou surpreso ao ver que, na verdade, era seu *cubiculum*. O escravo o anunciou, e Comazão ficou na entrada com uma postura firme, mas com as mãos trêmulas.

– Entre, general – disse uma voz suave.

Comazão entrou, com o coração acelerado, sem saber exatamente de que lugar do quarto a voz tinha vindo. Ele ficou hipnotizado pela cama ostensiva que dominava o quarto e que tornava imperceptível qualquer objeto que não fosse o tapete oriental macio e impecavelmente limpo. O colchão grosso era forrado com lençóis de seda verde-escura, coberto com travesseiros enormes e um edredom macio, e cercado por um dossel de veludo branco e verde combinando. O garoto finalmente saiu de trás do dossel; ele vestia apenas um roupão de dormir branco e leve. Seus cabelos ondulados estavam em desordem, dando a impressão de que ele ainda não havia se levantado da cama naquela manhã. Comazão permaneceu imóvel, parado de forma desajeitada, com as mãos entrelaçadas à sua frente. Seu olhar estava perdido no dossel, esforçando-se para não ver a beleza diante dele.

– Então aqui está ele, o herói da minha batalha – disse o imperador em um tom sedutor.

Comazão corou, finalmente ousando dar uma rápida olhada no rapaz. – Todos os homens lutaram bravamente, Excelência – disse ele, desviando o olhar.

– Nem todos eles. A maioria estava fugindo como ratos. Especialmente aqueles covardes da *Legio II Parthica*. Então vou mandar açoitá-los.

Comazão ficou parado, sem saber o que fazer ou dizer. Antonino sentou-se na beirada da cama, com os pés tocando o chão.

– Venha, sente-se aqui, general – disse ele, indo para o lado dele.

Comazão fez o que foi ordenado.

– O motivo pelo qual o chamei aqui é para me contar os detalhes da batalha.

– Claro, Vossa Majestade – disse Comazão, tentando esconder sua decepção. – Bem, o senhor viu a batalha da colina, não sei que detalhes quer que eu lhe conte.

– Acima de tudo, quero explicações. Quero que me diga por que o inimigo foi capaz de nos surpreender no início da luta. Essas coisas não deveriam acontecer com um comandante experiente como o senhor. Não quero que isso aconteça novamente.

– Não tenho certeza absoluta, Excelência – disse o general, desculpando-se. – Mas notei que os pretorianos não estavam usando suas tradicionais couraças e escudos com nervuras... Acho que isso os ajudou a ter mais mobilidade. Além disso...

– Sim?

– Não quero ser impertinente, mas devo lembrar a Vossa Alteza que eu não estava no comando de todo o exército... apenas da minha legião.

Antonino ficou em silêncio por um momento. – O que você acha da liderança de Gânis? Quero sua opinião sincera – disse ele, apoiando a cabeça na mão.

Comazão ponderou suas palavras antes de falar. Ele não queria diminuir a importância de um oficial de patente superior.

– Vamos lá, diga, diga! Gânis... é um eunuco, um eunuco! – disse Antonino, com um riso malévolo. – Foi minha avó que decidiu que esse homem deveria comandar o exército composto. Não é ridículo? Claro, eu sabia que seria muito melhor se o senhor estivesse no comando. Eu lhe disse isso! Muitas vezes! Um eunuco, por Heliogábalo, um eunuco!

– Um eunuco com algo melhor do que bolas – disse Comazão finalmente. – Um eunuco com cérebro. Ele não fez nada além do que a maioria dos generais comandantes faz durante a batalha: ficar atrás das linhas observando e dando ordens à medida que os eventos se desenrolam. Como o senhor viu, as batalhas são eventos enormes, caóticos e aterrorizantes que muitas vezes saem do controle. Ordens tardias são difíceis de implementar.

Antonino se aproximou e tocou o queixo do general com o dedo indicador, esfregando a barba rala. – Sei que está tentando ser gentil, general. Mas também sei muito bem que essa batalha nunca teria sido vencida se não fosse pelo senhor e sua ação determinada.

Comazão escutou, mas estava distraidamente apreciando a sensação dos dedos finos do imperador em seu rosto. Ele fechou os olhos.

– Sempre usa essa barba de dois dias? Acho que nunca vi o senhor com o rosto limpo e barbeado.

– Gostaria que fosse de dois dias. Ela começa a aparecer assim que termino de me barbear, Augusto.

Antonino sorriu. – Sério agora, diga-me, como o senhor derrotou o exército de Macrinus tão facilmente?

Comazão estava prestes a começar a falar quando Antonino o interrompeu. – Não, não, não. Venha para cá. Assim é muito melhor – disse o garoto, puxando o homem para a cabeceira da cama.

Comazão apoiou as panturrilhas na beirada da cama, com os pés no ar. Ele não queria manchar os lençóis.

– Fique à vontade, general, tire as sandálias.

Comazão se levantou e fez como indicado, dessa vez apoiando seus pés grandes e másculos no colchão. Antonino estava deitado a uma pequena distância.

– O senhor acha que um homem como Gânis ainda gosta da companhia de mulheres?

– Não posso falar por ele, Excelência.

– Eu não poderia acreditar... um homem que teve suas bolas cortadas não pode continuar gostando de mulheres. Antonino riu e Comazão se juntou a ele, fazendo um esforço para relaxar pela primeira vez durante a reunião.

– Tudo bem, tudo bem, vamos voltar ao assunto pelo qual o senhor está aqui. Conte-me como derrotou o exército de Macrino.

Comazão começou a falar, e Antonino se recostou na cabeceira da cama, acariciando gentilmente o braço do general com seus dedos longos e delicados. A pele de Comazão era vários tons mais escura. Ele tinha algumas pintas, e os pelos desciam pelos antebraços até a base de suas mãos grossas. Antonino olhou para o rosto do homem que havia salvado sua vida e, por um momento, perdeu a noção do que estava dizendo.

– ...e, é claro, o senhor deve saber que Macrino foi capturado e executado, não é mesmo, *imperator*?

– Claro que sei – disse Antonino, com a voz séria. – Eu pedi.

Os dois homens caíram na gargalhada novamente.

Antonino moveu sua mão em direção à mão de Comazão e, em seguida, moveu seu corpo até chegar aos pés do general e acariciá-los. Comazão ficou distraído com as ações incomuns do imperador.

– Continue falando – disse Antonino, – eu não lhe disse para parar.

– Bem, eu realmente não lhe contei o que aconteceu quando eles atravessaram nossas linhas... suas linhas, Augusto.

Antonino continuou a massagear as coxas formidáveis de Comazão e agora estava desamarrando seu *subligaculum*. Comazão ficou nervoso. Ele não conseguia esconder sua enorme ereção. Antonino removeu a tanga e o pênis de Comazão saltou como uma lebre em um prado espesso, borrifando um pouco de fluido pré-seminal no rosto do imperador.

Antonino tocou o orifício do pênis com a ponta da língua e o lambeu, formando um fio com sua saliva e o Comazão pingando. Ele deslizou a bolsa escrotal para baixo para expor a cabeça úmida do pênis e cuidadosamente a levou à boca.

Comazão podia sentir, mas não ver, o que o imperador estava fazendo lá embaixo. Sem fôlego, ele inclinou o corpo para trás, tentando se concentrar. – Então... sua avó...

– Não ouse mencionar minha avó a esta altura! – disse Antonino, levantando o rosto por cima da túnica de Comazão e limpando os lábios úmidos com as costas da mão. Ele se abaixou novamente e continuou sua tarefa, indo mais baixo dessa vez, chupando vigorosamente todo o pênis gordo. Ele desceu até as bolas peludas, lambendo-as e chupando-as levemente.

– Depois – disse Comazão, ofegante e levantando o rosto. Depois... – disse ele, colocando as mãos nos ombros do imperador, – nossa cavalaria retornou e... – disse ele, gemendo. – E então nós os destruímos, Vossa Excelência – bufou e agarrou-se aos lençóis.

Antonino continuou com a felação implacável para cima e para baixo na vara de Comazão.

– Vou gozar, vou gozar!

Antonino parou de chupá-lo e o masturbou rapidamente até que a semente quente de Comazão explodisse em seu rosto. Após o último gemido do general, o rapaz se levantou e, sem se limpar, sentou-se ao lado do homem delirante, que havia recostado a cabeça na cabeceira da cama e cuja respiração fazia seu peito subir e descer violentamente.

– Agora, quero que o senhor faça o mesmo comigo.

Comazão não conseguia acreditar no que estava acontecendo com ele. Talvez ele realmente tivesse morrido e ido para a vida após a morte dos heróis.

O general se levantou e o imperador se empurrou para a frente da cama, apoiando os pés no carpete. Ele tirou a túnica, sob a qual não usava roupas íntimas. Em seguida, expôs seu pênis longo, branco e circuncidado aos olhos hipnotizados do general. Obviamente, Comazão já havia visto muitos falos antes, mas esse era especial. De qualquer forma, seus pênis se complementavam; se o de Antonino era longo e afiado como uma agulha, o dele era grosso como um elefante.

Ele se ajoelhou e aproximou seu rosto da virilha do imperador. Ele queria fazer algo especial. Queria realmente demorar e agradar seu rapaz. Abriu a boca e inseriu metade do pênis de Antonino dentro dele. Antonino fechou as pernas, sentindo o desgaste da barba do general em suas coxas. Ele levantou a cabeça e fechou os olhos. Sem dar ao oficial tempo para ser criativo, ele empurrou seu rosto para baixo, forçando-o profundamente em sua garganta. O general engasgou, se debateu e arfou. O Garoto Imperador segurou seu rosto com força por mais alguns instantes. Quando finalmente o soltou, Comazão estava com o rosto vermelho e tossindo alto. Antonino riu. Ele o forçou mais uma vez em seu pênis, dessa vez guiando-o para cima e para baixo. Continuou fazendo isso até que finalmente explodiu. Seu sêmen encheu a garganta de Comazão e, quando o líquido branco começou a deslizar pela língua, o general o segurou por alguns instantes para saborear sua doçura.

— Engula-o — ordenou Antonino.

O general cumpriu a ordem. O sabor era tão fresco quanto o da hortelã. — Meu imperador — disse Comazão, sem fôlego, — meu imperador...

Espero que se sinta recompensado por seu serviço, general — disse Antonino, levantando-se. — Agora, vá embora. Preciso tomar banho e me preparar para minha rotina de embelezamento.

Comazão limpou a boca com as costas da mão, levantou-se, saudou, pegou a calça e as sandálias e, ainda respirando pesadamente, saiu da sala. Uma sensação impensável de prazer encheu seu corpo; depois de beber da fonte da vida, ele se sentiu como um jovem de vinte anos novamente. Mas a sensação mais surreal foi a emoção do amor que intoxicou seu cérebro como a névoa da manhã nas fronteiras do império.

Antonino se retirou para os banheiros, como havia dito. Ele ainda tinha o gosto do pênis de Comazão em sua boca, e era fantástico. Ele nunca havia chupado um pau antes, mas não conseguia pensar em recompensa melhor para um homem que havia travado uma batalha para salvar sua vida. Ele tinha certeza de que isso o deixaria satisfeito e pronto para defendê-lo novamente, se necessário. Essa ação, no entanto, também lhe deu a oportunidade de agir pela primeira vez de acordo com seus desejos sexuais, que ele jurou nunca mais reprimir. Antes, ele era apenas um rapaz, é verdade, o sumo sacerdote de Heliogábalo, mas ainda um jovem, sujeito à autoridade de sua mãe e – acima de tudo – à de sua avó dominadora, mas agora as coisas haviam mudado; ele era o imperador de Roma, e não havia ninguém acima dele. O mundo inteiro – e seus prazeres – estavam à sua disposição.

Δ

A notícia da batalha chegou a Roma semanas depois, o que motivou uma reunião na câmara do Senado.

– Parece que o garoto conseguiu o que queria no final – disse o senador Fulvio.

– Não posso dizer que não estou impressionado – comentou outro. – É verdade que não enviamos a Macrinus todas as forças de que ele precisava, mas os pretorianos não devem ser descartados: eles são a força de elite de Roma!

– Isso mudou agora – disse um terceiro. – A primeira juventude do império agora é comandada por Gânis.

– Eu diria por Comazão – disse Sacerdos, que estava presidindo a reunião. – De acordo com os relatos da batalha, foi ele e seus homens que deram o principal impulso para vencer a batalha.

– Agora – disse Fulvio, – o que sabemos sobre o garoto, ele é um completo estranho?

– Claro que não – disse um senador. – Ele é parente da dinastia Severa. Pelo menos sabemos com certeza que ele veio do ventre de Soémia, o que não está totalmente claro é se sua linhagem realmente veio do pinto de Caracala! As risadas irromperam nas fileiras.

– Pais, não vamos nos entregar à vulgaridade – insistiu Sacerdos. – A questão de sua linhagem é o que menos importa agora. Ele venceu sua guerra de ascensão e não temos recursos para detê-lo. Não que necessariamente queiramos fazê-lo. A questão é: o que sabemos sobre o garoto, sobre sua personalidade?

– Não muito – disse um senador, Júlio Paulo Prudentíssimo. – Tudo o que sabemos é que ele detém o mais alto sacerdócio de sua religião, o culto de Heliogábalo.

– Sim, é um daqueles cultos orientais estranhos, caso os senhores estejam se perguntando – disse outro. – Eu conheço, porque alguns membros da família de Caracala o praticavam. É uma religião estranha. Eles dançam em frente a uma pedra, que dizem ter sido esculpida pelo próprio deus.

Houve murmúrios entre os senadores.

– Na verdade, eu conheço a sua avó – disse Paulo. – Ela manteve um perfil discreto durante seu tempo em Roma, enquanto seu sobrinho era imperador, mas é uma mulher impressionante, mesmo assim. Não seria surpreendente se ela fosse o cérebro por trás de tudo isso.

– A última coisa de que precisamos é de outra Agripina – disse Sacerdos, limpando a garganta. – Na verdade, tenho outra surpresa para os senhores, queridos pais. Ele fez um sinal para as costas. Dois escravos entraram na sala carregando um grande papiro, com metade da altura de um homem e um pouco menos de largura.

– Virem-o – ordenou Sacerdos.

Os escravos obedeceram, e uma imagem foi revelada aos senadores. Era o retrato de um jovem, ricamente vestido com uma túnica e um xale de seda púrpura, usando joias ostensivas de ouro e pedras preciosas, com um olhar enigmático e cativante que brilhava em seus olhos cor de avelã.

– Eis o Imperador Antonino! – disse Sacerdos. – Esse é o nome que ele adotou em sua proclamação!

Os senadores ficaram atônitos. Por alguns minutos, ninguém conseguiu encontrar palavras para falar.

– Mas o que é isso? – exclamou um deles. – Essas vestes bárbaras, por Castor e Pólux, que indignas! É este o homem que governará Roma?

– É o homem que ocupa o alto cargo, sim, – disse Sacerdos. – Ele enviou essa imagem expressamente para nos informar sobre sua aparência enquanto ele segue para Roma!

– Quanto tempo vai demorar para chegar? – perguntou um senador.

– Ele anunciou sua intenção de passar o inverno na Anatólia. Portanto, temos cerca de um ano inteiro para nos prepararmos para sua chegada.

– Que Júpiter nos ajude! – exclamou um senador.

– Há alguma maneira de evitar que isso aconteça? – perguntou Fúlvio.

– Essas são palavras sediciosas! – disse Sacerdos.

– Só um momento, Honorável Cônsul – respondeu Fulvio, – não quero incentivar a desobediência, mas gostaria de saber se... pelo menos temos a opção.

– Sei que nem todos estão satisfeitos com a liderança de Comazão – disse um senador. – Tenho fontes que me dizem que há uma possível dissensão em suas fileiras; soldados questionando seu papel na rebelião, entre outras coisas.

– Devemos explorar esse fato. Um ataque interno pode ser a maneira de impedir que o garoto chegue a Roma.

– Sim – disse Sacerdos. – Esse é um ponto interessante. Mas sabemos bem qual é o preço desses soldados. Eles geralmente querem o trono para si mesmos.

– O que podemos conceder... temporariamente – disse Fulvio. – Pelo menos até testarmos as águas e descobrirmos se ele tem uma personalidade manipulável.

– Mas o rapaz pode ser adequado nesse sentido – interveio outro. – O senhor não consegue ver que qualquer pessoa com esse traje será motivo de chacota em Roma? De forma alguma ele projeta virilidade ou autoridade.

– Bem, ele já ganhou uma guerra e as pessoas sabem disso – disse Sacerdos. – Além disso, não mostraremos esse quadro a ninguém, pelo menos por enquanto. – Ele refletiu por alguns momentos. – Eu aconselharia ir em frente e promover a dissensão dentro das fileiras do Comazão. Se pudermos impedir que a Casa de Antonino retorne a Roma, tanto melhor. É sempre mais fácil lidar com novatos inexperientes do que com linhagem e damas intrigantes... e com isso me refiro à avó do rapaz. Não gosto nada do fato de uma mulher estar por trás de tudo isso!

Depois de chegarem a um acordo, a reunião terminou. Um ano é o que eles tinham. Um ano e a vaga possibilidade de ocorrer um «incidente» ao longo do caminho.

CAPÍTULO 2

HORA DA FESTA

Depois de uma despedida sem emoção de Mameia e Alexiano em Emesa, a família imperial e sua comitiva viajaram lentamente por semanas pela árida estepe da Anatólia até os caminhos sinuosos do interior da Bitínia, onde uma floresta de abetos, faias e carvalhos cercava as estradas serpenteantes de pedra e proporcionava um aroma profundo e fresco para revigorar a mente. Era a cidade de Nicomédia, cerca de quarenta e cinco milhas a leste da cidade de Bizâncio, o local escolhido pelo imperador para passar o inverno daquele ano. A corte foi seguida por Comazão e Gânis a cavalo e pelos soldados das legiões *III Gallica* e *II Parthica a* pé, aos quais se juntaram os rebeldes que também haviam lutado bravamente pela causa de Antonino na batalha que o colocou no trono. Um grande grupo de escravos e burros carregava a vasta bagagem da família, e uma longa fila de mulas puxava os pesados cofres do tesouro imperial e, acima de tudo, o grande betilo de Heliogábalo.

O sol, que se punha sobre as águas azuis escuras do golfo, oferecia um espetáculo magnífico ao iluminar o porto com seus fracos raios avermelhados. A carruagem finalmente cruzou os portões da cidade, que foram abertos por soldados, com gestos cerimoniais.

– Olhe, vovó, o circo! É quase tão grande quanto o de Roma! – disse Antonino, olhando para ela e pegando-a pelas mãos. – Não se preocupe, vamos nos divertir muito aqui – disse ele, depois de olhar para a expressão não impressionada dela.

Maesa deixou cair as mãos e desviou o olhar. Não foi sem luta que Antonino impôs sua vontade de fazer uma longa permanência naquele lugar.

Soémia olhou pela janela. – Olhe para as casas nas colinas, mãe! Elas parecem ter sido construídas umas sobre as outras. Seus jardins são lindos. – Vendo que a mãe não respondeu, ela acrescentou: – E aqueles riachos, veja como eles trazem água fresca da montanha!

A carruagem diminuiu a velocidade ao entrar nas ruas lotadas, onde as pessoas faziam suas últimas compras do dia nas lojas de carruagens puxadas por cavalos. Alguns pobres estendiam a mão para os transeuntes distraídos; crianças barulhentas interrompiam brevemente suas brincadeiras para beber água de uma fonte. De cada lado da rua, surgiam edifícios mais importantes: os templos de Zeus e Cibele, herdados dos tempos gregos; um templo de Ísis, construído por imigrantes egípcios; os grandes banhos de Caracala; um ninfeu, um teatro, um ginásio e, finalmente, o fórum. Em frente a ele, uma longa rua com colunatas se estendia até a mansão de Adriano no golfo, construída durante a visita do imperador à cidade cerca de cem anos antes.

– Eu vou descer aqui! – gritou Antonino, batendo na estrutura de madeira para fazer o cocheiro parar. Ele saltou da carruagem e correu pela rua, pulando, girando, enchendo os pulmões com o ar fresco do mar.

Os espectadores murmuravam entre si que o garoto devia estar louco, perguntando-se se o rosto dele era realmente o da efígie que tinham visto nas moedas recém-cunhadas. Maesa estava prestes a ir atrás dele para repreendê-lo, mas Soémia a impediu.

– Deixe-o em paz, mãe. Ele é jovem e precisa de um pouco de tempo para se divertir antes de se acostumar com a vida de responsabilidades que o aguarda.

– Essa vida de responsabilidade já começou! As pessoas desta cidade sabem quem ele é. O que eles dirão sobre seu imperador?

Antonino subiu os degraus de mármore que levavam à entrada da mansão que seria sua casa de inverno. Os guardas se curvaram diante dele e abriram as velhas portas de cipreste. Os interiores eram bem iluminados à luz de velas. Ele passou algum tempo admirando estátuas e afrescos, especialmente uma escultura de mármore em tamanho natural em um pedestal de um belo jovem que, segundo lhe disseram, era o deus Antínoo, consorte de Adriano. Embora houvesse centenas de estátuas dele em todo o império, essa parecia ter sido esculpida com uma habilidade especial; sem dúvida, esse era o motivo pelo qual ela estava dentro da *domus* de Adriano.

O jovem imperador caminhou ao redor da escultura, apoiando a mão na bochecha e no queixo enquanto a examinava, parando de vez em quando para apreciar um ângulo específico. Comazão e Gânis, que estavam do lado de fora admirando a fachada do edifício e discutindo seu estilo arquitetônico, entraram e se juntaram ao imperador.

– Veja isso, Comazão. Você acha que já existiu um jovem tão belo ou Adriano contratou escultores para representar seu próprio ideal de beleza?

– Posso lhe garantir que ele existiu, Excelência. Há referências mais do que suficientes a suas características graciosas entre escritores e poetas.

– Então, você acha que as características do corpo dele, aqueles braços esguios e tonificados, o bumbum firme e as coxas musculosas, além dos lábios cheios, foram todos fielmente reproduzidos?

– Sim, *domine*. Não temos motivos para pensar de outra forma.

– E... isto também? – disse ele, apontando para o pênis minúsculo.

Comazão conteve uma risada quando Maesa e Soémia entraram na sala, seguidas pelos escravos que carregavam suas bagagens.

– Não acha que a estátua deste rapaz é linda? – disse Antonino à sua avó, apontando para o mármore. – Meu antepassado Adriano definitivamente tinha muito bom gosto!

Maesa ignorou o neto e gritou ordens para os escravos sobre onde levar os vários baús. O imperador pegou a mãe pela mão e a levou para a escada. – Venha, mãe, vamos procurar nossos quartos! Disseram-me que há um grande para mim, e você e a avó terão um para cada uma! Assim, você não terá mais que aturar o ronco dela.

Soémia sorriu.

Uma vez em seus aposentos, Antonino pulou em sua cama tamanho imperador e se enrolou nos lençóis brilhantes. A melhor seda da Ásia. Posso sentir isso! O povo de Nicomédia conhece os gostos de seu imperador! Eles serão recompensados por isso.

– Sua Excelência é muito generoso – disse Soémia. – Mas você também deve ser cuidadoso com as finanças. O excesso de generosidade pode ser perigoso.

– Não se isso me trouxer a lealdade de meu povo. Sei que Roma precisa de lei e ordem. Mas ela também precisa de um pouco de felicidade. – Ele se levantou da cama. – Chega de guerras estúpidas contra partas, alemães, mouros; acabou, mãe! Vou construir um império de amor e paz!

– Meu filho será o novo Augusto! – disse Soémia, abraçando seu orgulho e alegria.

– Exatamente o que prometi às tropas, mãe... exatamente o que prometi – disse ele, afastando-se dela e se jogando de costas na cama.

– Continue sonhando com o futuro, filho – disse Soémia com um bocejo, – sua mãe está cansada e precisa dormir. – Ela se aproximou dele e lhe deu um beijo no rosto. Boa noite.

Ela saiu do quarto, fechou a porta e foi surpreendida por um homem que a esperava do lado de fora.

– Gânis! O que você está fazendo aqui?

– Sua mãe já se retirou para seus aposentos, portanto, agora somos só nós dois, querida!

– Você não está pensando que podemos nos encontrar aqui! Alguém pode estar observando.

– Não há ninguém por perto. Eu me certifiquei disso. Comazão saiu, eu dispensei os escravos e disse a eles que continuassem a desempacotar amanhã. Os soldados se retiraram para seus alojamentos. Apenas alguns guardas ficaram do lado de fora.

Ela estava prestes a protestar, mas Gânis a impediu com um beijo. Em seguida, ele a tomou em seus braços e ela soltou um pequeno grito.

– Shhh! – disse Gânis. Ele correu, carregando-a para o quarto, onde entraram como um casal recém-casado. Depois de deitá-la na cama, ele começou a se despir apressadamente.

– Oh, Gânis! – disse ela de forma coquete, olhando para ele enquanto mordia o dedo. – Minha mãe não aprovará nosso encontro aqui!

– Temos que nos encontrar em algum lugar, não é, querida? Não tenho casa nesta cidade. É natural que eu fique com você! Pelo menos esta noite...

Gânis era amante de Soémia há muito tempo, mesmo antes de ela perder o marido. Maesa sabia de tudo isso e, embora não aprovasse o relacionamento, concordou – por insistência da filha – que ele continuaria a viver perto da família, sob o pretexto de oferecer proteção. Gânis não hesitou em exigir uma opulência extravagante.

– Que diferença isso faz? – disse o general, pulando na cama. – Agora você é viúva. Não nos importamos nem mesmo quando seu marido estava vivo, o que podemos nos importar agora!

Soémia riu e o beijou. Gânis era um homem incrível. Ele já pagara um preço altíssimo pelos amores que manteve durante décadas com Soémia: nada menos do que ser castrado por ordem do marido dela quando ele descobriu sua infidelidade. Mas, apesar da dor e da vergonha, eles continuaram sua paixão. Não importava para ela o fato de ele agora ser um eunuco, ele ainda era um homem maravilhoso. Mesmo agora, na cama, ele durava o dobro do tempo que seu marido durava em sua juventude. Ela acariciou o peito peludo dele com paixão e desceu até o membro, que ainda estava meio duro.

– Você é muito boa, meu amor, continue trabalhando nisso.

Geralmente, ele demorava um pouco para se aquecer, mas, quando estava duro, podia montá-la pelo tempo que ela quisesse. Ele se deitou em cima dela, beijando seu pescoço e deslizando as mãos sobre seus seios volumosos e maternais. Soémia riu e gritou. – Oh Gânis, oh Gânis!

Δ

Na manhã seguinte, Comazão foi convocado para se encontrar com o imperador na sala do trono, magnificamente decorada. Ele chegou em seu uniforme de *legatus*, fez a saudação militar e esperou que lhe dirigissem a palavra. Seus olhos azuis brilharam com a saudação de Antonino, sua voz etérea trouxe de volta as lembranças daquele último encontro particular. Vestido com uma túnica de seda púrpura, com o manto de Caracala e uma coroa de oliveiras na cabeça, lá estava ele, o sacerdote do deus sol, o jovem mais belo e poderoso do mundo, sentado na postura de receber adoração.

– Solicitei sua presença hoje porque quero lhe dar uma notícia importante.

Comazão ficou em posição de sentido.

– É meu desejo nomeá-lo prefeito do pretório.

O anúncio pegou Comazão de surpresa. Ele já havia recebido uma recompensa mais do que generosa por sua bravura e não esperava ser promovido tão rapidamente.

– O senhor me honra com seu favor, Excelência – disse ele, com a mão no coração. – Mas não temos pretorianos nesta cidade, temo que eles tenham de ser convocados de Roma se o senhor pretende ficar aqui durante o inverno.

– Não há tempo para isso. Além disso, os membros da velha guarda que sobreviveram à batalha podem permanecer leais a Macrino, mesmo depois de sua morte. Prefiro que você organize uma nova guarda.

– Selecionarei os melhores homens de nossas legiões, *domine*.

– Isso me agrada. A propósito, eles encontraram uma acomodação adequada no acampamento local?

– Sim, Augusto. Se há uma coisa boa que seu pai fez, foi estabelecer moradias para os soldados. O acampamento é de primeira classe. – Comazão ainda se sentia estranho ao se referir a Caracala como seu pai. No fundo de sua mente, ele ainda não tinha certeza se o garoto era realmente filho de Caracala. Mas isso não tinha importância agora, pois ele agora era o governante de seu coração.

– Muito bem. Então vá com seus homens e comece a recrutar.

Comazão fez uma saudação e se virou. Ele parou após alguns passos e olhou de volta para o imperador.

— A propósito, Excelência. Os homens das legiões logo estarão voltando para casa. É claro que estou me referindo àqueles que não forem selecionados para a Guarda Pretoriana. Estou planejando uma pequena festa de despedida... para os rapazes, sabe. Ela será realizada no acampamento nesta sexta-feira à noite.

— Não tenho nenhum problema com isso. Divirtam-se.

— No entanto... — Comazão havia pensado em convidar Sua Majestade para participar, mas ao ouvir aquelas palavras conclusivas, decidiu que seria uma impertinência. — Esqueça, Augusto. Bom dia para o senhor.

Δ

A sexta-feira chegou e com ela veio a festa de despedida. Comazão havia se certificado de que tudo estava planejado, incluindo o jogo, a música e o melhor vinho da região, mas, mesmo assim, algo estava faltando, algo que estaria presente em qualquer festa da uma legião: mulheres. Comazão não havia decidido que deveria ser assim; simplesmente aconteceu de ser assim. Desde que fora nomeado comandante, anos atrás, ele havia se divertido até tarde da noite com um ou dois rapazes; a notícia logo se espalhou pelo acampamento, e ele não fez nenhuma tentativa de esconder isso. O que acontece no acampamento, fica no acampamento. Mais tarde, descobriu-se que muitos dos legionários gostavam desse tipo de atividade, e Comazão aproveitou ao máximo. Eles eram como o Batalhão Sagrado de Tebas. Os caras novos da *Legio II Parthica* pareciam ter entendido, e eles se deram muito bem com a *III Gallica*. A maioria deles, pelo menos. Seria uma triste despedida.

O inverno estava se aproximando e as noites de Nicomédia eram mais frias do que as de Emesa. Os legionários sentavam-se ao redor de grandes fogueiras e compartilhavam histórias pessoais de batalhas com seus companheiros enquanto assavam carne. O vinho começou a fazer efeito rapidamente, mas ainda era servido em quantidades ilimitadas, pois essa era a última vez que esses homens estariam juntos em suas vidas. Antes do fim da noite, Comazão convidou suas tropas de elite para o quartel-general, onde era mais confortável do que do lado de fora. O acampamento em Nicomédia era muito maior que o de Rafanea, tinha melhores instalações e, no quartel-general, as paredes eram cobertas com peles de urso para manter o calor. Também havia peles de animais espalhadas pelo chão para servir de tapetes.

— Bem, está um pouco quente aqui, é melhor eu tirar a roupa — disse um dos soldados, enquanto os outros riam.

— Sim, eu também — disse outro.

Logo, todos haviam tirado suas armaduras e túnicas, restando apenas as tangas. Comazão observou os corpos musculosos diante dele. Ali estavam alguns dos melhores homens de Roma, jovens em idade, mas maduros em experiência. Excepcionais tanto em bravura quanto em beleza.

– Gostaria de propor um brinde – disse o general, – aos jovens corajosos e invencíveis da *Legio III Gallica* e da *Legio II Parthica*! *Roma invicta! Roma eterna!*

– *Roma invicta, Roma eterna!* – repetiam os jovens.

– Eu também gostaria de propor um brinde – disse um dos soldados, – ao nosso comandante, o mais corajoso e melhor general de Roma, Públio Valério Comazão!

– Viva o general Comazão, viva o general Comazão, Comazão! – gritaram os homens, aclamando e batendo os odres de vinho.

Um dos soldados trouxe uma lira e começou a tocar uma música. Os homens cantavam, dançavam em roda e uns com os outros, se abraçavam, se beijavam... e por fim tiravam o que restava de suas roupas. A sala vibrava com o ritmo de seus corpos deitados no chão, tremendo e estremecendo entre as carícias, rolando sobre as peles de animais, esfregando suas peles macias umas nas outras.

Cada homem escolheu um parceiro para agradar e, em algum momento, eles perderam a consciência do que os cercava. A noite era jovem e a paixão era grande. Um dos rapazes se aproximou de Comazão, que ainda não havia tirado o uniforme. Eles se ajoelharam na frente do general e estavam desamarrando seu cinto quando, de repente, a porta se abriu do lado de fora. Os legionários ficaram petrificados. Eles cobriram os olhos para se proteger da luz intrusiva das fogueiras. Alguns viram uma sombra encapuzada e pensaram que fosse um fantasma ou espírito. Comazão desembainhou sua espada e, naquele momento, a porta se fechou com um baque.

A aparição pegou uma das velas e a encostou em seu rosto. Os jovens gritaram de terror, levantando-se, pegando suas roupas, temendo por suas vidas. Comazão estava confuso. O que o imperador estava fazendo ali naquele momento? Por que ele não havia anunciado sua visita? *Estamos ferrados*, pensou ele. E não da maneira que ele havia previsto.

Antonino, vestindo o manto púrpura de Caracala, caminhou graciosamente entre os homens, instruindo-os a manter a calma e sentar-se. Eles formaram um círculo ao seu redor, de cabeça baixa, esperando uma repreensão por seu comportamento. Antonino esperou até que um silêncio de pedra enchesse a sala. Ele colocou a vela no chão à sua frente e, com um movimento rápido das mãos, tirou o manto; ficou completamente nu, usando apenas um par de sandálias de salto alto incrustadas com pedras preciosas e um diadema dourado de folhas de oliveira e brincos de rubi, diante dos homens que o haviam feito imperador. Por longos minutos, ele permaneceu imóvel em uma postura graciosa que o tornava indistinguível de uma estátua grega.

– Adonis! – gritou um dos soldados.

– Eros! – exclamou outro.

– Vênus! – bradou um terceiro, para riso e alegria de seus companheiros. A empolgação na sala se manifestou em gritos, assobios obscenos e exclamações excitadas.

Antonino pediu música. Imediatamente, os soldados pegaram liras e tamborins e começaram a tocar uma melodia suave com tons eróticos.

O Garoto Máximo balançava as mãos lentamente no ritmo, primeiro para a esquerda, depois para a direita, movia um pé para a frente, depois para trás, repetindo com o outro pé, e se virava, revelando suas nádegas firmes e brancas como mármore, suas coxas tonificadas e seu torso esbelto para os soldados, que não conseguiam acreditar no que viam. Alguns estavam batendo no rosto na tentativa de acordar do sono. Os homens estavam deitados de lado, abraçados uns aos outros, esfregando seus pênis duros uns nos outros, hipnotizados pelo melhor espetáculo de dança do universo, fazendo com que a temperatura da sala subisse ao nível do submundo. Gotas de suor do corpo de Antonino espirravam nos soldados a cada giro, ungindo-os, abençoando-os, amaldiçoando-os, tornando-os vítimas de um perverso feitiço de luxúria.

Comazão, que ainda não havia se despido, olhava extasiado para a figura dançante. Ele queria possuir toda aquela beleza, apertá-la em seus braços e nunca mais soltá-la. Ele ardia em um desejo insaciável de tocar e sentir cada polegada daquele corpo incrivelmente macio e esfregá-lo em sua pele áspera e peluda até sangrar. Com as mãos trêmulas, ele tirou a túnica e a calça; seu pênis estava duro como aço e já pingava da cabeça.

Antonino parou abruptamente a dança e se jogou sobre o manto de Caracala, apoiando-se com as mãos. Ele olhava para seus soldados como uma tigresa no cio. Em seguida, ele se sentou, deitando-se de costas e arqueando as pernas, abrindo-as com as mãos e mostrando seu rabo rosado para os homens enlouquecidos. Os soldados ficaram incrédulos, sem saber o que fazer, até que um dos menos tímidos se levantou, ajoelhou-se na frente do imperador, tocou as coxas dele com as suas, pegou seu próprio membro ereto, cuspiu nele e colocou a cabeça no orifício sem pelos, pronto para a penetração, em meio a gritos de: – Sim! Sim! Vamos lá! Vamos lá! Foda-o! Foda-o na bunda! – Ele empurrou o corpo para frente, segurando as pernas de Antonino, curvando-se levemente até que todo o seu pênis duro entrasse profundamente. Ele permaneceu lá dentro por alguns instantes em meio às vaias e gritos crescentes dos soldados; depois, recuou e empurrou novamente, deslizando para dentro com velocidade cada vez maior. Quando terminou de gozar, ele retirou seu pênis gotejante e outro soldado tomou seu lugar. O segundo homem deslizou mais facilmente para dentro do cu já lubrificado.

Os legionários se alinharam para esperar sua vez de foder o imperador, enquanto o atônito Comazão ficou de lado. Não era assim que ele havia imaginado foder a bunda de seu rapaz. Não dessa forma. A ideia de compartilhá-lo com seus homens não lhe agradava. Era assim que o imperador queria recompensar suas tropas? O que ele havia feito com ele era apenas uma recompensa, e não o início de um relacionamento especial? Com esses pensamentos sombrios, ele foi para uma parte da sala onde não poderia testemunhar a ação lasciva, e dois rapazes o seguiram. Eles ficaram de quatro na frente dele, oferecendo seus orifícios apertados e enrugados, prontos e dispostos a receber seu pênis suplicante. A dureza de seu pau o torturava; ele sentia que ia explodir. Ele precisava se libertar.

Naquela noite, Soémia vagava inquieta pelo palácio. Ela notou que a porta do quarto de seu filho estava entreaberta, olhou para dentro e encontrou sua cama vazia. Rapidamente, correu para os aposentos de sua mãe e bateu freneticamente na porta.

— Mãe! Mãe!

Maesa abriu a porta, sonolenta. — Qual é o problema, está tendo pesadelos?

— Antonino não está em seu quarto! Ele foi sequestrado! Precisamos alertar os guardas!

Maesa, parecendo exasperada, pediu que ele entrasse. Ela acendeu uma vela e a colocou em uma pequena mesa. As duas mulheres se sentaram na beirada da cama.

— Não, ele não foi sequestrado. Quem você acha que se atreveria a invadir este palácio?

— E daí? Não estou entendendo...

— Ele foi a uma festa.

— A uma festa? Mas ele não disse nada sobre ir a uma festa!

— Talvez se você não passasse o tempo todo com aquele eunuco, prestaria um pouco de atenção ao seu filho.

Soémia abaixou a cabeça.

— Sei que ele está dormindo aqui com você — disse Maesa. — Você acha mesmo que pode esconder algo de mim?

Soémia olhou para ela com ar de súplica.

— Eu não me importo, se é isso que você quer saber — Maesa continuou, — eu quissese que você tivesse um gosto melhor para homens... você definitivamente não recebeu isso de mim.

– Mas ele me ama! Ele realmente me ama.

– Caracala também a amava.

– Mas eu não retribuí. Além disso, eu era apenas um capricho para ele. Mais uma mulher casada para levar para a cama.

Ela se levantou e olhou para a mãe: – Sério, mãe, vamos ter essa conversa de novo?

– Não, não vamos. Mas voltando ao seu filho, parece que nem você nem Gânis podem ficar de olho nele. Eu sempre tenho que ser a responsável.

– Você está enganada! Gânis também ama meu filho!

– Só porque ele é seu pai não significa que ele o ama.

– Ele venceu a batalha por ele.

– Nós ganhamos naquele dia porque eu cavalguei para o campo de batalha! Todos aqueles covardes, inclusive seu amante, estavam prontos para nos abandonar e nos deixar para morrer. Então, como você pode ver, Gânis pensou primeiro em si mesmo, como sempre.

Soémia deu um leve sorriso. – Houve um homem que não tentou fugir: Comazão. – Ela fez uma pequena pausa. – Qual você acha que é o motivo da lealdade dele?

– Alguns homens – disse Maesa com um sorriso malicioso, – têm certas fraquezas que, com o devido cuidado, podem se tornar pontos fortes.

– Não entendo o que você quer dizer.

– Isso não importa. Fique tranquila, minha querida. Comazão será leal até o fim. Posso lhe garantir isso.

– Bem, eu me sinto mais segura sabendo que meu filho está com seus soldados... ele não poderia estar mais bem protegido em lugar algum... Diga-me, mãe, você acha que os homens dele realmente o amam?

No quartel-general, nem todos os soldados haviam transado com Antonino quando os que haviam transado começaram a transar entre si. Eles formaram pares e grupos de três ou quatro, com um sujeito passivo enfiando um pênis na bunda enquanto chupava outro; outros eram fodidos de lado, outros deitados de costas. Os soldados da *Gallica* se revezavam na penetração de seus parceiros da *Parthica* e vice-versa. O som de gemidos e grunhidos só se diferenciava do som dos feridos no campo de batalha por vir de uma condição de ser diametralmente oposta. Afinal de contas, o prazer supremo e a dor suprema tendem a se confundir.

Um soldado estava sendo penetrado por outro enquanto ambos estavam de pé, quando outro entrou no segundo por trás. Um quarto se juntou à fila. Os homens no centro se revezavam em movimentos, fodendo e sendo fodidos ao mesmo tempo. Em outro canto, dois soldados estavam de quatro, recebendo seus respectivos paus no cu, beijando-se, esfregando suas línguas ásperas, enquanto seus ativos também se beijavam.

Comazão, que havia terminado de foder seus rapazes, mas não tinha gozado, andava pelo meio da sala, atônito, observando suas legiões na batalha mais difícil que já haviam travado. Ele procurou por Antonino, mas ele não estava em lugar algum. Olhou para fora, mas viu apenas alguns dos soldados que não haviam participado da festa conversando em volta de uma fogueira. Ele ia lhes perguntar se sabiam para onde o imperador tinha ido, mas parecia inútil. Era evidente que ele só tinha ido e vindo como uma sombra na noite, como uma aparição, como o torturador dos seus sonhos. Seus homens iriam embora felizes e satisfeitos no dia seguinte, mas ele? Ele teria que ficar. Ficar tão perto, mas tão longe da personificação do desejo mais cruel de seu coração: o garoto cujo corpo qualquer soldado poderia ter, mas cujo coração ainda era virgem. Comazão queria aquele coração. Ele o queria inteiro. Ele não poderia continuar vivendo sem ele.

Δ

Na manhã seguinte, os soldados se alinharam sob os raios fracos e quentes do sol, prontos para iniciar a caminhada até o porto de onde partiriam de volta para Roma, onde provavelmente seriam designados para outras legiões. Apesar da bacanal da noite anterior, eles haviam empacotado seus suprimentos de forma organizada e estavam impecavelmente vestidos com seus uniformes. Comazão, emocionado, cumprimentou cada um de seus homens com um beijo e um abraço e se dirigiu a eles com palavras de gratidão e incentivo, sorrindo e dando tapinhas em suas bochechas. Alguns tinham lágrimas nos olhos, outros apenas fizeram estoicamente a saudação militar, mas todos saíram com o coração pesado e a mente repleta de doces lembranças de amor e guerra.

Quando a maioria dos soldados já havia saído, foi a vez do segundo em comando da *Legio III Gallica* saudar seu comandante. Comazão pegou seu rosto entre as mãos, como se fosse uma criança, e estava prestes a beijá-lo, quando o homem desviou o rosto.

— Não vamos a lugar algum, comandante.

Comazão franziu a testa. — O que você quer dizer com isso, Verus? A legião foi formalmente dissolvida. O acampamento será desocupado e eu me juntarei à comitiva do imperador como prefeito do pretório, como você bem sabe.

— O senhor também não vai a lugar algum. Quanto ao garoto, ele não é mais imperador!

Comazão deu um passo para trás e desembainhou sua espada. Dois soldados rapidamente o agarraram por trás e o desarmaram.

— Estamos fartos de seus jogos e de seu menino, Comazão. Somos homens, homens de honra! — espelou Verus, cuspindo na cara dele, — e nos recusamos a ser cúmplices da degeneração que o senhor promoveu nessas legiões!

— Talvez você devesse tentar ficar na cama do general e mudar de ideia! — gritou um garoto por trás, que foi rapidamente subjugado pelos rebeldes.

— Ninguém foi forçado a participar. Foi tudo voluntário — respondeu Comazão.

— O senhor é um maldito pervertido. Desde que se juntou às legiões, vem corrompendo o melhor da juventude de Roma!

– Eles são todos homens adultos, caso contrário não estariam no exército!

– De qualquer forma, meu amigo. Essa pequena história acabou. Vamos nos livrar do senhor e de seu rapaz, e eu serei o novo imperador de Roma!

– Verus! Verus! Verus! – gritavam seus soldados.

Comazão não conseguia acreditar que não havia percebido a rebelião. Ele sabia que alguns de seus homens não gostavam de participar das festividades da legião, mas sempre respeitou as preferências deles. Ele exigia obediência total no campo de batalha, mas cada um era livre para fazer o que quisesse na cama. Ele estava tão ocupado planejando colocar Antonino no trono que não havia percebido que uma conspiração estava se formando em suas próprias fileiras. A essa altura, ele tinha certeza de que estava prestes a encontrar seu destino. Sua única preocupação era não ter podido avisar o imperador do perigo que se aproximava.

De repente, Verus parou de falar e colocou a mão no coração. Ele caiu no chão, atingido por uma flecha. Comazão aproveitou a surpresa e se libertou do controle dos soldados. Ele pegou sua espada do chão e correu em direção ao portão do acampamento. De repente, dezenas de soldados correram para dentro, enfrentando os traidores em combate.

– Gânis! – gritou Comazão, vendo o general chegar a cavalo: – Marte seja louvado por você estar aqui!

Gânis mal o cumprimentou e atacou os rebeldes com seu cavalo. Ele então desmontou e se juntou à briga a pé. Comazão se juntou a ele e, após uma breve luta, os dois generais e seus homens leais caminharam por um campo de cadáveres. Comazão se aproximou de Gânis e o abraçou. Ele não pôde deixar de chorar em seu ombro.

– Isso não precisava ter acontecido – disse ele, chorando como um garotinho. – Éramos todos camaradas, irmãos de armas!

– Obviamente não, meu amigo – disse Gânis, dando-lhe um tapinha nas costas. – Viemos apenas para nos despedir de seus homens, mas fico feliz por termos chegado bem a tempo.

Δ

Naquela noite, Maesa invadiu o quarto de Antonino.

– Você sabe o que causou? Você percebe que não mede as consequências de suas ações?

Antonino olhou para ela, sem expressão, e continuou a lixar as unhas. – Não, vovó, eu não sei do que você está falando.

– Sei que você ficou bêbado com os soldados até as primeiras horas da manhã na chamada «festa». Que maneira de relaxar a disciplina das tropas! Você deveria ter vergonha.

– Quem lhe contou? – disse Antonino, perguntando-se o que mais ela sabia sobre o que havia acontecido.

– Gânis.

Gânis, que estava ouvindo do lado de fora, bateu na porta para anunciar sua presença. Ele olhou para Maesa. – Pode me dar um pouco de tempo para falar com o imperador, minha senhora?

Maesa fez uma careta de desaprovação, mas desapareceu atrás da porta.

– Você não deveria falar assim com sua avó – disse o general assim que Maesa saiu do quarto.

– Aí está você de novo, Gânis, falando comigo como se fosse meu pai. Vou pedir-lhe que comece a se referir a mim pelo meu título. Por que me delatou?

Gânis fez uma reverência condescendente. – Você parece ter esquecido rapidamente que eu sou o homem que salvou sua vida em batalha... Vossa Excelência.

– Seu mentiroso! Você fugiu como um covarde, e foi minha avó que o envergonhou para que lutasse novamente! Mas não há nada para se surpreender. O que se pode esperar de um homem sem bolas?

– Um homem sem bolas, mas com a bunta intacta! – disse Gânis com um sorriso de escárnio. – Pelo menos eu não fui fodido por todos os meus soldados, como você, seu garotinho estúpido!

A boca de Antonino se curvou em uma careta sinistra quando ele se levantou e pegou uma adaga em uma mesa lateral. Ele saltou sobre Gânis e tentou esfaqueá-lo perto do pescoço. O general o empurrou para trás, fazendo com que o garoto fraco caísse no chão.

Maesa, que estava ouvindo do outro lado da porta, correu em direção aos guardas com um grito de socorro.

– Guardas! Socorro! Socorro! Socorro! O Imperador está em perigo! Gânis enlouqueceu e está em seu quarto com uma espada! Corram para salvar sua vida! Façam o que for necessário!

Quando os guardas chegaram, o rapaz estava encolhido em um canto, com Gânis à sua frente, repreendendo-o com força. Sem hesitar, um dos guardas entrou correndo na sala e cravou sua espada nas costas do general, enquanto o outro cortou sua garganta. O sangue do eunuco jorrou sobre os tapetes de pele de camelo, encharcando-os. Seu corpo caiu no chão. Maesa entrou na sala acompanhada por Soémia, que correu em direção ao moribundo, enquanto Antonino gritava histericamente.

– Gânis! Gânis, não! – gritou Soémia, enlouquecida.

Gânis deu uma última olhada em seu amante e acenou para que Antonino se aproximasse. Ele tentou falar, mas seus olhos se fecharam e sua respiração parou. Antonino encarou o homem morto com olhos selvagens, deixando cair a faca de suas mãos trêmulas. Maesa gritou para que os guardas saíssem da sala. Soémia deitou a cabeça no peito de seu amante, tingindo seu cabelo de vermelho escarlate. Ela chorou em voz alta, implorando a Heliogábalo que o trouxesse de volta à vida, mas suas preces ficaram sem resposta.

Enquanto isso, sua mãe sorria, satisfeita. Ela havia conseguido com dois guardas o que não havia conseguido ao enviar Gânis para a guerra. Agora o eunuco estava fora do caminho; somente ela e Soémia sabiam o segredo da ascendência de Antonino. Agora era apenas uma questão de manter a boca de sua filha fechada.

CAPÍTULO 3

«AQUI VOU EU...»

O inverno havia terminado nas montanhas da Bitínia, e as estradas, após um degelo prolongado, estavam finalmente prontas para o imperador e sua família seguirem para a cidade eterna. Após intermináveis semanas de viagem por terra e mar, as muralhas de Roma finalmente apareceram à distância em uma brilhante manhã de domingo no interior da Itália. A carruagem avançou lentamente, levantando nuvens de poeira pelo caminho. Foi uma viagem exaustiva para todos, não apenas fisicamente, mas também emocionalmente. Maesa era muito velha e Soémia estava muito triste e melancólica. Durante a maior parte da viagem, ela ficou apenas olhando pela janela para longe, deixando sua mente vagar pela vida após a morte, perguntando-se onde estaria seu amado Gânis. Sua mãe a convenceu do excesso de zelo dos guardas que, ao verem o imperador em uma situação precária, não fizeram mais do que seus instintos de soldado lhes disseram para fazer. Os homens foram convenientemente dispensados por Maesa, que comprou o silêncio deles com uma grande quantia, lembrando-os de que «a segurança de suas famílias» deveria ser, a partir de então, a única preocupação deles.

Antonino permaneceu quieto e reservado durante as breves pausas que sua avó lhe permitia durante suas «sessões de treinamento». Maesa não hesitou em dedicar as inúmeras horas de que dispunham para fazer todo o possível para prepará-lo para o encontro com os senadores. Eles praticaram a retórica e a teatralidade, anteciparam réplicas e objeções e, acima de tudo, ela deixou claro para ele que não deveria demonstrar nenhum sinal de fraqueza, remorso ou arrependimento de qualquer tipo.

– Lembre-se – disse-lhe Maesa, – você deve sempre agir com dignidade, ofendido por qualquer coisa, arrogante, petulante: você deve fazer com que os senadores o odeiem, mas, acima de tudo, deve fazer com que eles o temam.

– E como exatamente vou instilar medo nesses idosos, sendo tão jovem quanto eu?

– Agir de forma irracional e caprichosa é a melhor maneira. Eles nunca devem saber de onde você vem ou para onde está indo. Você não deve deixar que eles o descubram. Calígula não era muito mais velho do que você e, acredite, ele era temido.

– Ele também foi assassinado.

– Ele não tinha Comazão para protegê-lo.

Antonino ficou em silêncio por um minuto. – Não tenho certeza se sou capaz de fazer isso, avó.... Simplesmente não consigo ser cruel.

Maesa sorriu. – Você se acostumará com isso. A crueldade, meu querido, é o mais doce dos prazeres.

Finalmente a carruagem parou, pois um emissário de Roma, dirigindo uma carruagem maior e mais confortável, parou-os na estrada. O cocheiro da família imperial desceu e se dirigiu a eles pela janela.

– Excelências, os delegados de Roma chegaram para levá-los à cidade.

Antonino, sua mãe e sua avó saíram e foram ajudados a entrar no outro veículo, onde, depois de algum tempo, retomaram a conversa.

– Tenho uma sensação estranha ao voltar a Roma. A cidade é a mesma, mas ao mesmo tempo é tão diferente – disse Soémia.

– Tudo mudou para melhor, minha querida filha; estamos em uma situação muito melhor agora. Além disso, ainda temos muitos conhecidos aqui e muitas pessoas que nos amam...

– E muitas pessoas que nos odeiam também.

– É para isso que temos o exército. Sempre podemos contar com a lealdade de Comazão e de seus homens.

– Não vamos esquecer que foi o seu dinheiro que os comprou, avó – disse Antonino por insistência de sua avó para trazer o general à tona.

Maesa sorriu e acariciou a mão de seu neto. – É o dinheiro que compra lealdades desde a fundação de Roma, meu caro. Mas se isso o preocupa, há outras maneiras de garantir a lealdade dos homens.

– Sim – disse Antonino, pensativo, – e acho que contribuí um pouco nesse sentido – disse ele com um pequeno sorriso.

– Se meu Gânis pudesse ter visto esse momento, ele teria ficado tão orgulhoso – disse Soémia com um suspiro, olhando pela janela.

Quando os portões se abriram, a carruagem teve dificuldades para abrir caminho entre as multidões que vieram de todas as partes de Roma para ver seu novo senhor. A cidade não era a mesma que Antonino, ainda como Bassiano, lembrava de alguns anos atrás. Não eram apenas as guirlandas de flores e ramos de louro que decoravam as ruas, nem o calor das tochas ou o cheiro de incenso, nem mesmo os rostos radiantes e as vestes brancas de seus súditos, não, havia algo mais na atmosfera, algo que talvez emanasse dele mesmo. Ele não se importava com seus compatriotas romanos quando eles eram apenas seus iguais, mas agora, como imperador, as coisas eram diferentes. Ele sentia uma estranha afeição por eles, como se fossem irmãos mais novos, alguém de quem cuidar.

A carruagem parou diante de uma grande escadaria de mármore, no topo da qual os senadores estavam esperando. Um escravo deu um passo à frente para ajudar o imperador, sua mãe e sua avó a descerem da carruagem, e os senadores os receberam enquanto subiam as escadas. Alguns dos homens trocaram olhares de desaprovação para o traje notoriamente colorido – e bárbaro – do garoto. Comazão, que estava seguindo a carruagem imperial com suas tropas, seguiu logo atrás.

– Senado e Povo de Roma – disse o cônsul Quinto Sacerdos, – temos o prazer de dar as boas-vindas, após sua longa jornada desde o Oriente, ao *Imperator* César Marcus Aurelius Antonino Augusto, legítimo governante de Roma, a esta cidade, que há muito aguardava sua chegada.

Houve aplausos da multidão. Alguns senadores aplaudiram levemente e outros agitaram as lapelas de suas vestes, disfarçando seu desdém pelo ridículo garoto oriental. Maesa observava a exibição com prazer; ela podia ver através deles e de seus pensamentos e gostava profundamente de ter imposto sua vontade e forçado-os a aceitar seu neto como governante. Soémia, um pouco desconfortável com a atenção, concentrou seu olhar no orador.

– Os deuses demonstraram sua boa vontade, libertando-nos da tirania daquele homem perverso, Macrinus, que, por meio da força bruta, queria garantir o trono para si mesmo; nosso jovem imperador, demonstrando grande coragem sob a orientação de Marte, esmagou aquele leão e recuperou o assento dos Césares para a honrosa dinastia dos Severi!

Sob a orientação de Heliogábalo, Antonino pensou. No entanto, ele não achou sensato interromper o discurso. Haveria tempo para essas correções mais tarde.

– E que bênção e que enorme presente dos deuses é ter um príncipe tão casto, piedoso e divino! Tudo o que qualquer pessoa que duvidasse da linhagem de nosso imperador precisava fazer era olhar para sua efígie para se convencer de sua origem nobre como filho de Marco Aurélio Antonino....

Nisso ele não está errado. Esse homem sabe falar, pensou o imperador.

–...que foi, de fato, o que aconteceu com as tropas que atacaram sem sentido o quartel-general da corajosa e patriótica *Legio III Gallica* em Rafanea.

Comazão sorriu, satisfeito com a referência a seus homens. Ele respirou fundo o ar fresco da manhã romana. As penas de seu capacete se agitaram com o vento. Apreciou a vista deslumbrante do Coliseu, do Panteão e do Templo de Roma. Finalmente estava de volta à cidade da qual tanto sentia falta. Parte dele estava feliz, mas a outra parte.... Seus pensamentos se voltaram para aquela última noite no acampamento, especialmente para o que ele havia perdido, que por acaso estava bem ao seu lado naquele momento. Era estranho ver o rapaz que ele havia conhecido em termos tão íntimos, de pé como um verdadeiro César na frente da elite política de Roma. Era quase como se ele fosse outra pessoa.

– E embora ele seja jovem, sabemos com certeza que os deuses incutiram na mente de nosso príncipe a sabedoria das eras e, em seu coração, o cuidado e a compaixão por seus concidadãos do império, que o verão como um pai, para guiá-los e liderá-los em todos os esforços que o futuro reserva para nossa terra natal.

O discurso continuou com estrofes de louvor e elogio às virtudes e à nobre herança do príncipe, sua coragem na batalha e na adversidade e até mesmo sua beleza, que não passou despercebida nem mesmo pelos membros mais velhos do senado.

Quando o cônsul terminou de falar, Antonino olhou para a multidão sorrindo, regozijando-se com os aplausos da multidão. Esse era o seu momento. Era para isso que ele tinha vindo a Roma. Pelo menos, em parte.

Δ

Minutos depois, senadores, pretorianos, o imperador e sua família haviam passado pelas elegantes paredes de mármore da *Curia Julia.* Antonino andava rapidamente em círculos no piso de *pietra dura*, tentando forçar sua mente a se lembrar dos detalhes da retórica ensaiada anteriormente e, ao mesmo tempo, tentando controlar seus nervos, que ameaçavam traí-lo. Ele não ousava olhar enquanto os senadores tomavam seus assentos. Os pretorianos se posicionaram marcialmente na entrada do edifício, e Maesa e Soémia tomaram seus lugares ao lado de Comazão. Antonino fez uma pausa e lançou um olhar desafiador para a plateia. Houve um silêncio de pedra.

– Bom – disse ele, apoiando o queixo nos nós dos dedos da mão direita. – É hora de dar minhas instruções.

Os senadores se entreolharam sem jeito. Eles esperavam um discurso, não «instruções» de um garoto que mal tinha idade militar.

– Fui informado – começou ele, – que meu nobre nascimento não foi reconhecido por todos os membros desta honrada casa no momento em que foi anunciado. – Ele se deleitava em observar seus rostos preocupados. – É uma pena. Errar é uma falha humana que aflige até mesmo homens de altos cargos, mas eu, generoso como sou, declaro alegremente que estou disposto a perdoar, desde que as três condições a seguir sejam atendidas.

Os senadores se entreolharam perplexos.

– Mas, Excelência, foram decretadas ações de graças públicas pela restauração de sua nobre casa e... – disse um senador, apenas para ser silenciado ruidosamente por seus companheiros nervosos.

— Para começar — continuou Antonino, — gostaria de apresentar o general Públio Valério Comazão — disse ele, olhando para a direita, — como o novo prefeito do pretório. Comazão sorriu e acenou levemente com a cabeça. Um senador se levantou imediatamente de seu assento.

— Mas, Excelência, pensamos em propor Flavio Antiochiano para o cargo, que tem um histórico perfeito como —

Antonino o deteve com a palma de sua mão direita. — Eu não terminei de falar... senador.

O homem voltou ao seu lugar, com o rosto corado de raiva.

— Como eu estava dizendo — Antonino continuou em sua própria entonação afeminada, em meio a movimentos sinuosos e oscilantes das mãos, — não confio em ninguém em Roma além do General Comazão para minha segurança pessoal. E eu não deveria ter que justificar tais decisões, que são exclusivamente minhas, Augusto e *princeps* de Roma.

— Essa imposição arbitrária não é constitucional! — gritou outro.

— É melhor vocês se acostumarem com a ideia de que eu sou a única fonte da constituição — disse ele, aproximando-se ameaçadoramente das fileiras senatoriais. — Vim como o segundo Augusto; como Augusto, tenho apenas dezoito anos; como Augusto, meu reinado começou com uma guerra para vingar o assassinato de meu pai; e como Augusto, recebi inúmeros presságios auspiciosos dos oráculos. Combino em meu ser não apenas a sabedoria divina deles, mas também a de Marco Aurélio, além do ímpeto de meu pai, Caracala, e a sensibilidade única de um artista, superando a de Nero e Adriano.

As palavras arrogantes e, acima de tudo, o tom descarado de sua voz, agitaram o interior dos senadores. Definitivamente, essa não era uma pessoa que o divino Augusto jamais desejaria que herdasse seu trono sagrado. É verdade que o *pater patriae* nunca havia afirmado ser igual aos outros cidadãos, nem mesmo quando se autoproclamou «*princeps*» – que supostamente significava «o primeiro entre iguais» –, mas pelo menos ele tinha tido o cuidado de manter as aparências. O comportamento desse garoto já era intolerável. Eles sabiam que ele não era muito mais do que uma criança, jovem demais para conhecer até mesmo os rudimentos da política, mas ele se mostrou muito mais cínico e mimado do que esperavam.

– Em segundo lugar, também decreto que minha avó, Júlia Maesa, ocupe um cargo de senadora – ele fez uma pausa por um momento, – com todos os direitos de seus pares masculinos.

Houve um tumulto nas fileiras do senado. Soémia olhou confusa para o rosto de Maesa, no qual apareceu um sorriso de complacência.

– Isso nunca foi visto antes em Roma, é uma vergonha! – gritou um dos senadores.

– Quem disse isso?

O silêncio reinou.

– Quem disse isso? – repetiu o imperador.

– Eu – disse um senador sentado em uma das últimas fileiras.

Antonino caminhou lentamente, com a cabeça erguida, aproximou-se do senador, tão perto que quase encostou o nariz no dele, e com os olhos arregalados disse com voz calma: – Joguem-o nas masmorras.

Antonino se sentiu no auge de seu desempenho. Ele não conseguia acreditar nas palavras que acabara de proferir. Mas agora ele tinha que seguir em frente. Ele estava jogando um jogo perigoso no qual não eram permitidas brincadeiras. Comazão e alguns outros guardas se aproximaram rapidamente. Outros senadores tentaram se interpor, mas foram impedidos pelos *gladii* dos pretorianos.

– Nas masmorras! – gritou Antonino, para os rostos atônitos dos senadores. – Quero vê-lo no próximo espetáculo de gladiadores. Vamos ver se ele é tão corajoso lutando contra eles!

Quando levaram o homem, amaldiçoando e jurando, Antonino retornou ao centro da *curia* e, com aparente calma, retomou suas exigências. Em seu íntimo, ele teve que se esforçar para não rir. Sua avó estava certa, ser cruel – ou fingir ser cruel – era extremamente prazeroso.

– Terceiro, Onde está a imagem que enviei para vocês? Ela deve estar instalada bem ali – disse ele, apontando para uma área acima da estátua da deusa Vitória que presidia a casa.

Um senador ousou falar com uma voz trêmula em meio ao terror e à incerteza predominantes: – Só para esclarecer, excelência, a imagem deve permanecer durante as horas de ritual e adoração da deusa?

– Ela ficará lá o tempo todo – disse Antonino com um olhar assassino, o que fez com que uma gota de suor escorresse pela têmpora do senador. O imperador recuperou a compostura: – Mais alguma pergunta? Ótimo – disse Antonino com um sorriso, para o silêncio atônito dos senadores. Ele caminhou para sair do prédio, mas antes de sair parou abruptamente e se virou.

– A propósito, haverá uma mudança nas prioridades da adoração religiosa nesta cidade. De agora em diante, o principal culto de Roma será dirigido a Heliogábalo, o deus supremo do sol, do qual sou sumo sacerdote. Sua adoração ocorrerá no templo de Júpiter, que será consagrado em uma data a ser fixada por mim. Todos os senadores devem comparecer, independentemente das circunstâncias.

Depois dessas palavras, ele saiu do prédio, deixando atrás de si não uma assembleia de senadores, mas um grupo de homens pálidos de medo e cheios de repulsa e raiva insaciável.

Δ

Dentro do quarto de Maesa, Soémia e Maesa estavam conversando, deitadas em seus respectivos divãs.

– Como eu sentia falta de morar no palácio, minha querida. Este é o nosso verdadeiro lar – disse Maesa.

– Se você diz isso – disse Soémia distraidamente, olhando ao redor do quarto, que já havia sido mobiliado ao gosto de

Maesa, de acordo com as instruções que ela havia enviado de Emesa. – Esse quarto não pertencia a...?

Ela parou a filha com a mão. – É minho agora, e será minho até o dia em que eu morrer!

– Isto é, se seu golpe não for descoberto antes.

– Por que isso deveria ser descoberto? Somente você e eu sabemos a verdade. E assim continuará a ser.

– Mas, mãe, deve chegar um momento em que meu filho... Bassiano... terá que saber a verdade sobre seu pai.

– Antonino! Antonino é o nome dele! E ele não é apenas seu filho, mas também o imperador de Roma! – Maesa olhou para a filha com um rosto furioso. – Nunca mais ouse dizer essas palavras, sua tola! – disse ela em um sussurro aterrorizante. –Antonino é o verdadeiro filho de Caracala, e essa é a única verdade!

Os olhos de Soémia se encheram de lágrimas.

– Querida filha – disse Maesa, aproximando-se de Soémia e levantando o queixo dela, – estamos aqui agora; não há como voltar atrás... – Ela fez uma pausa e olhou para ela com severidade. – Não há como voltar atrás. Ninguém deve suspeitar quem é o verdadeiro pai de Antonino. Nem mesmo o próprio garoto.

Soémia escapou do aperto de sua mãe e se levantou com firmeza. Ela balançou a cabeça em descrença ao olhar para a mulher que lhe dera a vida; uma mulher agora completamente irreconhecível, uma leoa em guerra. Ela não aguentou mais e saiu da sala.

Maesa andou nervosamente pela sala. Sim, tinha doído ser tão dura com a filha, a única pessoa com quem ela realmente se importava neste mundo além dela mesma. Mas era necessário. Ela não podia tolerar nenhuma fraqueza de sua parte que pudesse comprometer sua posição. Ela parou para refletir por um momento. Se ao menos seu neto fosse tão manipulável quanto sua mãe... as coisas seriam muito mais fáceis. Mas, por enquanto, ela estava satisfeita. Ela havia conquistado uma cadeira no Senado, algo que nenhuma mulher romana havia conseguido antes. Ela sorriu. Era um bom primeiro passo em direção ao seu verdadeiro objetivo: controle total. Se, por causa das regras do patriarcado, ela não poderia ser imperatriz de Roma e, portanto, não poderia imitar em sua terra soberanas como Semíramis ou Nitocris, então ela estava determinada a ser o poder por trás do trono. Antonino era totalmente incapaz de governar. Ela sabia disso. Ela contava com isso. A única função de Antonino em seu plano era se apresentar diante dos senadores, o que ele havia feito muito bem naquele dia, comportando-se como um pequeno chefão; mas ela sabia que logo a pressão aumentaria para que ele governasse com algum bom senso. E quando isso acontecesse, ela estaria lá para oferecer «conselhos».

Δ

Um grupo seleto de senadores havia concordado em se reunir após o expediente na sala dos fundos da *Curia Julia*. A pauta era simples: discussão aberta, em uma atmosfera de confiança, sobre o primeiro encontro com o garoto. Entre os presentes estavam o cônsul Quinto Tineo Sacerdos, que liderava a reunião; o senador Fulvio Diogeniano, que representava a facção radical; o senador Júlio Paulo Prudentíssimo, que representava os moderados; e Flavio Antiochiano, o candidato fracassado à prefeitura pretoriana. Sacerdos deu início à reunião informal.

– Amigos, agradeço a disposição de vocês de se reunirem a esta hora tardia para discutir este assunto sério. Normalmente, procuro não convocar assembléias menores, mas, neste caso, queria ter uma base sólida antes de um debate completo no Senado. Estou interessado em suas impressões sobre o rapaz.

– Como você pode imaginar, acho que é um desastre total – disse Fulvio. Ele é apenas um pirralho petulante e mimado que não tem ideia de como se comportar entre adultos.

– Concordo com o senador Fulvio – disse Flavio. – Sabíamos que ele era jovem e inexperiente, mas sua atitude acrescenta um nível de complexidade que não havíamos previsto. Parece que estamos lidando com um bárbaro em vez de um membro da família imperial.

– E as roupas não ajudaram – disse Fulvio.

– Estamos lidando com algo realmente extraordinário – disse Sacerdos. Muito diferente até mesmo de Caracala, que às vezes também podia se comportar como um lunático. – Ele se virou para olhar o senador Júlio Paulo. – Algum comentário, senador?

Paulo demorou alguns instantes para responder. – Concordo que é pior do que eu esperava. No entanto, acho que há uma maneira de fazê-lo ver a razão.

– E qual é? – perguntou Sacerdos.

– Por meio de sua avó. Como eu havia compartilhado com os pais antes de sua chegada, conheço Júlia Maesa muito bem. Com certeza ela é a única que pode nos ajudar a controlar o comportamento dele. Eu não contaria com a mãe dele. Ela é uma mulher de bom coração, mas fraca, e sem dúvida é a razão de seu comportamento intolerável.

– Agora a Maesa é uma «*senatrix*» – disse Fulvio zombeteiramente. Tenho certeza de que a veremos na *curia* com frequência.

– E isso não é uma coisa ruim – disse Paulo, – sei que vocês acham vergonhoso uma mulher participar das reuniões do Senado, mas nessas circunstâncias extraordinárias, não é tão ruim quanto vocês pensam. Prefiro lidar com uma mulher sensata do que com um garoto lunático.

– Então, por enquanto, você propõe seguir o fluxo e não tentar nada contra ele? – perguntou Flávio.

– Exatamente. Acho que ele estava tentando impressionar e, sem dúvida, tentando nos assustar hoje. E você pode apostar que ele conseguiu, pelo menos com alguns de nós. Vamos esperar alguns dias e ver como as coisas evoluem. Além disso...

– Sim? – perguntou Sacerdos.

– ... é bastante óbvio que ele tem a lealdade incondicional da nova Guarda Pretoriana, e especialmente de seu prefeito.

– É verdade – disse Sacerdos. – Comazão já gozava de uma popularidade impressionante entre a ralé, e vencer essa guerra com tanta facilidade só fez aumentar sua fama. Este não é um bom momento para tentar algo que possa desagradar o general.

— Tentamos e não conseguimos — disse Fulvio. — Esse Verus acabou sendo bastante inútil.

— Então — disse Sacerdos, — concordamos com o plano do senador Paulo de esperar e ver o que acontece?

Os homens assentiram com relutância. Já estava escuro e eles decidiram voltar para casa antes que a cidade se tornasse perigosa até mesmo para seus acompanhantes armados.

Δ

Comazão decidiu dar ao imperador alguns dias para se instalar em seus aposentos antes de fazer uma visita. Ele bateu nas altas portas de carvalho e esperou ouvir a aprovação antes de entrar. O quarto era o maior que ele já tinha visto, com uma grande cama com dossel, um *triclinium*, uma penteadeira com um grande espelho prateado, duas mesas de cabeceira, tudo sobre um tapete de lã de pelúcia tão limpo que parecia ter acabado de ser instalado.

— O que você acha? — disse Antonino jovialmente, virando-se com as mãos no ar. — Tenho tanto espaço aqui que posso até praticar meus passos de dança.

— É realmente excepcional, mas não menos do que merece, Vossa Majestade.

— Quem quer que tenha mobiliado e decorado a sala fez um bom trabalho, mas não tão bom quanto o povo de Nicomédia. Isso sim é que foi especial. — Ele olhou em volta, um pouco descontente. — Não gosto de algumas cores e não colocaram lençóis de seda em minha cama. Mandei fazer novos.

Comazão sorriu. – Está feliz por estar em Roma?
– Sim, é claro – disse Antonino, sentado com um braço
sobre a cama. – Esse é o meu destino. Agora posso realmente
sentir que sou o mestre do mundo.
– O senhor teve uma excelente sessão de chegada ao
Senado. Eu não esperava que fosse tão determinado.
– Minha avó tem me treinado. Achei que ela estava
exagerando quando disse que eu deveria parecer durão e
implacável, mas agora entendo o que ela quer dizer. Esses
senadores são uma força a ser reconhecida. Mas com a sua
ajuda – disse Antonino, acariciando o braço dele, – tenho
certeza de que conseguiremos mantê-los afastados.
Comazão sentou-se na cama ao lado dele. Ele também
começou a acariciar Antonino. Ele se aproximou mais e
tentou aproximar seus lábios dos lábios do imperador.
– Agora não é o momento – disse Antonino, cutucando
levemente o general. – Teremos tempo para nos divertir mais
tarde. Quero lhe mostrar uma coisa.
Ele se levantou e pegou a mão de Comazão, levando-o
para o fundo da sala.
– Você está vendo isso? – disse ele, apontando para uma
porta.
– Aonde isso leva?
– Abra-a.
Comazão a abriu, mas outra porta de madeira bloqueou o
caminho.
Antonino entrou novamente na sala. – Empurre-a – disse
ele, enquanto procurava ruidosamente por algo.

Comazão fez isso e, após um pequeno esforço, a porta cedeu. Antonino voltou e empurrou mais um pouco. Os dois homens entraram na passagem, que parecia fria e mofada, e era alta o suficiente para que eles pudessem passar sem se abaixar.

O corredor foi ficando mais longo à medida que caminhavam. Eles não conseguiam ver nada na escuridão, mas só havia um caminho a seguir: em frente. Finalmente, chegaram a uma porta que também estava fechada. Ela tinha algumas aberturas pelas quais a luz passava.

— Ontem eu já havia encontrado a chave desta porta; estava em uma pequena caixa, escondida dentro do baú do tesouro de Caracala. — Ele inseriu a chave na fechadura e a girou. — Você reconhece este lugar?

— Sim, é a passagem exclusiva do palácio para o circo.

— Não é incrível? Então posso usar esse pequeno atalho para aparecer no circo, e ninguém saberá de onde vim.

— Concordo, mas tenho certeza de que ele foi construído com uma abordagem mais prática em mente. Veja bem, Vossa Majestade, Caracala era obcecado com a possibilidade de alguém tentar matá-lo. Ele deve tê-la construído como um meio de fuga caso as coisas dessem errado.

— Estou vendo! Infelizmente, as coisas deram errado para ele quando estava fora — disse Antonino, dando de ombros.

Antonino fechou a porta e a trancou. Eles retornaram à câmara imperial, mas antes de entrar, e depois de alguma hesitação, Comazão não conseguiu se conter e abraçou o jovem, buscando seus lábios novamente.

— Por favor, vamos deixar isso para depois.

– Por que depois, se podemos fazer isso agora? Ninguém vai nos ver aqui.

Antonino consentiu e permitiu que o general o beijasse na boca. Em seguida, Comazão desceu e começou a beijar seu pescoço e a acariciar suas costas e nádegas.

– Eu o desejo muito, desde o dia em que o vi pela primeira vez no templo – disse o general em um sussurro. – E não consigo pensar em outra coisa senão no senhor desde que chupamos o pau um do outro em sua casa em Emesa.

– Sim, foi divertido para mim também – disse Antonino, empurrando-o para o lado. – Não fique tão ansioso, Comazão. Acabamos de chegar a Roma e precisamos nos acomodar antes de começarmos a fazer as coisas. Haverá tempo.

Antonino sorriu e tocou sua bochecha. Comazão tocou sua virilha e sentiu que sua túnica estava úmida de preseminal.

– Agora, vamos voltar para dentro – disse Antonino. – Há muito o que conversar. Quero lhe contar meus planos imediatos.

Δ

Uma semana depois de chegar a Roma, Maesa compareceu à sua primeira sessão na *curia* como senadora, vestindo uma *stola* branca, com a fita púrpura exclusiva do posto senatorial. Ela sentou-se em um assento preferencial, que lhe foi concedido por deferência dos senadores.

– Honoráveis pais – disse o Cônsul Sacerdos. – Vamos começar a sessão com uma oração a Vitória.

Os senadores se levantaram e recitaram uma oração, cujas palavras Maesa não conhecia. Ela permaneceu em silêncio, olhando para o retrato de seu neto, que havia sido sacrilegamente instalado em cima da estátua de Vitória; uma ação simples que simbolizava o quão longe ela havia chegado em tão pouco tempo.

A agenda começou com assuntos simples, desde a cobrança de impostos até a manutenção de vários edifícios. Em seguida, após algumas horas, vieram os assuntos cruciais do dia.

– Muito bem – disse Sacerdos, – tendo chegado a um acordo sobre todas essas questões importantes, resta uma questão a ser resolvida, que é a proposta de consagração do Templo de Júpiter ao novo deus, Helio.... Heliobá–

– Heliogábalo – corrigiu Maesa. – E ele não é um novo deus, mas o único e eterno deus do universo. – Ela se levantou. – Com todo o respeito, pais – disse ela, diante do silêncio atônito dos senadores, que nunca tinham visto uma mulher falar na *curia,* – não vejo por que isso deveria ser motivo de discussão. É a vontade do imperador e, como tal, deve ser obedecida.

– Mas, *senatrix* – disse um senador, inquieto, – uma ação tão radical não será bem aceita pelo povo e requer mais justificativas....

– O senhor parece ter entendido mal minhas palavras. Como eu disse, a vontade do imperador não é discutível. Tampouco precisa de justificativa. Foi isso que o divino Augusto estabeleceu. Um governo de um homem só para dar paz e estabilidade a Roma.

– Mas o divino Augusto nunca atacou a adoração dos deuses. Pelo contrário.

– Ele não endeusou César? – Maesa respondeu.

– Isso não é um ataque aos deuses!

– Nesse caso, é a mesma coisa, exceto pelo fato de que o imperador não deificou seu pai, mas apenas estabeleceu em Roma o culto existente ao sol! – Ela andou de um lado da sala para o outro. – Assim como Augusto manteve o culto aos deuses, Antonino também o fará! Júpiter, Apolo, Vênus, todos serão adorados em seus respectivos templos. Tudo o que ele pede é que o templo principal seja dedicado ao único deus verdadeiro. Júpiter tem muitos outros locais de adoração.

– Júpiter não deve ser ofendido dessa forma! – gritou outro senador.

– Isso não cabe a vocês decidir – disse Maesa. E eu gostaria de aproveitar esta oportunidade para deixar isso bem claro, ilustres pais. Estou aqui para defender a vontade do imperador. Mas também quero que entendam que esta é uma oportunidade inédita de colaboração entre o Senado e Sua Majestade, para a qual me ofereço como elo de ligação. Tenho acesso ilimitado ao imperador: tudo o que os senhores precisam fazer é me pedir, e eu me certificarei de comunicar suas necessidades a ele. Posso garantir que há apenas algumas coisas em que o imperador não mudará seus desejos, mas há muitas coisas em que ele confiará em nós, o Senado, para que sejam realizadas. Não sejam teimosos e entendam o benefício de sacrificar um pouco, se os senhores desejam ganhar muito para o bem-estar do império.

Com essas palavras, os senadores foram apaziguados e Heliogábalo entraria na cidade eterna.

Δ

Não demorou muito para chegar o dia em que Roma testemunharia o – segundo Antonino – único serviço de adoração apropriado ao deus sol. Embora outras divindades solares tivessem sido adoradas cerimonialmente na cidade eterna, nada se compararia à grandeza e à pompa que Antonino havia preparado para a consagração do antigo templo de Júpiter a Heliogábalo. Ele pretendia oferecer um espetáculo que o povo de Roma jamais esqueceria. As ruas foram cobertas com areia branca polvilhada com pó de ouro, e as multidões as invadiram carregando tochas e buquês de flores em um frenesi de ardor e loucura, enquanto os vendedores ambulantes se regozijavam com o aumento da renda e os senadores – obrigados a comparecer – aguardavam em silêncio a chegada do noivo extravagante de Roma. Suas expressões variavam da confusão à tristeza e à melancolia – tudo menos festivo.

Depois de uma longa espera, o imperador apareceu usando as roupas notoriamente bárbaras de suas aparições públicas anteriores: roupas tão intensamente odiadas por sua avó que ela o advertiu várias vezes para que as descartasse e se vestisse de acordo com sua nova posição como chefe do império. Nada dessa diatribe tinha a menor importância para Antonino, que no fundo – e especialmente naquele momento – era, acima de tudo, o sumo sacerdote de Heliogábalo. Sua túnica branca, bordada com ouro nas costuras, era feita da seda mais preciosa do Oriente, pois sua pele delicada não tolerava o toque do linho, muito menos do tecido de algodão comum.

Uma carruagem adornada com ouro e joias, com grandes guarda-sóis em cada um de seus cantos, havia sido preparada para o transporte do betilo; a pedra estava amarrada por rédeas de couro a seis cavalos brancos imaculados alinhados em fila única, com as pernas enfeitadas com arreios de ouro incrustados de pedras preciosas. Os cavalos não tinham selas, e a carruagem não tinha condutor. Antonino ficou em frente à carruagem, fez uma reverência a Heliogábalo e pegou as rédeas enquanto caminhava para trás, puxando o veículo sem tirar os olhos do ícone; ele as puxou até que os cavalos se movessem para frente, dando a impressão de que era o próprio Heliogábalo que os estava guiando de seu assento.

Músicos tocando tambores, flautas e pandeiros acompanhavam a marcha, produzindo uma música animada, com um som nitidamente estrangeiro, e jovens dançarinos em trajes brancos claros se movimentavam de forma sensual e coordenada na frente da carruagem. Todos os dançarinos, inclusive o imperador, usavam coroas de oliva verdes. As mulheres carregavam vasos de incenso, cujas altas nuvens de fumaça chegavam até a multidão. A Guarda Pretoriana, liderada por Comazão, caminhava ao lado do imperador carregando os estandartes imperiais romanos, e a cavalaria caminhava lentamente atrás da carruagem não tripulada. Assim, eles continuaram seu caminho para o templo, onde

Heliogábalo agora ocuparia seu lugar de direito como a divindade suprema do panteão romano.

Ao chegar à antiga morada de Júpiter, quatro soldados carregaram o betilo pela escadaria de mármore com a ajuda de uma estrutura de madeira. Naquele momento, todo o movimento parou no desfile, e foi somente quando os soldados colocaram a pedra na frente do imperador que a música foi retomada. O povo de Roma estava prestes a testemunhar a famosa dança do sumo sacerdote de Heliogábalo.

A multidão foi à loucura com os primeiros movimentos de suas mãos; a cada giro e contorção, ele levava as pessoas ao êxtase. Mesmo que fosse um imperador atroz, ninguém podia negar que ele era um grande dançarino. Seus dançarinos também faziam piruetas espetaculares no ar. Para tornar as coisas ainda mais intensas, Antonino subiu em uma coluna de pedra – que havia sido construída ao lado do templo – por sua escada interna, saiu por uma abertura no topo e, depois de se deliciar com a adoração de seu povo, distribuiu entre eles objetos valiosos, como taças de prata e moedas de ouro com sua efígie, que brilhavam e reluziam quando desciam sobre a multidão animada, além de roupas de alfaiate e outros itens de luxo. Muitos cidadãos se feriram na briga, esmagando-se uns aos outros; alguns caíram de joelhos, lutando tenazmente para pegar um prêmio. O frenesi foi tão intenso que os pretorianos tiveram que intervir para restaurar a ordem.

O imperador desceu da torre e ordenou que homens com torso nu, com ombros, braços e peitos protuberantes, carregassem a pedra sagrada para o templo, onde depois somente ele, sua família, senadores e auxiliares nomeados podiam entrar. A guarda pretoriana permaneceu do lado de fora para garantir a segurança. Centenas de pombas brancas foram soltas para sinalizar o início da cerimônia para o povo e marcar as bênçãos de Heliogábalo, que agora desceriam sobre a cidade de Roma e seus cidadãos em todo o mundo. Depois que o deus foi colocado no altar, um touro branco imaculado foi trazido para o templo iluminado por tochas. Ele cheirava aos óleos e especiarias que haviam sido usados para lavá-lo e purificá-lo; estava decorado com fitas de lã branca e usava uma coroa de jasmim branco em seus chifres. O animal foi conduzido ao altar e colocado diante de Antonino, que, após algumas orações, recebeu uma lança de caça de um de seus assistentes e, sem hesitar, golpeou o animal com o lado reto e pontiagudo e o finalizou com o lado curvo. Mais assistentes vieram rapidamente para coletar o sangue do animal, que foi derramado sobre o altar para purificação: assim começou a consagração do templo à nova divindade. O próprio Antonino recolheu uma parte do sangue com as mãos e o derramou sobre sua cabeça, manchando seu vestido até então imaculado. Um servo se aproximou com uma bacia de água para que o imperador se lavasse.

Para surpresa de todos, Antonino tirou a túnica e ficou nu diante da plateia. Alguns senadores cobriram os olhos. Ele derramou água na cabeça várias vezes e, quando já havia lavado completamente o sangue, um servo se aproximou com uma pele de carneiro e o secou cuidadosamente. Então, sem pedir roupas limpas, ele exclamou: «Onde está o meu seleto grupo de jovens em idade militar?», e então as portas do templo se abriram para admitir um grupo de jovens legionários, que haviam sido escolhidos por ele mesmo entre os pretorianos e que naquele dia haviam servido como dançarinos. A julgar por suas maneiras, eles vinham das camadas mais baixas da sociedade, mas eram jovens, bonitos e atléticos, e isso era tudo o que era necessário para a tarefa em questão.

Os jovens se alinharam em três fileiras de três em frente ao altar. Antonino levantou as mãos no ar e bateu palmas uma vez. Instantaneamente, os dançarinos tiraram suas vestes. Houve um grande suspiro dos senadores. Ele bateu palmas uma segunda vez, e vários escravos acenderam incensos feitos de resina de plantas psicotrópicas. Havia chegado a hora de apresentar o culto supremo de Heliogábalo: o sexo sagrado. Antonino havia concebido isso desde sua visita noturna à guarnição de Nicomédia; ele havia decidido que, se realmente quisesse honrar seu deus, teria de oferecer a ele, para a consagração de seu novo templo, o melhor espetáculo possível neste mundo. Um deus que fazia os homens felizes e que havia dado proteção especial ao seu ministro Antonino, merecia em troca nada menos do que a mais alta felicidade do êxtase humano. A dança havia sido suficiente para ele em sua juventude; agora era hora de apresentar as oferendas de um homem. Era hora de fazer valer seu título de *Sacerdos Amplissimus Dei Invicti Solis Elagabali*.

Antonino se aproximou do jovem no centro da primeira fila e acariciou seu queixo com a mão. Deslizou a mão pelo peito esculpido do soldado, duro e liso como uma estátua de mármore, com os dedos acariciando gentilmente cada um de seus mamilos. Em seguida, passou para o jovem à esquerda, dessa vez acariciando gentilmente seu pênis com as costas da mão, movendo-a para cima em direção ao abdômen, sentindo os pelos se arrepiarem com o contato. Depois de fazer o mesmo com o rapaz da direita, ela voltou à posição central e se ajoelhou na frente dos três. A um sinal, eles se aproximaram, com o membro na mão, prontos para servir ao imperador e ao deus. Antonino abriu a boca, inserindo lentamente o membro ainda macio e não circuncidado do jovem no centro. Em seguida, ele começou a sugar, como um bezerro preso à mãe, em busca de leite.

A cena foi demais para Maesa e ela desmaiou nos braços de um senador. Dois outros legisladores tiveram que ajudar ele e Soémia a carregá-la para fora do prédio. O restante dos legisladores seguiu atrás deles, proferindo xingamentos e exclamações de indignação. Alguns vomitaram do lado de fora, nos degraus do templo. Nem os pretorianos nem o povo tinham ideia do que estava acontecendo lá dentro.

– Cuide da distribuição da carne! – pediu um dos senadores a Comazão. – O touro já foi abatido; os açougueiros estão prestes a chegar e cortá-lo.

Confuso, Comazão viu Soémia e os homens que carregavam Maesa se aproximando. – O que aconteceu com Maesa? – ele perguntou. – O que está acontecendo dentro do templo, *domina*?

– Não há tempo para explicações – respondeu Soémia, empurrando Comazão para o lado. – Precisamos levar minha mãe a um médico imediatamente!

Os soldados observaram, confusos, os senadores saírem do prédio, mas não ousaram entrar sem uma ordem explícita. Lá dentro, ainda ajoelhado, Antonino tinha dois pênis totalmente eretos pressionados contra sua boca. Ele chupava alternadamente um e outro, cuspindo neles e misturando saliva e pré-seminal no processo. Uma pele de tigre, trazida por um escravo, foi colocada no chão. Antonino a usou para se deitar de costas, com a parte de trás do pescoço apoiada na cabeça do tigre. Ele arqueou as pernas e abriu as nádegas. Dois dos outros jovens se aproximaram dele, um enchendo sua boca com o pênis e o outro se ajoelhando, preparando-se para penetrar o imperador. O soldado abriu as pernas de Antonino e derramou um pouco de óleo em seu próprio membro e na bunda do imperador para prepará-la para a penetração. Ele empurrou a cabeça de seu pênis lentamente, mas com a grande quantidade de óleo usada para lubrificá-lo, seu comprimento entrou com pouco esforço. Antonino segurou o pênis do outro soldado com o punho enquanto colocava as bolas dele em seu rosto, acariciando o escroto com a língua. Em seguida, levou o pênis escorregadio à boca e continuou a chupá-lo.

Os soldados da retaguarda realizaram ações semelhantes entre si, alguns se beijando, outros se chupando, outros fazendo sexo com penetração em honra ao poderoso Heliogábalo, que presidia silenciosamente a folia de seu trono no altar, brilhando avermelhado à luz das tochas, absorvendo a energia liberada pelo rito sexual. Enquanto um dos soldados ainda o estava penetrando, Antonino olhou para a efígie de seu deus. Ele sorriu, satisfeito. Se ninguém, incluindo os senadores e sua avó, havia tentado impedi-lo de realizar seu ritual sexual sagrado, isso significava apenas uma coisa. Que ele realmente estava no comando. Ele realmente era o poder supremo em Roma. Ele acreditava nisso agora e o exerceria até as últimas consequências.

Do lado de fora, Comazão se atreveu a abrir um pouco a porta e o som de um prazer do outro mundo inundou seus ouvidos. Ele entendeu imediatamente por que a avó do imperador havia desmaiado. Antonino era realmente ninfomaníaco; a festa de despedida não seria uma ocasião única. Ele não fazia ideia de que, sem o seu conhecimento, o imperador havia selecionado alguns legionários para formar um pacto com o seu deus. Como ele, Comazão, lidaria com isso? Quando o garoto ensolarado estaria satisfeito? E, acima de tudo, como ele poderia conquistar o coração dele? Será que o coração do imperador estava disponível? Ou viver de orgias era tudo o que importava para ele? Um tumulto de perguntas assolava seu cérebro e seu coração tremia de incerteza, mas, por enquanto, ele só lamentava ter sido deixado de fora da ação mais uma vez.

CAPÍTULO 4

DEBERES CONJUGAIS

Um ano havia se passado desde a infame consagração do templo e, embora durante esse tempo Maesa tivesse feito um bom trabalho ao lidar com os assuntos de Estado de forma tão tranquila quanto na época de Severo e Caracala, as coisas ainda não estavam exatamente como ela queria. Embora ela tivesse se esforçado muito para enterrar o espetáculo lascivo da mente do povo – chegando ao ponto de proibir que o assunto fosse mencionado tanto no palácio quanto na cidade – suas ações pouco fizeram para evitar que o imperador e sua luxúria estivessem na boca de todos os romanos, cidadãos ou escravos; seu estilo de vida liberal – com festas frequentes e extravagantes até tarde da noite – foi motivo não apenas de espanto, mas também de desaprovação e repulsa para muitos habitantes da cidade, especialmente para as famílias nobres e ricas que temiam por seus filhos e que ela temia que estivessem tramando secretamente sua deposição.

Ele sabia que seu poder estava em perigo enquanto a posição de seu neto como imperador não estivesse totalmente consolidada. Havia uma ação essencial que poderia ajudá-lo a ganhar algum respeito da comunidade e que provavelmente também poderia pôr um fim à vida de excessos que o jovem havia se proposto a viver. Maesa conseguiu persuadir Júlio Paulo Prudentíssimo – que continuava sendo um de seus verdadeiros apoiadores no Senado – a dar sua filha Júlia Cornélia Paula em casamento ao jovem imperador. Afinal de contas, argumentou a matriarca, o comportamento extravagante do rapaz poderia ser explicado como uma resposta juvenil à enorme autoridade e responsabilidade que lhe haviam sido conferidas em uma idade tão jovem; ela garantiu veementemente ao senador que o comportamento dele «era apenas uma fase» e deixou claro que «os costumes dos gregos» eram mais comuns na Ásia do que na Itália entre os jovens.

Após meses de negociações e formalidades, o casamento foi realizado no outono no átrio da *domus* de Júlio Paulo, como mandava a tradição. Os votos foram lidos e, em seguida, o casal recém-casado e os convidados seguiram para o *triclinium* principal, onde comida e vinho foram servidos em grandes quantidades e a noite foi animada com música e entretenimento.

O jovem casal ocupava o divã principal. Do lado da moça estavam seu pai e sua mãe, seu irmão e outros parentes. O lado do imperador estava menos cheio: Maesa estava deitada ao lado de Antonino, depois vinha Soémia e, ao lado dela, havia um espaço vazio, pois ninguém mais havia sido considerado digno de tal proximidade com o imperador.

A esposa parecia pálida e tensa, como se tivesse sido condenada por um crime, mas para as pessoas ao seu redor isso era completamente normal, pois era exatamente o que a tradição romana ditava para qualquer mulher de virtude: que ela deveria ter medo de deixar a casa dos pais para ir morar com um homem. E, nesse caso, isso era totalmente verdade.

Antonino mal a notou, pois estava ocupado conversando com Soémia.

— Quem é esse guarda, mãe? — disse ele, mastigando uma uva.

— De quem você está falando, filho?

— Daquele rapaz ali! — disse Antonino, apontando para um belo jovem em um impecável uniforme pretoriano. — Eu nunca o vi antes. Você acha que ele tem idade suficiente para estar na guarda?

— Deve tê-la — interrompeu Maesa. — Por que você se preocupa com essas coisas? Além disso, você está ignorando a sua esposa. Por que não fala com ela?

Antonino revirou os olhos e continuou a devorar uvas. Soémia sorriu e acenou com os dedos para os convidados que encontrava com seus olhos. No fundo, seu nervosismo a estava consumindo e ela se esforçava para não demonstrar isso.

As horas se passaram e, enquanto os convidados se banqueteavam, a atmosfera na mesa principal continuava a se deteriorar. Paula estava rígida como uma vara e pálida como um fantasma. Ela tinha os antebraços apoiados no sofá e estava sempre mexendo nos dedos. Ela tinha o cuidado de evitar os olhares dos outros, pois sentia que a qualquer momento iria começar a chorar. Antonino não tentou esconder um enorme bocejo e apoiou a cabeça na palma da mão.

Maesa, não querendo expor o casal a mais humilhações, decidiu apressar as coisas. – É hora de você levar sua esposa para a câmara principal do palácio – ela sussurrou no ouvido do neto.

– Devo carregá-la? – replicou o rapaz, em uma voz queixosa quase audível para o resto da mesa. – Todo o caminho até o palácio?

– Claro que sim! É uma tradição romana – ela sussurrou com raiva, – e além disso, não é tão longe!

Antonino se levantou sob o olhar assassino de sua avó. – Vamos embora – disse ele à esposa, abruptamente. – Devemos nos retirar para o nosso quarto.

Júlia olhou para a mãe aterrorizada.

A mulher acenou com a cabeça e segurou seu antebraço. – Vai dar tudo certo, minha querida.

Antonino, sem jeito, pegou-a pela mão e os dois se dirigiram para a saída. Ao se aproximarem da porta, Antonino colocou um de seus braços sob as coxas de Júlia e o outro sob suas costas. Ele tentou levantá-la, mas, embora ela fosse uma mulher pequena e delicada, seu peso era demais para seus braços fracos.

Ele desistiu rapidamente após a segunda tentativa. – Comazão! – gritou ele, para o choque dos convidados, que fizeram um grande silêncio. – Comazão! – repetiu o imperador. – Pegue esta senhora e leve-a para os meus aposentos!

O prefeito do pretório fez o que lhe foi ordenado. Com um movimento rápido, ele levantou a garota como se ela fosse feita de palha. Júlia se sentiu confortada pela primeira vez naquela noite e desejou por um momento que seu marido também pedisse ao homem para ser seu substituto nos assuntos conjugais. Infelizmente para ela, Antonino o dispensou assim que ele colocou cuidadosamente o «pacote» na cama imperial. Uma longa noite os aguardava.

Comazão deixou o palácio e saiu pelas ruas frias e vazias de Roma. Para um cidadão normal, seria terrivelmente perigoso andar sozinho no meio da noite, mas seu uniforme impunha respeito. Como prefeito do pretório, ele sabia que era temido, até mesmo pelos criminosos. Ele foi até a taverna de costume e pediu uma taça de seu vinho seco favorito. Engoliu metade do copo de um só gole e limpou a boca com o antebraço. O álcool não conseguiu fazê-lo esquecer o que estava acontecendo naquela noite. Antonino, seu amado Antonino, o rapaz que ele amava, estaria deflorando uma mulher... pela primeira vez? Uma mulher que agora era sua esposa. Ele não podia estar apaixonado por ela. Esse casamento não poderia ter sido por amor. Ele tomou outro gole. Lágrimas começaram a brotar em seus olhos. Que tolice, que tolice ele ter pensado que o imperador pálido um dia seria para ele! Agora o obstáculo não era apenas a devassidão de sua vida social, mas uma instituição sólida, sagrada para o povo romano, o casamento! Agora nunca haveria nem mesmo a possibilidade remota de mostrar a ele seus sentimentos, de perguntar se talvez houvesse um lugarzinho, um canto escuro no coração dele, para ele ocupar... Talvez nunca houvesse um; talvez ele tivesse sido um tolo durante todo esse tempo ao se entregar a tais pensamentos. Tal demonstração de sentimentos não era digna de um romano, especialmente de um soldado. Ele terminou seu copo e pediu ao estalajadeiro que o enchesse novamente. Sabia que o imperador não precisaria dele até o final da manhã seguinte, então pretendia se embebedar o máximo que pudesse naquela noite. Depois de algumas horas, ele saiu cambaleando do bar. Sabia para onde ir. Ele seguiu por um caminho escuro que conhecia bem, mesmo em seu estado semiconsciente. Com sorte, ele encontraria o garoto de sempre querendo ganhar um pouco mais de dinheiro naquela noite. Muitos jovens efeminados ficavam encostados nas paredes. Alguns se aproximaram dele, mas Comazão os afastou. Finalmente, ele encontrou o que estava procurando. Não era o rapaz com quem estivera antes, mas um com pele lisa e branca como marfim, olhos cor de avelã profundos e amplos e, acima de tudo, um bigode incipiente. Isso o convenceu.

Ele conduziu o jovem a um beco escuro e o virou de frente para a parede enquanto levantava sua túnica e acariciava suas nádegas sedosas. Comazão tirou seu pênis da túnica e o esfregou na bunda cremosa, pálida e sem pelos do rapaz. Ele beijou a parte de trás de sua orelha, respirando pesadamente enquanto mordia levemente o lóbulo. Ele ouviu o garoto engasgar quando o fedor de seu hálito alcoólico penetrou em suas narinas, e ele cobriu o nariz e a boca quase completamente com a mão áspera. A aspereza de sua barba avermelhou a pele delicada do pescoço do jovem. Depois de cuspir em seu pênis duro, ele o empurrou em sua bunda apertada e luxuriosa. Ele começou a se mover rapidamente, freneticamente, ansiosamente, como se uma satisfação rápida pudesse desfazer os pensamentos insidiosos que torturavam sua mente. Em suas fantasias, era o buraco de Antonino que ele estava fodendo. O garoto gemeu, tentando respirar sob a dura mordaça, colocando as mãos nas coxas de Comazão, implorando para que ele fosse mais devagar. Mas ele não o faria. Ele o foderia com força até que o esperma dele banhasse a boceta do homem dele. Depois de um tempo, ele sentiu a doce sensação do leite jorrando. O alívio foi divino; Comazão fechou os olhos com a respiração suspensa e, depois de um ou dois minutos, afrouxou o aperto na boca do garoto e o soltou lentamente. Ele enfiou o pinto encharcado de volta na tanga e apertou o cinto. Antes de sair, ele colocou uma moeda na mão do garoto como pagamento por seus serviços. Ele respirou fundo e até sentiu um pouco de sobriedade. Agora ele iria para casa. Para dormir.

Depois de se despedir de Comazão, Antonino voltou para o quarto. Profundamente angustiada e à beira das lágrimas, Paula puxou para trás o grosso lençol de seda e se cobriu até o pescoço. O imperador olhou para sua bela esposa troféu com um olhar questionador, com o dedo indicador sob o queixo. Ele puxou o outro lado do lençol e, sem trocar de roupa, enfiou-se debaixo dele, a polegadas de distância de sua dama. Os minutos se passaram em um rígido silêncio.

— Como se faz para que um homem se apaixone? — perguntou Antonino de repente.

Paula olhou para ele intrigada. — Perdão, meu senhor?

— Eu perguntei como é que um homem se apaixona.

– Eu... eu não sei o que o senhor quer dizer – disse Paula com a voz trêmula. Será que o imperador achava que ela não era virgem? Por que ele perguntaria uma coisa dessas? – É claro que você sabe. Você é uma mulher; sua mãe deve ter lhe ensinado algo antes... – Antonino acariciou a bochecha dela com a parte de trás do dedo indicador, – antes de permitir que você se casasse.

– Não, meu senhor, ela não disse nada, ela disse que tudo o que eu precisava saber... eu aprenderia hoje à noite....

Antonino se levantou violentamente, arrancando o lençol das mãos dela.

– Então você vem aqui na minha cama e me diz que não sabe nada sobre o amor? Nada! – Ele se aproximou dela, balançando o dedo indicador. – Essa é a única razão pela qual eu concordei em trazê-la para esta casa, para que você pudesse me dizer o que uma mulher deve fazer para que o homem que ela deseja a ame!

Dessa vez, Paula não conseguiu conter as lágrimas. Ela levou as mãos aos olhos. – Talvez Vossa Alteza pudesse ter perguntado isso à sua mãe – disse ela, soluçando.

– Então agora tenho uma esposa – continuou ele, ignorando o comentário dela, – uma esposa bonita, mas totalmente inútil! Qual é o propósito de uma mulher, se não o de prender um homem?

– Isso é algo que nós podemos aprender, tenho certeza de que se tentarmos – disse Paula, sentando-se na cama e juntando as mãos em um gesto de súplica.

– Eu sei do que gosto na cama e sei do que os homens gostam, mas pensei... deve haver algo especial que as mulheres fazem para encantar e cativar os homens e mantê-los ao seu lado.

Paula se levantou, abraçando-o por trás e acariciando seu tronco. Antonino fechou os olhos e respirou pesadamente.

— É inútil. Sou insensível ao toque de uma mulher — disse ele, afastando-se dela abruptamente. — Cometi um erro ao trazê-la aqui. Eu nunca deveria ter dado ouvidos à minha avó. Isso tudo é um grande erro! — Ele olhou para ela com olhos penetrantes.

— Saia daqui. Saia daqui, agora! Saia da minha presença! Você não vai ficar no meu quarto nem mais um minuto! — disse ele, apontando para a porta.

— Mas, meu senhor — ela implorou, — pense na minha família, como eles são súditos leais do império...

— Sua família é a menor das minhas preocupações no momento. Estou farto de você. Você não passa de uma criaturinha patética, e quero você fora da minha vista!

Ele abriu a porta e continuou apontando para a saída. Ela se levantou, mal ajeitando as roupas, tentando arrumar o cabelo desgrenhado, e enxugou as lágrimas com as costas da mão.

— Eu me divorciarei de você amanhã! — disse Antonino, batendo a porta atrás dela.

Δ

No dia seguinte, por volta do meio-dia, Comazão foi chamado à sala do imperador. Quando ele chegou, a porta estava entreaberta. Ele bateu para se anunciar.

– Entre – disse o imperador em sua voz feminina característica.

Ao entrar, Comazão viu Antonino reclinado em seu divã, saboreando um cacho de suculentas uvas vermelhas. O general ficou surpreso ao vê-lo sem a esposa. O imperador o olhou de cima a baixo. – Você está uma bagunça, Comazão. O que aconteceu com você? – Desculpe-me, Excelência. É verdade... Não estou me sentindo muito bem esta manhã.

– Bem, isso é óbvio! Onde raios você estava ontem à noite? Eu precisava que você levasse a ex-imperatriz de volta para a pátria-mãe. Comazão franziu a testa. – Senhor, receio não saber do que está falando.

– Eu a mandei de volta para a casa da mãe dela – disse ele com a boca cheia. Comazão ficou atônito. – O que o senhor fez?

– Sim, foi um grande erro trazê-la para cá. Eu nunca deveria ter dado ouvidos à avó. Eu tive que mandá-la em uma liteira com dois guardas subalternos, como se isso não fosse humilhação suficiente... Tenho certeza de que o pai dela ficará furioso. Mas eu realmente não dou a bunda de um arganaz. – Olhando para Comazão, ele continuou: – Mas não fique aí parado como um idiota. Diga alguma coisa! Onde você estava ontem à noite e o que estava fazendo?

– Eu... fui à taverna, Vossa Excelência.

– Oh, estou vendo. E você bebiu pra caramba. Qual é o problema, Comazão? Não posso deixar o prefeito do pretório se comportar como um maldito ferreiro! Você tem que estar sempre aqui para mim! Entendeu? Comazão gostou do som dessas palavras. *Estar sempre aqui para ele.* Ele sorriu. Por alguma estranha razão, a dor de cabeça o havia deixado e agora ele se sentia fresco como se tivesse acabado de sair do banho. – Sim, senhor – disse ele, acenando com a cabeça. Bateram à porta. Era Maesa, cujo rosto pressagiava uma conversa desagradável.

– *Imperator*, preciso falar com você agora mesmo – disse ela ao entrar na sala.

– Comazão, deixe-nos a sós.

O prefeito saiu apressado da sala, olhando para Maesa com os olhos brilhando de alegria e um largo sorriso no rosto. Maesa notou que os dentes dele eram brancos, algo incomum para um soldado romano. Sua barba havia crescido desde a noite anterior, mas ainda não escondia a bela covinha em sua bochecha. Maesa o olhou de cima a baixo, notando seu uniforme desalinhado, atípico para um militar de sua patente.

– Ele parece feliz! – disse Maesa, adivinhando o que estava passando pela cabeça de Comazão. – Mas eu não estou!

Antonino virou a mão e revirou os olhos. Ele convidou sua avó para se sentar com ele no divã. Lhe ofereceu um cacho de uvas, mas ela recusou.

– Fiquei sabendo de suas ações na noite passada. Júlio Paulo pediu para me ver hoje cedo. Como você pode imaginar, ele estava –

– Não me aborreça com os detalhes, por favor. O que ele quer, dinheiro?

– Ele quer que você restaure o status da filha dele como Augusta imediatamente!

– Isso não vai acontecer.

Maesa se levantou abruptamente e andou de um lado para o outro no quarto. – Você não pode fazer isso – disse ela, parando na frente do neto e balançando o dedo indicador. – Não pode! Você já havia concordado, já havia entendido as vantagens do casamento. – Ela retomou o passo nervoso e se voltou para Antonino. – Você sabe a reputação que criou para si mesmo, não sabe, meu filho? Que você é um prostituto! Que o imperador não passa de um brinquedo sexual!

Antonino ficou um pouco surpreso com as palavras duras de sua avó. No entanto, ele se recompôs rapidamente. – Roma não precisa me entender ou aprovar, avó. Eu sou o senhor dela e ela só precisa obedecer às minhas ordens.

– Não é tão fácil quanto você pensa. Há tradições aqui. Há valores como honra, virtude, família... Roma não pode permitir que seu imperador fornique com seus jovens dentro do templo!

– Então, esse é o problema.

– Sim, esse é o problema! Isso, e suas roupas, suas festas, seu deboche, sua efeminação, o modo como fala, o modo como anda e as coisas que diz! Não o fiz imperador para isso, meu caro rapaz, mas para torná-lo um homem!

– E se eu não quiser ser um homem? – Se levantou. – Você já pensou nisso? E se eu quiser ser uma mulher? – disse

119

ele com uma calma gelada contra o olhar furioso dela. – Sim! Mulher! Rainha! Imperatriz! –

A mão de Maesa caiu com força sobre a bochecha dele, que rapidamente ficou vermelha. Ele ficou boquiaberto e tocou o rosto em descrença. Se virou, procurando a cama. Queria chorar, mas sua fúria era maior do que a dor. Ele se voltou para ela, cuspindo enquanto falava.

– Muito bom, muito bom! Vou me casar novamente, mas não com aquela mulher chata, e sim com uma vestal!

Os olhos de Maesa se arregalaram em descrença. – Você não pode fazer isso... – sussurrou ela com raiva. – Essas mulheres são sagradas, são como deusas, santas para Roma e seu povo! O Senado não permitirá isso!

– Você já deve saber que eu não sigo o que o Senado diz, avó. Você os viu na dedicação. Eles eram ovelhas mansas e dóceis que me seguiam. Eles tentaram me impedir de realizar atos sexuais religiosos sagrados no templo?

– Você está louco... fora de si! Não há como você se safar dessa, Antonino! Não há como!

– Você verá – disse ele com um sorriso, – tenho uma excelente ideia de como fazer isso.

Maesa saiu indignada da sala. Antonino ficou lá dentro, com a mente ocupada não com as palavras duras da avó, mas com as suas próprias: *ser uma mulher*? Ele realmente havia dito isso? Ou, o que é mais importante, será que ele realmente estava falando sério? Só o fato de pensar nisso parecia tão libertador. De repente, tudo começou a fazer sentido em sua mente. Agora, tudo o que faltava para ser realmente uma mulher era encontrar seu homem.

Δ

Júlio Paulo recebeu no jardim do peristilo de sua *domus* o senador Quinto Aquílio Sabino, um nobre idoso e membro de uma das famílias mais proeminentes de Roma. Aquílio caminhava em um ritmo vagaroso, olhando ao redor e admirando as características peculiares da residência. Paulo sorriu, regozijando-se com a ideia de que sua *domus* era incomparável, mesmo para a elite. Seu jardim tinha uma piscina emoldurada por quatro cupidos, que jocosamente serviam de fontes urinando jatos d'água. Entre as colunas havia vários arbustos de plantas medicinais e ornamentais. Estátuas de *lares* e afrescos de ancestrais adornavam as paredes. Quando atravessaram o pórtico, Aquílio achou por bem iniciar a conversa com tópicos como assuntos legislativos triviais e o clima.

— Não quero interrompê-lo — disse Paulo depois de alguns minutos de conversa e de convidar o colega a se sentar em um dos bancos. — Mas tenho certeza de que veio me visitar por causa de um assunto mais importante do que brigas de senadores.

— De fato — respondeu Aquílio, seu rosto escurecendo com a pergunta.

— Então, do que se trata?

— Em primeiro lugar, gostaria de expressar meu pesar e solidariedade em relação a —

— Eu sei. Você não precisa dizer isso — interrompeu Paulo. — Isso deve estar na boca de todos na cidade. A desgraça que o imperador trouxe para minha família é mais do que as pessoas decentes podem suportar. – Ele parou abruptamente. – No entanto, não precisamos de sua compaixão. Nossa filha não está morta.

– Mas é quase como se estivesse. Talvez agora seja difícil encontrar um marido adequado para ela depois de tudo o que aconteceu.

– Isso não será difícil, acredite em mim. Aquela pequena pica nem sequer a tocou. Sua virtude está intacta. Mas isso não deveria me surpreender em um depravado cujo nome de nascimento é Vario. Sabe por que ele recebeu esse nome? Porque nem mesmo sua própria mãe sabe quem é o pai dos *vários* homens com quem ela dormiu.

Aquílio não riu. Ele estava intrigado com as palavras francas de seu interlocutor, especialmente vindas da boca de um homem que, há poucos dias, era um dos poucos apoiadores do imperador no senado.

Paulo o olhou diretamente nos olhos. – Ouça, Aquílio. Não me importa se você vai dizer o que eu penso agora do imperador. Acho que ele não passa de uma besta: um débil mental depravado e patético, que nem mesmo é um homem! Um que, de fato, nunca será um homem!

– Você precisa ser cuidadoso, Paulo. Às vezes, é melhor ficar de boca fechada e não dar vazão a seus pensamentos. Aquele que não pode ser um homem pode muito bem usar os homens para esmagar seus inimigos.

– Você está falando do Comazão?

– Não só dele, mas de seus antigos legionários. Eles adoram incondicionalmente o imperador. Você já viu o que eles fazem com os senadores que se opõem à vontade de Sua Majestade.

Paulo refletiu por um momento. – Eles adoram o dinheiro de Maesa; não há melhor maneira de abrir o coração dos homens. Mas ouça, Aquílio: um homem que pode ser comprado por outro também pode ser comprado por seu inimigo.

– Infelizmente, o dinheiro não é a única questão aqui. Temos a questão da profunda... erm... aliança sexual entre o imperador e suas jovens tropas de elite. Você também testemunhou o que aconteceu no templo...

– Você acha que o Comazão aprova isso?

– Duvido que haja algo que ele possa fazer a respeito. O comandante supremo das forças armadas é o próprio imperador.

Paulo fechou a boca para conter a ânsia de vômito. – A desgraça cairá sobre Roma, sem dúvida! Permitimos que aquele infeliz profanasse o templo de Júpiter, e de que maneira terrível! O deus fará vista grossa, e não teremos mais sua proteção onipotente!

– E você se esqueceu de como ele presunçosamente colocou seu retrato acima da estátua de Vitória na câmara do senado?

– Como posso esquecê-lo quando o vejo todos os dias? É difícil suportar vê-lo com aquelas vestes sacerdotais bárbaras presidindo à revelia nossas assembléias.

Houve um momento de silêncio.

– Há mais uma coisa que você provavelmente não sabe, Paulo. Na próxima semana, ele casará seu deus com Vesta.

Paulo se levantou e começou a andar em círculos, gesticulando furiosamente com as mãos, bufando como um touro em movimento. Ao se virar, ele sussurrou: — Como você sabe?

— Minha filha me contou.

Júlia Aquília Severa, filha de Aquílio, era a *vestalis maxima* do templo de Vesta, deusa padroeira de Roma desde a fundação da cidade.

— Há um limite para tudo! — disse Paulo. — Ele pode insultar Júpiter e Vitória, mas seu ataque à casa de Vesta não pode ser tolerado!

— Entendo sua raiva — disse Aquílio, levantando-se e tentando acalmar o colega. — Mas temos de ser razoáveis e pensar no que pode ser feito. Minha filha está tão horrorizada quanto nós... Ela tem orado dia e noite, acendendo o fogo sagrado com mais lenha do que o normal, mas parece que até a deusa está impotente diante da determinação desse homem mau. Ele ordenou que o fogo sagrado fosse levado para o templo de seu deus, onde, segundo ele, ficará de agora em diante!

— É uma profanação absoluta! O que o povo de Roma acha? Mais importante ainda, o que Maesa acha? — disse Paulo com os olhos arregalados.

— Maesa. É interessante que você a mencione. Não podemos negar que, sem ela comandando o império *de fato*, Roma já teria entrado em colapso. Mas ela tem apenas um defeito: é uma mulher e não pode fazer muita coisa. Júpiter sabe que, se ela fosse um homem, seria um novo Augusto.

– Eu concordo. Ela é nossa única esperança em meio a esse caos, mesmo que seu poder não seja tão forte quanto eu pensava. Ela não conseguiu fazer com que Antonino se retratasse de sua decisão de abandonar minha filha. – Ele pausou. – Certamente, ela não aprova esse novo casamento?

– Tenho certeza de que não.

– O que os outros senadores acham?

– Eles estão chocados, como você pode imaginar. Parece não haver nada sagrado ou intocável para esse rapaz. E sobre o povo, há conversas, sim, mas enquanto a generosidade do imperador continuar chegando, eles não se importam. Eles não passam de uma massa de idiotas ignorantes e ateus. Além disso, o imperador ordenou que os jogos começassem logo após a cerimônia. É por isso que ele não se importa com o que as pessoas pensam.

Paulo bateu em um vaso de porcelana, que se estilhaçou ao cair no chão de mosaico. Ele se aproximou de Aquílio, de frente para ele, e o agarrou pelos ombros. – Deve haver alguma maneira de detê-lo! Por Júpiter, deve haver uma maneira!

– Talvez com o tempo, caro amigo, talvez com o tempo. Por enquanto, não temos nada a fazer a não ser jogar o jogo dele.

– Estarei de olho – disse Paulo, soltando ao colega, – estarei de olho e, ao primeiro erro... por Castor e Pólux, farei aquele provinciano pagar. Ele vai se arrepender de ter saído daquela maldita aldeia síria empoeirada!

Aquílio sorriu. Ele se desculpou e disse que tinha que sair. Paulo chamou um escravo e ordenou que ele acompanhasse seu convidado até a porta. Ele se sentou em um *sollum* sozinho no jardim e enterrou o rosto nas mãos. Chorou, não apenas por sua família, mas por Roma e por seu futuro minguante. Ele levantou a cabeça; sua respiração estava agitada e seu rosto corado com uma fúria incontida. Seus olhos penetrantes estavam fixos em um ponto indeterminado. Uma ideia lhe veio à mente.

Δ

O templo de Heliogábalo havia sido cuidadosamente decorado para a grande ocasião. O fogo sagrado de Vesta havia sido cerimonialmente carregado em procissão durante a noite e estava à direita do betilo, tremendo e estremecendo como o coração aterrorizado de uma donzela arrebatada. Em frente ao altar estava o imperador, vestido com uma túnica de seda púrpura feita especialmente para a ocasião, e atrás dele, seis virgens vestais usando *stolas* sóbrias, com a cabeça coberta com *suffibulum* e os cabelos penteados da maneira tradicional de sete tranças entrelaçadas com tiras de tecido colorido. Entre as mulheres, estava a *vestalis maxima*, Júlia Aquília Severa, uma mulher que já estava longe do alvorecer da juventude, cujo rosto sombrio, aguçado pelas fortes linhas da idade, certamente fazia jus ao seu cognome. Ela havia sido selecionada para entrar no culto quando tinha seis anos de idade e estava no templo há mais de vinte e cinco anos e, durante todo esse tempo, nunca havia testemunhado um evento que se assemelhasse remotamente a esse. Atrás deles, em ambos os lados da *cella,* estava a família do imperador, juntamente com senadores, patrícios e, acima de tudo, a guarda pretoriana, sem a qual essa cerimônia nunca teria ocorrido.

Um homem idoso, atuando como *auspex*, levou um cordeiro branco e manso ao altar para o abate. Com uma faca, ele cortou rapidamente a garganta do animal, que caiu no chão após um fraco balido. Depois de derramar o sangue sobre o altar, ele removeu as entranhas com as mãos ossudas e as colocou sobre o mármore. Cuidadosamente, ele as examinou em meio a um silêncio sepulcral. Depois de um tempo, voltou sua atenção para o imperador e lhe deu a notícia: os auspícios eram favoráveis à união, pois as vísceras do animal não continham nada de anormal. Antonino, que havia ficado um pouco tenso durante o procedimento, suspirou de alívio.

Depois de ajoelhar-se para as orações iniciais e levantar-se novamente, Antonino deu as costas e pediu à *vestalis maxima* que o acompanhasse até a frente do altar. Ela pareceu confusa e, depois de olhar em volta, consentiu. Ela sabia que era a autoridade máxima em questões morais, portanto era natural que o imperador lhe pedisse que o acompanhasse até a frente. Quando Severa ficou ao lado do imperador, ele pegou sua mão na altura do ombro. Nessa posição, ele pediu que ela recitasse os votos matrimoniais em nome de Vesta, como ele faria em nome de Heliogábalo. A um sinal de sua outra mão, dois escravos se aproximaram. Depois de fazer uma reverência, eles se ajoelharam e, com os olhos voltados para o chão, seguraram papiros à sua frente. Antonino olhou para o lado e cutucou Severa de leve para incentivá-la a ler.

– Eu, Severa, suma sacerdotisa de Vesta e mulher de virtude, declaro: *Ubi tu Gaius, ego Gaia.*

– Eu, Antonino, sumo sacerdote de Heliogábalo e homem de virtude, declaro: *Ubi tu Gaia, ego Gaius.*

Ele se virou para ela e, para surpresa de todos os presentes, especialmente da própria Severa, encostou seus lábios nos dela. Sem soltar a mão dela, ele a fez virar-se com ele para os participantes.

– Assim como nossas divindades supremas, o todo-poderoso Heliogábalo e a honradíssima Vesta, tornaram-se para sempre um como marido e mulher, nós, Antonino e Severa, unimos nossas vidas no sagrado voto do matrimônio.

Uma série de gritos abafados ecoou pelo templo. Duas das vestais desmaiaram. Paulo fechou os punhos com as mãos e bufou pelo nariz. Aquílio ficou boquiaberto e olhou em volta com perplexidade. Ele não esperava que o imperador fosse se casar novamente. Não no antigo templo de Júpiter. Não com uma vestal. Não com sua filha.

– Isso é inédito! – gritou Aquílio. – Não só é inédito, como é ilegal! O senhor não pode fazer isso; não pode levar minha filha! Ela jurou permanecer no serviço sagrado de Vesta. O senhor estão profanando Roma e nossos ancestrais! O senhor é imundo!

Antonino assentiu e, antes que Aquílio pudesse terminar a frase, Comazão avançou, amordaçando o senador com uma mão e prendendo uma de suas mãos atrás das costas com a outra. Severa levou as mãos à cabeça e gritou. Aquílio e Paulo foram arrastados para fora do templo por vários guardas e os demais pretorianos desembainharam suas espadas de forma ameaçadora para manter a ordem. Algumas vestais caíram aos pés do imperador e imploraram para que ele não levasse sua irmã mais velha; ele ordenou que o restante dos soldados as levassem de volta para a casa de Vesta, já fria e privada do fogo sagrado. Em meio ao caos, Antonino puxou sua nova esposa para fora do templo, em direção à carruagem que os levaria ao Monte Palatino.

Δ

No quarto de Antonino, Severa permanecia rígida, como um gato encurralado; e, como um gato, ela estava pronta para arranhar e morder se o imperador tentasse pegar sua *stola*, encostar a mão nela ou roubar outro beijo. Antonino tentou se aproximar dela, caminhando com o passo firme de um domador.

— Vamos lá, mulher, não vou machucá-la. Eu só quero... conversar com você.

Ela cruzou as mãos sobre o peito e olhou para ele com olhos assassinos.

— Vamos, saia daí — disse ele, pegando a mão dela quando teve certeza de que ela não o arranharia, e a levou até a cama.

— Sente-se aqui e vamos ter uma conversa tranquila.

Ela obedeceu, mantendo as mãos juntas sem tirar os olhos do chão. Ela não disse uma palavra.

— Você deve estar se perguntando por que me casei com você e o trouxe aqui.

Ela franziu a testa para ele e assentiu.

– Para que possamos fazer bebês sagrados! – exclamou ele, rindo histericamente.

Ela gritou e tapou os ouvidos.

– Por que não? Assim como Heliogábalo e Vesta agora são marido e mulher, nós também somos, para o bem e a unidade do império! – Ele se levantou. – Esse casamento foi apenas o primeiro passo. Um dia, todos os cultos romanos serão absorvidos em um único culto monoteísta: o de Heliogábalo!

– Vesta não queria se casar com o seu deus, assim como eu não queria me casar com o senhor! – gritou Severa, horrorizada. Correu para a porta. Puxou-a com força várias vezes, mas não conseguiu abri-la.

– Não seja boba! Por que não se comporta como uma boa garota e fala comigo?

– E sobre o que quer falar? – disse Severa, desta vez com uma atitude desafiadora. – Não falarei com o senhor a menos que liberte meu pai!

– Seu pai, seu pai... – disse Antonino, andando em volta dela. – Seu pai precisa aprender a ficar de boca fechada! – Ele se aproximou, perfurando-a com o olhar. – Logo você e ele aprenderão que só há uma maneira de servir a Roma, que é me servir!

– Não entendo qual é o propósito de tudo isso – disse ela, com os olhos lacrimejando. – Sua Majestade já havia se casado com Júlia Paula....

– Foi minha avó que quis que eu me casasse. Ela vivia me importunando com isso. Então pensei em me casar com você, uma mulher que obviamente não estaria interessada em nenhum tipo de transação carnal comigo! Entende? Sou brilhante, não sou?

Severa olhou para ele com a respiração suspensa.

— Não se preocupe — continuou Antonino, — eu lhe darei tempo para se adaptar à sua nova vida de mulher casada... você sabe, vivendo aqui no palácio e fingindo ser minha esposa. Sempre poderemos culpá-la pela falta de filhos.

— Mas, meu senhor, serei liberada de meus deveres religiosos em mais alguns anos, então poderá se casar comigo sem perturbar as tradições de Roma! — disse ela, desesperada por qualquer solução que a ajudasse a retornar ao templo imediatamente.

— Há mais uma coisa, talvez ainda mais importante.

— O que?

— É sempre necessário ter ouro no tesouro imperial para manter o povo feliz — disse ele com naturalidade. — A casa de Vesta deve pagar seu dote.

— Como você espera que a casa de Vesta pague um dote, especialmente em um casamento não consensual?

— Você deu seu consentimento; você recitou os votos!

— Eu não tinha ideia da armadilha que o senhor havia preparado para mim!

— Com armadilha ou sem armadilha, você disse as palavras sagradas. Então é um fato; somos marido e mulher; você deve providenciar o pagamento do dote imediatamente!

Severa pensou por alguns instantes. — Eu vou... só se o senhor libertar meu pai.

— Uma vestal está tentando impor condições ao imperador?

– Se o senhor não libertar meu pai, eu nunca o farei. Pode me jogar aos leões e ter minha carne arrancada, mas eu não farei isso!

Antonino suspirou. – Muito bem, como você deseja. Ordenarei a Comazão que o liberte amanhã.

– Hoje à noite! – gritou Severa. – Ele não pode passar uma noite nessa prisão fedorenta! E o senhor precisa libertar o Paulo também! – disse ela, atirando-se sobre ele, batendo em seu peito. Ele a envolveu com os braços e tentou acalmá-la.

– Muito bem, muito bem! disse ele, arrastando-a até a porta. Guardas! – ele gritou enquanto abria com uma chave. – Entrem e levem essa lunática para seus aposentos! Ela não está apta a cumprir seus deveres conjugais esta noite!

Os guardas entraram, agarraram a mulher descontrolada pelos braços e a arrastaram para fora do quarto.

Δ

Um pouco mais tarde, Comazão visitou a cela ocupada por Paulo. Dado o status do senador e o fato de que ele havia sido sogro de Antonino por um dia, ele havia recebido uma das celas «preferenciais». Ainda assim, fedia lá dentro.

– Pode ir, senador, Aquílio também foi liberado.

Paulo se levantou da cama minúscula, tirou o pó do roupão com dignidade e olhou para Comazão. – É um prazer conhecê-lo, prefeito. Não creio que tenhamos sido apresentados antes – disse ele, estendendo a mão.

Comazão retribuiu o gesto. – É uma pena que tenha sido nessas circunstâncias.

– É realmente uma pena – disse Paulo, ajeitando suas roupas.

– Se possível, eu gostaria de conversar com o senhor um dia desses, general.

Comazão pensou sobre isso por um momento. – Onde? Em uma taverna?

Paulo estremeceu ao pensar em estabelecimentos tão desagradáveis. – Não, eu gostaria de convidá-lo para minha *domus*. – Após uma pausa, acrescentou: – Para jantar, talvez?

– Claro, senador. Ficarei honrado...

– ...e sua esposa?

– Não tenho esposa, senhor.

– Entendo. Bem, então será só o senhor – disse ele ao sair da cela.

Comazão não tinha certeza das intenções do homem. Ele permaneceu dentro da cela por alguns minutos antes de sair e fechá-la novamente. O imperador não gostaria de saber que o prefeito do pretório estava aceitando convites pelas costas. Mas ele não precisava saber. Uma sensação de formigamento percorreu seu estômago. Por alguma razão, ele estava interessado no que esse homem queria lhe dizer. Principalmente porque estava insatisfeito com as ações que teve de tomar naquele dia. Ordens eram ordens, e a paz tinha de ser mantida, mas os senadores estavam certos. Aquele casamento havia sido forçado. Mas por que?

Δ

Na noite seguinte, Comazão estava do lado de fora do palácio, depois de visitar seus homens, quando ouviu o som de passos.

— Sua Majestade está deixando o palácio... desacompanhado?

— O imperador precisa de sua permissão para visitar sua própria cidade?

— Poderia ao menos me deixar acompanhá-lo?

— Não! Há coisas que eu gostaria de fazer sozinho. Sinto-me como um prisioneiro seguido por pretorianos aonde quer que eu vou.

— Mas preciso falar com o senhor.

— Neste momento? Sobre o quê? Por favor, se apresse, Comazão. Está ficando tarde e preciso chegar ao meu destino.

— Quero falar sobre nós.

Antonino ficou paralisado. Ele viu a expressão no rosto do general, como a de um cachorro implorando por atenção.

— Não há nada para falar. Agora sou casado. Você se esqueceu?

— Sim, mas não há nada além de amor nesse casamento — disse ele ao imperador. — O senhor não pode amar essa mulher. Se não amava Júlia Paula, que pelo menos era jovem e bonita, como poderia amar essa senhora que parecia destinada a ser uma solteirona?

— Você está certo. Não se trata de amor. Eu me casei com uma mulher apenas para agradar minha avó. — Ele se afastou dos braços de Comazão. — Não posso amar ninguém; meu coração não está pronto. Eu só quero viver, Comazão, experimentar a vida e fazer todas as coisas que quero fazer antes de morrer.

— Podemos fazer isso juntos.

— Como? Diga-me como, por favor. Você é o prefeito pretoriano. Eu sou o imperador de Roma. Como seria se desfilássemos pela rua de mãos dadas? É isso que você quer?

— Não, claro que não. Mas achei que... bem, ninguém precisa saber.

— Então é isso que você quer: um romance nas sombras. Encontros clandestinos em um beco escuro, enquanto mentimos para o mundo? Não, Comazão. Isso não me agrada. Eu faço tudo à luz do dia. Até mesmo meus atos sexuais sagrados são públicos. Não estou interessado em viver uma vida dupla.

— Mas...

— Mas nada. Faça-me um favor, está bem? Arranje uma liteira para me levar à cidade.

Comazão ficou em silêncio por um momento. — Poderíamos esconder dois guardas nos assentos. Ninguém os notará.

— Pretorianos viajando na minha liteira? Isso é muito ridículo. Eu disse não, Comazão. Irei sozinho, só preciso de carregadores!

Comazão foi buscar o que o imperador queria. Ele voltou em poucos minutos, tendo conseguido uma das luxuosas liteiras do palácio, bem como quatro carregadores, que ele armou sem o conhecimento do imperador.

Depois de um tempo, chegaram a uma parte bem conhecida da cidade, famosa por sua vida noturna.

– Tem certeza de que é aqui que quer que o deixemos, Excelência? – perguntou um dos carregadores, ao ouvir as instruções de Antonino. – Essa parte da cidade não é nada segura, principalmente –

– Sim, é para onde estou indo. Não tenha medo e faça o que eu digo. Eu avisei sobre minha visita e pessoas de confiança estão me esperando.

Os homens pararam em frente a uma antiga hospedaria, pintada com o que antes eram cores vivas, e Antonino ordenou que esperassem do lado de fora pelo tempo que fosse necessário. Eles ajudaram o imperador a descer de sua liteira, e ele entrou no prédio com naturalidade, como se fosse o seu palácio, embora fosse sua primeira vez nesse lugar. As paredes internas estavam pintadas com atos obscenos, não muito diferentes daqueles encontrados nas casas da desaparecida Pompeia. Duas jovens bem maquiadas o receberam.

– Estou procurando por *Domina* Plautina. Diga a ela que o imperador está aqui.

As duas moças entraram correndo. Poucos minutos depois, apareceu uma mulher obesa, vestido de forma extravagante.

– Sua Alteza – disse ela, fazendo uma reverência. – Então o senhor veio nos visitar esta noite.

– Eu sempre mantenho minha palavra, Plautina. Pode me mostrar meu quarto?

A mulher acenou com a mão para guiar o caminho por uma entrada coberta por cordões de contas coloridas. Eles chegaram ao quarto – o melhor da propriedade – que Plautina havia preparado com antecedência para a importante visita. Uma cama grande com uma estrutura de bronze dourado intrincadamente decorada com incrustações de madeiras exóticas e madrepérola, além de pernas habilmente esculpidas e torneadas, ocupava a maior parte do espaço. Seu colchão de pelúcia, recheado com penas e ervas aromáticas – para afastar vermes – convidava a pular nele assim que o via. Igualmente aconchegantes eram os luxuosos lençóis e travesseiros de seda cor de vinho tinto e o edredom dourado, comprado exclusivamente para o imperador. Afrescos com cenas eróticas explícitas cobriam as paredes, e o piso era de pitorescos mosaicos de mármore parcialmente cobertos por um tapete com a imagem costurada de um tigre atacando. Duas velas em castiçais em forma de pênis iluminavam o quarto, que era escuro e sem janelas.

O bordel de Plautina era o mais fino de Roma, não apenas por seu conforto luxuoso, mas pela privacidade que proporcionava a seus clientes, que geralmente eram funcionários ricos e respeitáveis; suas damas sabiam que a punição por indiscrição era a expulsão, o que significava ser jogada na rua ou coisa pior. Plautina, no entanto, sabia que sua casa não era adequada para um imperador – especialmente um com gosto tão requintado. Portanto, ela se encarregou de reorganizar a decoração de pelo menos aquele cômodo, achando que ele apreciaria um leve toque oriental.

– Nada mal, nada mal mesmo – disse Antonino, jogando-se na cama. – Isso é algo parecido com o que eu mesmo teria conseguido.

– Obrigada, Vossa Majestade, suas palavras são muito apreciadas – disse ela, suspirando de alívio.

– Agora, não seja tímida e venha aqui – disse ele, batendo na cama.

O colchão cedeu sob o peso excessivo da mulher, que se aproximou cuidadosamente do imperador. Ela ficou um pouco surpresa. Sempre que os imperadores procuravam mulheres para seu entretenimento, eles o faziam no palácio. Pelo menos era isso que o poderoso Caracala havia feito: ela havia enviado muitas moças para ele lá. Portanto, ela não sabia ao certo por que Antonino havia pedido para se encontrarem lá... além disso... ela não recrutava garotos em casa, e conhecia, como toda Roma, as preferências do imperador... então... qual poderia ser o motivo de ele estar ali naquele momento?

– Agora, Plautina, tenho apenas uma pergunta. – O imperador fez uma pequena pausa: – Como você faz um homem se apaixonar?

Após alguns segundos de confusão, a mulher começou a rir. Ela riu com tanta insolência e impertinência que Antonino ficou furioso.

– Do que está rindo, vadia! Eu lhe fiz uma pergunta muito simples!

– Com todo o respeito, imperador, acho que o senhor já sabe disso!

– Não, não é assim! Sim, eu posso ter muita experiência em questões de sexo, mas... o mero sexo parece estar muito distante do verdadeiro amor e devoção.

– O amor verdadeiro, Excelência, não existe. Pelo menos, não para sempre. Sinais podem ser vistos em uma pessoa, mas isso não significa que seus sentimentos não mudarão mais tarde.

– Que sinais?

– Eles são sutis. Um olhar. Um sorriso. Uma carícia. Algumas coisas não podem ser fingidas.

– Se é tão simples assim, minha esposa já deveria saber.

– Bem, ela é virgem e certamente seus pais não permitiram que nenhum homem a cortejasse, portanto não há como ela saber.

– Eu sei, mas não existe algum tipo de instinto feminino para atrair um homem, algo que vem naturalmente sem que seja necessário procurá-lo?

– Se quiser que eu seja honesta, realmente não existe, Vossa Alteza. Tudo o que uma mulher precisa saber sobre como agradar um homem, ou seja, seu homem, ela aprenderá com ele, e com mais ninguém. – Ela se deitou de lado para olhar para ele. – Veja, cada homem é diferente, cada homem tem suas próprias necessidades, e o que um homem pode gostar, pode não interessar a outro.

– Então é só uma questão de se soltar e fazer as coisas que lhe dão mais prazer?

– Exatamente, Excelência.

– Mas deve haver algum truque, alguma peculiaridade pela qual todos os homens se apaixonam.

– Comida! Dizem que o caminho para o coração de um homem é o seu estômago. Mas aposto que o senhor não sabe cozinhar – ela riu.

– Você está certa quanto a isso.

– Bem, há outra, o pênis dele! Se as mulheres fossem menos pudicas, elas descobririam um mundo de prazer para seus maridos e para si mesmas. E eu estaria fora do negócio – gritou ela.

Antonino riu. – Você é engraçada. Então está me dizendo para continuar dormindo com alguém até encontrar a pessoa certa?

– Eu diria que sim. Dê uma oportunidade a todos de quem o senhor gosta, mas em encontros individuais. O senhor não o encontrará em uma orgia. E procure sinais de amor verdadeiro. Tenho certeza de que os reconhecerá.

Sinais de amor verdadeiro. Ele pensou em Comazão e, por um momento, sentiu-se um tolo por tentar descobrir como um homem se apaixona, e era óbvio que já havia um homem apaixonado por ele. E o que ele, Antonino, havia feito para provocá-lo? Nada. Só havia um problema. Plautina também havia se aproximado dele quando disse: «Dê uma oportunidade a quem você gosta.» Comazão não era seu tipo. Ele era muito velho e peludo; ela queria alguém mais jovem, não alguém como seu pai. Claro, ele era simpático e doce, mas ele não conseguia se ver com ele em um relacionamento real. Além disso, tudo o que ele havia lhe dito era verdade: sua própria posição impedia que Comazão se aproximasse dele como parceiro de vida. Eles se tornariam motivo de chacota em Roma.

– O farei! – disse Antonino, voltando de seus pensamentos e dando um grande beijo no rosto da mulher gorda. A propósito, quanto suas garotas ganham por noite? – Em uma boa noite, elas podem ganhar cerca de vinte sestércios cada. – Tenho certeza que posso duplicar isso! Quer apostar? Uma risada aguda saiu da boca da mulher. – Quero!

O imperador se levantou e pediu que ela o levasse ao local onde as moças geralmente esperavam por seus clientes. Algumas esperavam dentro do bordel, até mesmo em um dos quartos, mas as garotas mais jovens, que ainda não tinham sua própria clientela, geralmente esperavam no átrio. – Eu vou ficar aqui, e você verá o que acontece!

O imperador estava de pé ao lado das moças, que pareciam confusas, quando os primeiros homens começaram a chegar. – Ei, qual de vocês quer fazer sexo com o imperador esta noite?

– Eu! – gritou um deles.

Antonino o levou para seu quarto. Sem pensar, ele se ajoelhou, desamarrou o *subligaculum* e começou a chupar seu pênis e suas bolas, com uma maestria que o estranho nunca havia experimentado antes. O homem jogou a cabeça para trás e soltou um gemido.

Domina Plautina observava pela porta entreaberta. – Ele com certeza não perde tempo – sussurrou para uma de suas garotas.

Rapidamente se espalhou a notícia de que o imperador estava entretendo os homens de Roma em troca de dinheiro. À medida que mais clientes chegavam, uma enxurrada de sestércios e até *aurei* fazia um som metálico agudo quando eram depositados dentro do pote de cobre na entrada da sala.

O imperador estava deitado de costas, levando o pênis de um homem na bunda enquanto chupava outro. O buraco de Antonino estava cada vez mais lubrificado com a gosma branca depositada dentro dele pelos garanhões jovens e velhos de Roma. Ele não beijou nenhum deles; esse era um caso exclusivamente de «foda». Dezenas de homens penetraram o jovem luxurioso naquela noite: de costas, de quatro, cavalgando seus paus enquanto o carregavam nos braços, com a entrada facilitada pelo ânus distendido e pela lubrificação escorregadia.

Nas primeiras horas da manhã, Antonino saiu cambaleando do quarto, carregando com dificuldade o pote de cobre que transbordava diante dos rostos atônitos das mulheres, especialmente de Plautina.

— Vejam, senhoras, é assim que se faz! Agora, guardem esse dinheiro e não se esqueçam de ganhar mais na próxima vez.

As prostitutas começaram a aplaudir quando o rapaz saiu dançando do bordel em busca de seu transporte de volta ao palácio. Algumas das moças jogaram moedas para o alto. Ninguém poderia dizer que o imperador não era um homem do povo, em todos os sentidos possíveis!

Δ

Duas noites depois, Comazão visitou o senador Júlio Paulo. Sem saber o que vestir, ele vestiu seu uniforme da guarda pretoriana em trajes completos, exceto pelo capacete de penas. Ele estava indo para um jantar, não para uma guerra. Embora, na época, as duas coisas não parecessem muito diferentes. Um escravo abriu a porta e o conduziu para o saguão e depois para o átrio. As paredes do átrio tinham afrescos com cenas campestres encantadoras, juntamente com estátuas de *lares* e ancestrais da família. Do *triclinium*, podia-se ver o ostentoso jardim – com sua magnífica e limpa piscina – que levava aos banhos nos fundos da casa. Comazão já havia entrado em uma *domus* patricia antes, mas nenhuma tão luxuosa quanto essa.

Paulo cumprimentou o general e o apresentou à sua esposa e, principalmente, à sua filha Júlia, que, apesar de ter estado em seus braços por um tempo na vergonhosa noite de núpcias, ainda não havia tido a oportunidade de conversar com ele. Beijando a mão da moça, Comazão observou que ela estava mais bonita agora do que naquela ocasião – suas preferências sexuais não o deixavam cego para a beleza feminina –, mas evitou mencionar o fato, achando melhor não evocar tristes lembranças. Sem dúvida, Júlia se lembrava dos momentos em que aqueles braços fortes a carregaram para os aposentos do imperador e do quanto ela desejava estar neles desde então. Mas ela também sabia que seu pai jamais permitiria que ela se casasse com um membro da Guarda Pretoriana, nem mesmo com o prefeito.

– Deite-se conosco – disse Paulo a Comazão, mostrando-lhe um divã no *triclinium*.

Logo os escravos trouxeram uma infinidade das melhores iguarias de Roma: ostras do Adriático, temperadas com *silfium* e arruda; nozes exóticas da Ásia; queijos das regiões montanhosas da Gália e da Helvécia; e, para completar, o melhor vinho da Toscana. Paulo mandou abrir uma ânfora conservada por mais de três décadas para a ocasião.

– Estou impressionado com sua hospitalidade, senhor – disse Comazão, depois de engolir uma das ostras temperadas. Ele não tinha certeza se seria capaz de comer na taverna novamente, depois de seu paladar ter desfrutado de iguarias tão requintadas.

– Estamos honrados por ter aceitado nosso convite – disse Paulo. – Queremos mostrar o quanto apreciamos seu serviço no exército e a defesa da pátria.

Comazão assentiu com um sorriso, e a conversa fiada se transformou em um bate-papo sobre a vida em Roma naquela época, histórias de guerra, reformas senatoriais e, à medida que as taças de vinho avançavam, até mesmo assuntos pessoais e familiares. Em sua embriaguez, Comazão confirmou que Paula era de fato uma mulher muito bonita. Os cabelos escuros, encaracolados nas laterais, formavam uma moldura perfeita para sua pele branca como marfim e seus traços delicados. Por um momento, ele se arrependeu de não ser o tipo de homem que gostava de ter intimidade com uma mulher. Ele havia feito sexo com mulheres em sua juventude, mas rapidamente perdeu o interesse por elas assim que cedeu aos seus verdadeiros desejos e sentiu o doce calor do interior aconchegante de um homem. E ele tinha plena consciência de que não havia mais volta.

– Bem, meu caro oficial – disse Paulo depois de algumas horas, – acho que é hora de deixarmos as mulheres se retirarem para seus aposentos enquanto discutimos assuntos sérios em meu escritório. Comazão concordou. Ele se levantou e seguiu o senador, não sem sua xícara. Paulo abriu a porta de seu escritório, cujas paredes eram forradas com prateleiras de papiros antigos. Uma escrivaninha desordenada e um par de cadeiras de couro eram as outras poucas peças de mobília. Paulo se sentou e pediu a Comazão que se sentasse também.

– Bem, general, o senhor deve estar se perguntando o verdadeiro motivo pelo qual o convidei para visitar minha casa.

Comazão assentiu e tomou outro gole de vinho.

– Sei tudo sobre seu serviço sob o comando do grande Caracala e seu trabalho no comando da *Legio III Gallica* no leste. Devo dizer que admiro muito seu trabalho e sua liderança; poucos homens alcançaram os resultados fantásticos de pacificação que o senhor e sua legião obtiveram nas terras inóspitas da Síria.

Comazão olhou para ele sem se perturbar. – É só isso que o senhor queria me dizer?

Paulo o interrompeu com um aceno de mão. – No entanto, também estou ciente... – Ele fez uma pausa para se certificar de que escolheria suas próximas palavras com cuidado, – da maneira como nosso atual imperador foi proclamado.

– O que quer dizer, senhor? – disse Comazão com desconfiança em sua voz.

– Sei que houve algumas... irregularidades na forma como a proclamação foi feita. O senhor e sua legião eram leais a Macrinus e de repente... mudaram sua lealdade para o novo Antonino.

– Macrinus foi um usurpador e um traidor – disse Comazão, secamente. – Antonino é o herdeiro legítimo do trono, já que é filho de Caracala.

– E que prova temos disso? A palavra de Maesa? – Paulo sorriu e começou a andar de um lado para o outro na sala. – Tudo o que temos é a palavra de uma mulher idosa? Uma mulher que tinha muito a ganhar com a proclamação?

– A semelhança é extraordinária – disse Comazão. – Olhar nos olhos do imperador é como olhar nos olhos do poderoso Caracala.

– Eles são parentes, não há dúvida disso, e olhos assim são comuns no Levante. No entanto, ainda não tenho certeza da paternidade do imperador... além disso, há o fato...

– Que fato?

Paulo ficou atrás da cadeira de Comazão e massageou seus ombros. Comazão ficou imediatamente relaxado com o toque daquelas mãos fortes. Paulo ainda era um homem muito bonito para sua idade. Sem dúvida, sua filha havia herdado a beleza do pai.

– O fato de o senhor e seus homens terem recebido ouro de Maesa em troca da proclamação.

Comazão se levantou violentamente e olhou para o senador. – Quem lhe disse isso? – ele rosnou.

Paulo deu as costas e retomou sua caminhada.

— Segredos como esse nunca ficam escondidos por muito tempo. Seus soldados se gabaram disso por semanas assim que chegaram a Roma — disse ele, olhando de volta para o general.

— Por que o senado não fez nada a respeito?

— Era tarde demais. Antonino havia vencido a batalha contra as forças de Macrinus e, além disso, já havia sido ratificado; não havia nada a ser feito.

— Então, se não havia nada para fazer naquela época, por que há agora?

— As coisas estão diferentes agora, general. O imperador, o seu imperador, está perdendo apoio com o passar dos dias. Ele insultou o senado, prendeu alguns de seus membros e, como o senhor bem sabe, até mandou jogar um deles nas masmorras! — Os olhos de Paulo pareciam ter saído de suas órbitas. — Ele desonrou minha filha e o templo de Vesta, instalou um deus estrangeiro no templo de Júpiter, ordenou que sua pintura ridícula fosse pendurada sobre a imagem da Vitória no senado, tomou uma vestal como esposa... — Ele fez uma pausa oratória. — Não há nada em Roma e em seu glorioso passado que ele não manche! Ele destruirá esta cidade e nossa civilização se não for detido!

— E o que o senhor quer que eu faça?

— No momento, os pretorianos são tudo o que ele tem. Os pretorianos e o povo. Este último não me preocupa; assim que os jogos e a generosidade acabarem, eles também perceberão seus vícios e se voltarão contra ele. Eles admiram sua vaidade sem fundo e seu comportamento excêntrico, por mais grosseiro e inadequado que seja, mas a admiração também tem um limite. O que importa são os pretorianos. – Ele colocou as mãos nos braços de Comazão. – O senhor é um homem sensato, general Comazão... todos nós sabemos que, se Antonino perder o apoio da guarda, ou seja, se o senhor ajudar isso a acontecer, teremos a liberdade de removê-lo e bani-lo de volta para a Síria, onde ele pertence!

– E o que o faz pensar que farei isso?

– Estou ciente de seu amor por sua pátria... é a esse sentimento que apelo.

– Não tente me confundir com suas palavras, senador. A promoção de Antonino foi legal. Macrinus era um assassino e um usurpador. É claro que algumas coisas mudaram em Roma, mas nenhum imperador está isento de excentricidades... Tibério, Calígula, Nero, até mesmo Trajano e Adriano, por Júpiter. Além disso, Roma tem se saído bem ultimamente. Não há crises sérias para falar. O que os senadores têm é um rancor pessoal contra o imperador, um rancor com o qual não quero ter nada a ver!

Paulo caminhou um pouco mais. – Muito bem. Sinto muito em ver que meus argumentos não conseguiram convencê-lo.

Comazão se virou para sair.

– Espere.

Comazão parou.

– Responda com sinceridade, general. Independentemente da situação legal do rapaz... o senhor não teria feito o que fez para colocá-lo no trono se não houvesse dinheiro envolvido, não é mesmo?

Comazão se voltou para o velho, encarando-o com olhos de ferro.

– Quanto o senhor quer desta vez para mudar as coisas e... deixar os assuntos jurídicos para nós?

Comazão fechou a mão em um punho. Ele se aproximou de Paulo e lhe deu um soco no rosto. – Aí está minha resposta – ele rugiu e saiu do escritório.

Paulo permaneceu em silêncio, apoiando-se na escrivaninha com uma das mãos e tocando sua boca ensanguentada com a outra. Não seria tão fácil assim. Afinal de contas, Comazão não se deixaria comprar uma segunda vez. Ótimo, essa seria a maneira mais confortável de agir. Felizmente, ele tinha outro plano em mente. Um plano que lhe forneceria uma armadilha para forçá-lo a ficar do seu lado. Mas teria que ter paciência e esperar o momento certo para lançar o anzol.

CAPÍTULO 5

UM DIA NAS CORRIDAS

A celebração do casamento de Antonino e Severa durou vários dias. Um dos eventos favoritos do público eram as corridas de quadrigas no *Circus Maximus*. No dia da inauguração, o imperador, sua esposa e sua comitiva atravessaram a passagem entre o palácio e a varanda imperial e chegaram ao circo em meio a uma tempestade de aplausos, que irrompeu assim que suas figuras apareceram diante do povo. Milhões de flores de açafrão foram lançadas ao ar dos andares superiores, exalando seu aroma de ervas ao caírem. Um silêncio sinistro reinou nas fileiras do senado, conscientemente ignorado pelo Garoto Máximo, que estava ocupado se perdendo na adoração encantada da multidão. Ele acenou com a mão graciosamente enquanto sua esposa caminhava rigidamente ao seu lado; ela usava a mesma estola sombria que usava nos dias do templo e ainda não parecia à vontade com sua vida de primeira-dama de Roma.

O imperador sentou-se no *pulvinar*, com sua esposa à direita e sua mãe à esquerda. Maesa sentou-se ao lado de Soémia, na extrema esquerda. Comazão – sempre atento a possíveis agressores ou mesmo a gestos de desaprovação – e mais dois pretorianos sentaram-se atrás da família imperial.

As cinco vestais restantes também estavam presentes. Elas haviam se recusado a nomear uma substituta para sua superiora, mesmo sabendo que o imperador logo as obrigaria a isso. Elas ainda esperavam que Severa retornasse ao templo; todos os dias visitavam o fogo sagrado no templo de Heliogábalo para orar por esse propósito, sob o pretexto de orar pela família imperial.

A procissão inicial começou. O diretor dos jogos e seus companheiros carregavam estatuetas dos vários deuses; os sacerdotes entoavam hinos arcanos e agitavam incensários.

Soémia olhou para trás, sorriu para Comazão e depois se aproximou do filho. – Você deve estar muito feliz por ter Comazão para protegê-lo, não é mesmo? Especialmente nessas ocasiões.

– Claro que sim, mãe – disse Antonino, sem desviar sua atenção da procissão.

– O que você dará a ele como recompensa quando ele se aposentar do serviço?

– Isso não acontecerá em breve. Mas sim, ele poderá se tornar senador e depois cônsul.

Havia mais uma pessoa prestando atenção em Comazão. Ao lado do pai, na tribuna do senado, sentava-se Júlia Paula, que, sem ser indiscreta, voltava o olhar para o belo prefeito sempre que tinha a oportunidade. Ela suspirou enquanto o vento agitava as penas de seu capacete. O cruel Cupido havia disparado uma segunda flecha em seu coração durante a visita do general à sua casa, e agora ela mal conseguia comer, beber ou dormir sem pensar nele.

Antonino olhou para os *carceres*, onde doze carruagens pertencentes a quatro equipes, branca, azul, vermelha e verde, estavam prontas para partir. Além de usarem fitas com as cores de suas equipes, os cavalos altos e musculosos eram decorados com amuletos de ouro e prata em suas couraças, que brilhavam à luz do sol. Os pelos do pescoço e da cauda eram trançados com pedras semipreciosas, e as rédeas – menos elegantes, mas mais importantes – eram enroladas firmemente no peito dos aurigas para permitir um melhor controle. Os cocheiros também usavam trajes na cor de seus equipamentos, bem como couraças e capacetes de aço resistentes para proteção.

As trombetas anunciaram o fim da procissão, e o *editor* voltou seu olhar para o imperador, esperando por um sinal. Antonino acenou com a cabeça, e o homem deixou cair um lenço para marcar o início da corrida. Um silêncio impressionante tomou conta da arena. Os escravos que estavam nivelando a arena saíram correndo do campo e se juntaram aos ajudantes e médicos que estavam prontos para saltar, se necessário. Os juízes deram um sinal e as portas das *carceres* se abriram. As carruagens começaram como flechas que assobiavam ao vento sob os aplausos ensurdecedores de trezentas mil almas. Uma carruagem azul assumiu a primeira posição.

– Quem é esse auriga? – perguntou Soémia.

Antonino franziu a boca. – Não faço ideia, mãe. Gostaria que tivéssemos consultado seus nomes antes do início da corrida.

Uma carruagem branca correu à frente da azul e ganhou uma pequena vantagem. Outra carruagem branca ameaçou ultrapassar a azul; o auriga acelerou seus cavalos para evitar isso. O espaço entre as duas carruagens diminuiu. A colisão era iminente. De repente, houve um barulho alto de rodas rangendo e um grande suspiro surgiu da multidão. O cocheiro azul não teve tempo de cortar as rédeas e foi arrastado por cerca de cem pés por seus cavalos descontrolados. Soémia cobriu os olhos. Severa olhava sem emoção para a cena. Vários médicos e assistentes correram para o campo para retirar o infeliz condutor, antes que as outras bigas completassem a curva e o pisoteassem até a morte.

— Mãe, não faça bobagens. É isso que viemos ver!

Júlia ficou de olho em Comazão, que se deliciava com ostras cruas e bebia vinho com especiarias, enquanto comentava a ação com seus companheiros. Na *spina*, o primeiro dos sete golfinhos que indicavam o número de voltas foi virado para baixo. As três carruagens vermelhas correram atrás da carruagem branca que havia escapado. Seus condutores chicoteavam furiosamente o lombo de seus cavalos e gritavam palavras incompreensíveis: muitos dos aurigas eram de origem estrangeira. Logo o condutor branco ficou preso na parte interna da pista e foi forçado a reduzir a velocidade para evitar uma colisão com a *spina*. Um piloto verde aproveitou a vantagem e acelerou seu carro pelo lado de fora. Um dos vermelhos percebeu a manobra e saiu em perseguição. Ele logo conseguiu correr ao seu lado. Os oito cavalos, quatro verdes e quatro vermelhos, correram como se estivessem em uma sincronia ensaiada. Então, a carruagem vermelha começou a bater na verde e a forçou para perto das muralhas, perto dos degraus de tijolo e mármore. A multidão foi à loucura de excitação. As duas carruagens correram em volta dos destroços de uma carruagem azul que havia caído ali. A vermelha aproveitou a distração e começou a perfurar a roda direita da biga verde com o eixo de sua roda esquerda. O segundo golfinho girou. O auriga vermelho continuou a perfurar a roda da carruagem verde até que ela se despedaçou e a carruagem verde se desfez, tombando para um lado, arrastada pelos cavalos furiosos. O cocheiro correu para cortar as rédeas e se salvar da morte certa, e seu corpo parou em uma nuvem de poeira, bem em frente à varanda do imperador.

Antonino colocou a mão no peito e desceu as escadas correndo, para a comoção da plateia. Comazão saltou de seu assento, pegou sua espada e tentou segui-lo, mas Maesa fez sinal para que ele parasse e esperasse. Na pista, o auriga se levantou, tirando o pó de sua túnica verde rasgada, com o rosto ardendo de raiva e indignação. Ele pegou seu capacete, que estava a alguns pés de distância. Apertou o cinto, que havia se soltado na queda. Ele parecia menos preocupado com os enormes arranhões nos joelhos e cotovelos do que com seu orgulho ferido. De repente, sentiu o impulso de olhar para a arquibancada. Lá ele encontrou o imperador, com o sol às suas costas, observando-o como um falcão sobre sua presa. O auriga protegeu os olhos do brilho, posicionou-se de forma que a cabeça do imperador bloqueasse o sol e conseguiu ver seu rosto claramente pela primeira vez.

– Qual é o seu nome?

O cocheiro arrumou avidamente sua túnica sem mangas, tentando se livrar da poeira persistente o mais rápido possível. – Hiérocles, Excelência – respondeu ele, com os olhos de esmeralda fixos no imperador. Sua voz era firme e masculina, com um timbre agradável e jovem, como o toque de um sino.

Antonino olhou com admiração para o homem que estava sob ele. Se deleitou com os braços tonificados do auriga e com a pele bronzeada por muitas horas ao sol. Seus cabelos dourados encaracolados e sua barba desalinhada pareciam ter saído de uma estátua de algum deus grego. Alguns pelos do peito se projetavam da gola rasgada de sua túnica. No entanto, foi o sorriso no rosto de Hiérocles que selou o acordo.

– Encontre-me no palácio. Imediatamente.

Δ

Foi impossível para Hierocles chegar ao palácio «imediatamente». Ele teve que chegar ao portão principal depois de subir os degraus íngremes do Monte Palatino, onde o aguardavam guardas que ainda não haviam sido notificados de sua visita e o consideravam impertinente, enquanto Antonino havia retornado ao seu quarto diretamente do circo, usando sua passagem secreta.

Por um momento, Hiérocles pensou em ir para casa e trocar de roupa, mas ele entendeu a ordem e não queria desagradar o imperador por chegar atrasado. Ao entrar, Hiérocles foi recebido por um homem alto e uniformizado. O homem o olhou de cima a baixo com uma expressão mal-humorada.

– Você deve ir para os banhos – disse Comazão, indicando o caminho. É uma ordem do imperador.

Hiérocles caminhou pelo corredor, observando as paredes de estuque, o piso de mármore e o teto de argila cozida. Nunca, em seus sonhos mais loucos, ele havia imaginado estar cercado por tamanha grandiosidade por um momento sequer.

– O que você está olhando? Ande! – gritou Comazão, impaciente.

Hiérocles olhou para o homem com desdém. Quem quer que fosse esse homem, claramente não era alguém com quem se pudesse mexer. No entanto, acostumado a lidar com homens rudes, ele manteve a calma e caminhou pelo corredor, seguindo as instruções. Uma brisa fresca vinda das janelas o saudou assim que ele entrou nos banhos. Ele tinha ouvido falar da fama dos banhos imperiais, mas não imaginava que fossem tão esplêndidos. Consistiam principalmente em uma enorme piscina de água pura de uma fonte profunda, cercada por colunas de estilo grego e várias estátuas de mármore de heróis antigos nus em pedestais, entre as quais uma de Antonino, em uma pose provocante, curvando-se levemente e mostrando a bunda, usando apenas uma capa sobre os ombros. Hiérocles tirou as sandálias e sentiu o conforto do piso radiante, feito de elaborados mosaicos coloridos. Quando começou a tirar suas roupas, percebeu que o guarda não havia saído.

– O senhor vai ficar aí parado e assistir?

– Sim.

– Por que então não entra comigo?

Comazão respondeu com uma careta. Enquanto o auriga descia para a água, Comazão não pôde deixar de admirar seu físico robusto: os braços e as pernas fortes e musculosos, o peito sólido com alguns pelos perfeitamente localizados e, em especial, aquele falo grosso pendurado em sua virilha; um falo de aparência enorme, mesmo em meio à densa floresta de pelos púbicos dourados. Suas bolas baixas eram proporcionalmente grandes, como as de um touro maduro pronto para o abate.

– Quantos anos você tem? – perguntou Comazão, agachado à beira da piscina.

Hiérocles submergiu por alguns segundos e emergiu com os cabelos ondulados alisados na cabeça. Ele limpou a água do rosto e olhou para Comazão com seus olhos verdes profundos. A beleza de seu rosto barbado era inegável.

– Vinte e sete anos.

Apenas vinte e sete anos. Nove anos à frente. Comazão permaneceu imóvel, perfurando seu rival com os olhos e com a espada. Ele tinha visto tudo se desenrolar diante de seus olhos no circo. Ele tinha visto como o imperador tinha se apaixonado completamente por esse homem, esse lixo de classe baixa, essa besta, esse bárbaro. Sim, bárbaro, pois ele definitivamente não parecia romano para ele.

— De onde você é?

— De Caria, fica na Anatólia —

— Eu sei onde fica isso.

Hiérocles não se intimidou com o interrogatório de Comazão. Na verdade, ele estava se divertindo. Ele mergulhou novamente na deliciosa água quente.

— Posso saber seu nome? — perguntou ele, surgindo pela segunda vez.

— Não — respondeu Comazão, levantando-se abruptamente. Caminhou em direção à saída. Antes de sair, se virou para trás. — Aqui estão toalhas e roupas limpas. Pode deixar os trapos que estava usando onde estão. — O som de seus passos ecoou nas paredes. *Então, um cário. Não é de se admirar.*

Hiérocles ficou sentado por mais alguns minutos nos degraus submersos em um canto da piscina, com os braços apoiados nas bordas, apreciando o bater rítmico da água em seu peito forte.

Revigorado pelo delicioso banho e o manto branco de tecido leve que lhe fora fornecido, Hiérocles seguiu Comazão — que estava esperando do lado de fora — pelos corredores do palácio até a câmara imperial. A porta estava entreaberta e Comazão a abriu de par em par para o convidado. Depois de entrar, Hiérocles esperou um momento para ver se o prefeito se atrevia a entrar também. Não entrou. Comazão fechou a porta atrás de si.

À sua frente havia uma cama maior do que qualquer outra que ele já havia visto antes. Um dossel de renda verde a envolvia como um casulo. Ele se aproximou, abriu as cortinas e lá estava o Garoto Máximo, vestido com um delicado e simples robe púrpura, deitado em uma pose sugestiva, mordendo o dedo indicador. Pendurada na parede atrás dele, havia uma enorme pedra esculpida na forma de um pênis ereto: era o precioso *fascinus*; o primeiro objeto de veneração que Antonino exigira das vestais como parte de seu dote. Espalhados pela câmara havia dezenas de amuletos de diferentes formas e tamanhos.

– Eu estava esperando por você.

Hiérocles ficou parado por um minuto, sem saber o que fazer. Amarrou as cortinas nas laterais e esperou por instruções. O imperador apontou para um frasco de óleo em uma mesa adjacente, enquanto tirava o manto púrpura e se deitava de bruços ao lado da cama. Hiérocles pegou o frasco e derramou algumas gotas do óleo quente sobre suas mãos ásperas. Instintivamente, começou a espalhar o óleo levemente nas costas, braços e pernas do imperador, demorando um pouco mais para massagear o traseiro firme e pálido. Demorou alguns instantes para tirar as roupas e lá estavam eles: imperador e auriga, mestre e escravo, lidando um com o outro com nada além de sua masculinidade. Hiérocles derramou mais algumas gotas na parte inferior das costas do imperador, logo acima das nádegas. O óleo escorreu suavemente pelo cofrinho; o orifício rosado tremeu ao sentir a substância viscosa. Hiérocles afastou as nádegas jovens, esfregou as mãos sobre elas e entre elas, expondo o orifício que se esticava e introduzindo os dedos nele. Em seguida, ele se moveu para o topo e deu a Antonino longos golpes das costas até as nádegas, pressionando firmemente com suas mãos másculas. Os gemidos de Antonino fizeram com que o pênis de Hiérocles endurecesse rapidamente. A massagem continuou por mais alguns minutos, Hiérocles aplicando pressão com as mãos e os antebraços, deslizando com graça e destreza sobre a pele escorregadia. O imperador se virou e se deitou de costas. Hiérocles pôde então ver o pênis longo, ereto e pingando, e as bolas penduradas e sem pelos, e rapidamente as cobriu com óleo. Ele massageou o peito enquanto, incidentalmente, batia no pênis duro com o cotovelo. Por fim, desceu até o pênis, que já estava duro como aço, agarrou-o e massageou-o para cima e para baixo, primeiro lentamente, depois vigorosamente, parando apenas para dar uma lambida nas bolas. Ele cuspiu na glande e deixou a saliva escorrer pelo pênis. Levou a haste fina à boca e, com maestria, primeiro levou todo o comprimento até a garganta, depois se deteve na cabeça por um tempo, chupando-a, saboreando-a, beijando-a, enquanto massageava as bolas e beliscava os mamilos. Continuou chupando e puxando o pênis imperial enquanto esfregava as pernas e o peito dele e dedilhava seu traseiro. Desceu até o orifício imperial e deu-lhe algumas lambidas, observando a reação do imperador às cócegas. O rapaz nunca havia recebido um prazer como aquele antes e sentiu arrepios por todo o corpo. Hiérocles inseriu a língua no orifício rosado, deslizando-a para dentro e para fora, e teve de agarrar Antonino pelos tornozelos quando seu corpo começou a se contorcer sem controle.

O auriga então se sentou, agarrou as pernas de Antonino e as empurrou para baixo, levantando sua bunda no processo. Se afundou na cama, colocando as coxas de cada lado das nádegas do imperador, seu pênis duro apontando diretamente para o ânus imperial, que não podia esperar mais. Usou o óleo restante em suas mãos para lubrificar seu próprio membro e, segurando as pernas de Antonino, penetrou-o.

A inserção inicial foi lenta e cuidadosa, não por falta de lubrificação, mas por causa das dimensões da masculinidade de Hiérocles, das quais ele estava perfeitamente ciente. Antonino gemeu baixinho, agarrando-se aos lençóis de seda brilhante, enquanto seu traseiro era esticado mais do que nunca. Finalmente, Hiérocles entrou completamente e permaneceu ali por alguns momentos, esperando que Sua Alteza se acostumasse com o enorme tamanho do pinto. Em seguida, começou a se mover lentamente, combinando sua respiração com cada investida, até atingir um certo ritmo, depois do qual deixou as pernas de Antonino relaxarem, deixando cair uma de cada lado. Ele fixou seu olhar no do imperador e se alegrou com a visão do garoto se contorcendo, gemendo de prazer. O pênis de Hiérocles ficava mais grosso e duro a cada penetração e Antonino envolveu as pernas nas costas do amante enquanto puxava vigorosamente o próprio pênis. Hiérocles se inclinou e aproximou sua boca da boca do imperador; respirou e roçou levemente seus lábios grossos nos lábios delicados e rosados do imperador, mas não o beijou, deixando-o ansioso e desejoso. Levantou o tronco e apoiou as mãos na cama para ganhar apoio e foder com mais força. À medida que se movia, mais fácil e profundamente,

Antonino gemia tão alto que seus gritos podiam ser ouvidos por todo o corredor.

Na porta, o coração de Comazão havia se transformado em um vulcão prestes a entrar em erupção. O sangue dentro de seu corpo estava sendo bombeado com um ímpeto tão forte que deixava seu rosto em brasa e seu pulso lacerava seus pulsos. Ele empunhava a espada com o dobro da força que teria usado para matar um inimigo no campo de batalha. Ele, Comazão, o lendário comandante da *Legio III Gallica*, herói de muitas guerras contra os bárbaros, acostumado a suportar todos os tipos de dificuldades no calor e no frio extremos, nunca antes derrotado em batalha, agora estava sendo derrotado na cama. E por ninguém menos que um bruto de rua. Incapaz de suportar isso por mais tempo, se afastou da porta, ainda evitando fazer barulho.

Lá dentro, Hiérocles havia colocado Antonino de quatro. Continuou a transar com ele sem parar, com vigor e ritmo constantes. O jovem gritava como se fosse virgem. Era virgem, mas apenas para um tremendo pênis de dez polegadas. Hiérocles agarrou o imperador pelas mãos e continuou a lhe dar com mais força. A fúria que havia sentido com a derrota no circo estava lentamente deixando seu corpo. Soltou suas mãos e o espancou até que sua bunda ficasse vermelha. Agarrou o pênis do imperador e o puxou enquanto continuava a atacá-lo impetuosamente por trás. E então, quando estava prestes a atingir o clímax, deitou o garoto de costas novamente, permitindo que se maravilhasse com a expressão de seu rosto masculino enquanto o impregnava. Continuou a bater enquanto agarrava o garoto pelos pulsos, prendendo-o à cama. Colocou a testa sobre a do imperador, tocando os narizes, misturando as respirações, até chegar ao ponto de não retorno. As bolas de Hiérocles tiveram espasmos e seu pênis liberou uma quantidade abundante de sêmen em Antonino. Ao sentir o calor do líquido xaroposo dentro de suas entranhas, o imperador admirou o rosto barbudo de seu homem em êxtase enquanto ele levantava o rosto para o teto em um grito bestial de prazer infinito no momento da emissão.

Hiérocles deslizou seu pênis mais algumas vezes dentro de Antonino depois que terminou, deixando-o encharcado com seu próprio sêmen. Momentos depois, ainda respirando pesadamente, se deitou na cama, fechou os olhos e quase imediatamente começou a roncar. Antonino deitou-se sobre ele, deixando que os pelos do peito fizessem cócegas em seu nariz, inalando o aroma viril do auriga. Ele não tinha gozado, mas o que importava era que seu homem tinha, e dentro dele.

Ele finalmente havia encontrado o amor: o viu no sorriso dele naquele primeiro momento no circo; o sentiu nas mãos dele deslizando em longas carícias por todo o seu corpo; o viu nos olhos dele enquanto ele o fazia se contorcer com o prazer mais requintado. Havia encontrado o amor em um homem de verdade, duro, rude, mas não menos belo. Se sentiu feliz e satisfeito. Logo se juntou a Hiérocles em seu sonho.

– Oh, mãe – disse Soémia, soluçando no colo de Maesa, – como ele pode fazer isso conosco? Como ele pode fazer isso com ele mesmo?

Maesa não disse uma palavra. Ela olhava fixamente para as paredes de seu quarto enquanto acariciava as costas da filha.

Soémia se levantou e enxugou as lágrimas. – Sinto muito pela Severa. Ela deve estar...

– Ela está bem. Acho que ela não se importa com nada disso.

– Devemos convidá-la para vir?

– Não. Não gosto de estranhos em meu quarto. E essa mulher ainda é uma estranha para mim. Não consigo entender por que meu neto escolheu se casar com ela, já que ele poderia ter qualquer mulher que quisesse!

– Essa é a questão, mãe – disse Soémia, olhando-a nos olhos. – Estou surpresa que você ainda não tenha entendido. Ele não quer uma mulher – disse ela, olhando-a diretamente no rosto.

Maesa desviou o olhar.

– Notei um comportamento estranho nele desde muito cedo – continuou Soémia. – Ele não era uma criança normal. Brincava com bonecas, fazia amizade com meninas, espionava as criadas e pedia que o ensinassem a cozinhar... Nunca se interessou por espadas, arcos e flechas....

– Sinceramente, achei que era só uma fase. Não menti para o Júlio Paulo quando pedi que ele lhe desse a filha... E agora...

– Agora não há nada que possamos fazer.

– Não tenho tanta certeza disso – disse Maesa, tentando recuperar a compostura.

– O que fizemos de errado foi há muito tempo e não pode ser mudado! É tarde demais para mudar o jeito que ele é.

– Não é o jeito dele que realmente me incomoda – disse Maesa, olhando para a filha. – Se ele fosse mais discreto em relação à sua vida particular, não seria tão ruim. O que os senadores pensam é que é o verdadeiro problema. Você sabe muito bem que aquelas velhas doninhas conspiram pelas costas dele e estão apenas esperando o momento certo para dar um golpe. E se ele cair, nós caímos com ele, minha querida!

Soémia se aproximou dela. – É só isso que lhe interessa, não é, mãe? Status e poder?

Maesa sorriu. – Alguém deve exercer o poder até que seu filho esteja maduro o suficiente para governar por conta própria. Mas não posso evitar que os senadores não o respeitem!

Soémia olhou para ela com desagrado. – Você pode ficar tranquila. Enquanto ele tiver a lealdade de Comazão e dos pretorianos, tudo ficará bem.

– Sim, enquanto ele tiver o Comazão.... – Ela fez uma pausa meditativa. Esse era o verdadeiro perigo, e ela sabia disso. Como o general reagiria a isso?

No quarto imperial, Hiérocles tinha acabado de acordar quando viu Antonino, vestido com o manto branco claro que ele havia colocado no banho, voltando ao quarto com um prato de uvas verdes. Antonino sentou-se ao lado dele, com as costas na cabeceira e os pés na cama, e brincou com ele, oferecendo e pegando um cacho, até que Hiérocles finalmente arrancou uma das uvas com os dentes. Antonino afastou o prato e abriu a boca para o amante, envolvendo-o em uma batalha de línguas em busca da fruta esquiva. O imperador deixou que ele ganhasse e se deitou, descansando a cabeça no travesseiro. Os dois ficaram olhando para o teto por um tempo, com os braços nus se tocando.

— Onde você esteve durante toda a minha vida? — disse Antonino finalmente.

Hiérocles se moveu rapidamente e fez cócegas no jovem imperador até que ele implorasse por misericórdia. Eles se abraçaram, deixando a pele deslizar uma sobre a outra, e se beijaram até que suas línguas estivessem secas. Deitaram-se de lado, um de frente para o outro, Hiérocles apertando levemente os mamilos de Antonino. Eles não falaram, apenas sorriram, como duas pessoas que acabaram de descobrir que havia alguém só para elas no mundo. Hiérocles se deitou de costas e colocou a mão esquerda atrás do pescoço. Antonino deitou-se em seu peito e Hiérocles envolveu-o com o braço direito.

— Aqui. Este é o lugar onde eu estive — disse Hiérocles, passando os dedos pelos cabelos de Antonino. — Roma é o meu lar.

— Mas Roma não foi seu lar durante toda a sua vida.

Hiérocles estava prestes a lhe perguntar como ele sabia, mas percebeu que provavelmente era por causa de seu sotaque. — É isso mesmo, sou da Anatólia.

— Eu também nasci no Leste.

— Eu não sabia disso.

— Há muitas coisas que você não sabe sobre mim.

— E você de mim também.

— Mas o seu é fácil de descobrir. Sou o imperador de Roma; nada é escondido de mim. Você se esqueceu disso? Hiérocles riu um pouco. — Não, eu não me esqueci.

Antonino o atingiu de leve no abdômen. — Nunca sonhei que pudesse haver alguém tão perfeito quanto você neste mundo — disse ele, brincando com os pelos do peito de seu amante.

— Sério?

— Sim, quero dizer... há muitos caras bonitos, mas você... você é outra coisa...

— Posso perguntar o que há neste humilde auriga que deixou o imperador de Roma tão apanhado por ele?

— Eu mesmo gostaria de saber isso. Só sei que... não quero mais que você vá embora — disse ele, mexendo na barba.

Hiérocles virou o rosto para ele. Em seguida, recostou-se no travesseiro. — Eu estarei onde meu imperador quiser que eu esteja. Apenas me mantenha longe daquele pretoriano mal-humorado.

Antonino franziu a testa. — Oh, Comazão? Não se preocupe com ele. Em absoluto.

— Então, o que você quer que eu faça aqui? Posso ser seu cocheiro, é claro, levando-o por toda Roma. Aposto que você não conhece a cidade tão bem quanto eu.

Antonino pensou por um momento e depois exclamou com entusiasmo, pulando na cama: – Não, faremos melhor do que isso!

Hiérocles franziu a testa e se inclinou para o lado.

– Nós vamos nos casar! – disse o imperador, batendo palmas.

Hiérocles balançou a cabeça enquanto estreitava os olhos. – O imperador quer se casar comigo?

– Sim! Duas pessoas que se amam devem ficar juntas!

– Mas o que você fará com sua esposa?

– Esqueça-a. Amanhã ela terá ido embora antes de o galo cantar.

– É engraçado você dizer isso! – disse Hiérocles com uma risada.

– Por que é engraçado?

– Porque um galo também estará cantando a noite toda!

Ele pulou em cima de Antonino, rolando-o com ele e caindo no chão, puxando os lençóis. Antonino guinchou como um leitão, enquanto Hiérocles, grunhindo e bufando, esfregava o rosto áspero no peito macio do garoto, provando, sugando e mordendo a pele delicada, fora de controle como um touro voraz.

Δ

No dia seguinte, Antonino convocou Maesa, Soémia, Severa e Comazão para a sala do trono do palácio antes do amanhecer. Eles permaneceram em silêncio sob a claraboia no meio do imenso salão, cercado por colunas de mármore e paredes coloridas cobertas por azulejos retangulares de verde-escuro, terracota e ocre. O imperador apareceu se pavoneando no braço de seu novo amante, que caminhava com muito cuidado para não escorregar no piso de mármore polido. Depois de subir as escadas, Antonino sentou-se em seu trono e cruzou as pernas de forma feminina, enquanto Hiérocles ficou ao seu lado, com as mãos cruzadas à sua frente.

– Querida mãe, querida avó e fiel prefeito do pretório – disse Antonino com seus gestos habituais, um tanto exagerados, – gostaria de apresentá-los ao meu noivo, Hiérocles.

Os olhos de Comazão estavam cheios de fúria. Hiérocles olhou para ele com um sorriso condescendente. Soémia olhava confusa para a expressão horrorizada e um tanto estoica de sua mãe.

– Mas, Excelência, como o senhor pode falar assim na frente de sua esposa, não vê que ela está aqui? – disse Maesa.

– Ela será dispensada imediatamente. Eu lhe concederei o divórcio que tanto pediu.

Severa saiu correndo do palácio sem esperar por uma ordem formal. Pela primeira vez, um sorriso apareceu em seu rosto.

– Sim, você pode ir! – gritou Antonino atrás dela, – mas esqueça o dote e o *fascinus*, eles vão ficar!

– Isso é impossível! – gritou Maesa, incapaz de manter a compostura por mais tempo. – Como um homem pode se casar com outro homem? Como o imperador pode se casar com um bárbaro que nem sequer é cidadão romano? Como você pode ter tanto desprezo pela lei e pelos costumes romanos?

– Ele agora é um cidadão. Eu lhe concedi a liberdade e a cidadania plena e ordenei que os alfaiates fizessem uma toga para ele. Eles estão trabalhando nela neste exato momento!

As mãos de Comazão se fecharam em punhos.

– Quanto à lei – continuou Antonino, – eu sou a lei. Nós nos casaremos em três dias no templo de Heliogábalo.

– Você espera que os senadores compareçam? Isso não pode ser organizado em um prazo tão curto – respondeu sua avó.

– Sim, pode ser. E eles estarão presentes. Eles farão o que eu disser, como todo mundo.

– É só isso, Excelência? – disse Comazão.

– Sim – disse Antonino, glacialmente.

Comazão fez uma saudação marcial, virou-se e saiu da sala, com a capa esvoaçando no ar. Maesa o seguiu. Soémia encolheu os ombros. Antonino sorriu para ela e acariciou a mão de seu amante.

Δ

Maesa encontrou Comazão e pediu que ele a seguisse até o *tablinum*. Ambos estavam frenéticos e furiosos, mas Maesa conseguiu se controlar mais rapidamente.

– Temos que pensar, e a raiva não ajuda o cérebro.

– Como ele pôde fazer isso! – Ele disse, andando de um lado para o outro na sala. – Ele não vê o tipo de homem que está trazendo para o palácio!?

– Não vou mentir. Estou tão surpresa quanto o senhor. Eu sabia que ele o havia levado para a cama depois das corridas, mas não imaginava que o caso deles duraria mais do que uma noite.

– Deve haver uma maneira de impedir isso!

– Não sem tirá-lo do poder. Afinal de contas, ele é o imperador, e não obedecer às suas ordens mancharia significativamente sua imagem aos olhos do povo!

– Ele não pode fazer isso! – disse Comazão, apoiando-se na escrivaninha.

– Eu sei o quanto isso deve doer – disse Maesa, colocando as mãos nos ombros dele. – Eu sei o quanto o ama.

Ele se virou para olhá-la, com os olhos arregalados.

– Vamos falar de coração para coração, Comazão. Como nunca falamos antes.

Os olhos de Comazão começaram a lacrimejar.

– Eu sabia disso desde o primeiro dia – disse ela, abraçando-o, – só pelo modo como o senhor o olhava e pelas reações de seu corpo. Confirmei isso por sua coragem em batalha e pelo zelo que ele sempre demonstrou para defendê-lo. E sei que o senhor ficou atrás da linha, por respeito ao império e à sua posição como prefeito pretoriano; seu sacrifício é exemplar, caro general: o senhor queria estar perto dele, protegê-lo, mas, ao mesmo tempo, compreendeu a importância de sua posição para todos os romanos e para a estabilidade do império.

– Mas agora, tudo está indo para o inferno de qualquer maneira!

– Por enquanto, não podemos fazer nada. É melhor esperarmos. Afinal de contas, o povo não aprovou o casamento dele com uma vestal. Eles conhecem seus costumes; duvido que fiquem chocados com essa decisão. Se houver alguma coisa, isso os divertirá.

– E quanto ao Senado?

– Deixe isso para mim.

Δ

Maesa convocou o Senado para uma sessão extraordinária. Ela ficou no centro da *curia*, esperando que os pais tomassem seus lugares.

– Honoráveis pais, convoquei esta reunião hoje para lhes trazer notícias importantes do imperador.

Os senadores esperaram em silêncio.

– Sua Majestade decidiu repudiar sua atual esposa e se casar novamente.

Quinto Aquílio levantou-se de seu assento. – Louvada seja Vesta, obrigado por atender às minhas preces, querida deusa! Minha filha cuidará com toda a sua vida para que seu fogo seja bem cuidado.

– E quem será a próxima esposa? – perguntou um senador.

Maesa levou algum tempo para se recompor e conter sua repulsa.

– Um homem chamado Hiérocles.

Os gritos e vaias irromperam dos assentos.

– Ordem. Ordem! – Sacerdos exclamou. – *Senatrix*, por favor, continue.

– Não vou negar que estou tão chocada quanto os senhores. Mas, ilustres pais, deixem-me perguntar-lhes o seguinte: as leis e tradições de Roma não foram ainda mais profanadas quando o imperador se casou com uma vestal, uma mulher dedicada a orar pelo bem-estar da pátria?

– Tenho de concordar – disse Aquílio, que, mesmo descontente com a solução atual, era capaz de qualquer coisa para libertar sua filha. – Além disso, há um precedente. Nero se casou com homens em várias ocasiões.

– Mas Nero era um tirano, cuja memória foi condenada! – exclamou um senador.

– Um tirano, de fato! – disse outro. – Assim como seu neto!

Maesa olhou para ele com olhos penetrantes. – Devo lembrá-lo, ilustre pai, de nunca se referir ao imperador por qualquer outro nome que não seja um de seus títulos.

Houve silêncio no auditório.

– Além disso – continuou Maesa, – como o senhores sabem, a vontade do imperador é a lei, e a única função do Senado é administrá-la! – Ela andou pela sala. – No entanto, nem tudo são trevas nesta hora. Estou convencida de que, se os senhores não se opuserem aos desejos do imperador, ele também demonstrará sua gratidão ao permitir que esta câmara tenha a liberdade necessária para legislar. Afinal de contas, o bem do imperador é o bem de Roma.

O que ela realmente queria dizer era que, se o imperador tivesse pinto suficiente em seu quarto, ele não se importaria muito em governar Roma, e os senadores entenderam isso imediatamente.

Δ

Em poucos dias, tudo estava pronto para o casamento incomum. No templo – do qual o fogo de Vesta já havia sido notoriamente removido – estava o casal recém-formado, vestido com túnicas brancas de seda e coroas de louros, atrás deles Soémia, no braço de sua angustiada mãe, e, por último, os senadores. Comazão havia ficado de fora; ele tinha a desculpa de estar atento a sinais de agitação, mas, na verdade, não tinha coragem nem estômago para assistir a outra cerimônia de casamento abominável.

Depois do sacrifício do cordeiro e da inspeção das vísceras, na qual – convenientemente – nada de anormal foi encontrado, o ministro religioso ergueu na frente dos noivos os mesmos papiros que haviam sido usados no casamento anterior.

– Desculpe-me, Vossa Alteza, quem... – ele hesitou enquanto tentava encontrar as palavras mais educadas, – quem recitará as palavras que pertencem à mulher?

– Eu farei isso. Eu sou a mulher – disse o imperador imediatamente, em meio aos gritos e murmúrios abafados da multidão. Ele se virou para a esquerda e pegou as mãos de Hiérocles, olhando em seus olhos. – *Ubi tu Gaius, ego Gaia.*

– Ubi *tu Gaia, ego Gaius* – respondeu Hiérocles. Antonino encostou seus lábios nos do seu agora marido.

174

Δ

As novas festividades de casamento do imperador eram, para os romanos estupefatos, como uma continuação das de seus dois casamentos anteriores. Esse regime não passava de um circo sem fim. Como, em sua generosidade, o imperador havia ordenado a distribuição para as massas de gado e caça, incenso, especiarias e até mesmo ouro, a maioria das pessoas não se importava se ele se casaria com uma vestal, uma escrava, um homem ou um cachorro. Isso, no entanto, não impedia as fofocas maliciosas nas ruas.

Certa tarde, duas mulheres estavam conversando amigavelmente enquanto varriam as varandas de suas casas, sem dar muita atenção aos jogos de seus filhos.

– Temos que nos apressar e falar menos, Matilde – disse uma delas, chamada Márcia. – Você sabe que dá azar varrer depois do pôr do sol.

– Olha, mamãe! – gritou uma das crianças esfarrapadas, apontando para a rua.

As duas mulheres viraram a cabeça para uma nuvem de poeira que se aproximava e o som estrondoso de cavalos galopando. Quando a nuvem se dissipou, elas puderam ver o veículo agressor; não era outro senão a carruagem flamejante e altamente decorada do marido do jovem imperador, correndo com a velocidade da carruagem celestial de Apolo.

– Você viu isso? – disse Marcia, indignada.

– Como eu poderia perder isso? – disse Matilda, fazendo um gesto zombeteiro para Marcia. – Ele quase nos atropelou!

– Esse homem indecente trará a ruína para toda Roma!

– Ele é o favorito do imperador. Quem somos nós para questionar as preferências de Augusto?

– Não é só o seu favorito, boba, é o seu marido! – disse Marcia, seus olhos quase saltando das órbitas. – Sim, seu marido! É tão horrível quanto parece. – Sua voz aguda tremeu ligeiramente. – Esse jovem asiático, depravado e sem vergonha, desonrou a casa do divino Augusto!

– Não deixe que ninguém a ouça! – sussurrou Matilda, olhando ao redor. – Você sabe o que acontece com aqueles que se opõem a ele. Além disso, você e sua família não gostaram do cordeiro que os homens do palácio trouxeram para a vizinhança na semana passada?

Marcia olhou para baixo e continuou a varrer.

– Sim, não é? – continuou Matilda. – Bem, então, qual é a vantagem disso? Acho que esse homem é muito atraente. Ele é tão musculoso, tão bonito e tem olhos tão lindos! É emocionante vê-lo andando pelas ruas todo vestido com roupas elegantes e joias; eu não me importo com quem ele está carregando no braço, nunca serei eu, de qualquer forma!

– Você gostaria que fosse você, não é? É essa exibição vulgar de riqueza que me incomoda. Ele não passa de um zé-ninguém, um escravo da província que teve a sorte de encher os olhos do imperador! Isso não lhe dá o direito de desfilar diante de nós e jogar seu sucesso na nossa cara.

– O que você faria se fosse rica e poderosa e governasse o mundo? Eu lhe digo: você teria milhares de vestidos, brincos e joias, comeria pregado e caviar todos os dias e decoraria seu palácio com milhões de rosas, narcisos e violetas! Eu, por exemplo, estou feliz que um de nós tenha chegado tão longe.

Estou feliz pelo que ele está fazendo com sua sorte! Em vez de ficar tão amarga, você deveria se juntar a nós, o grupo de admiradoras dele.

Marcia olhou para ela com uma expressão de desaprovação.

– Há mais uma coisa que pode fazer você mudar de ideia – disse Matilda, dando uma risadinha. – Dizem que o pau dele é tão grande que toca o chão!

Depois de algum tempo, Hiérocles e sua elegante carruagem branca chegaram a uma das muitas cervejarias da cidade eterna, administrada – como a maioria delas – por imigrantes, pois beber cerveja era decididamente uma tradição não romana. Talvez seu transporte tivesse melhorado, mas nem seu gosto por cerveja nem suas amizades haviam mudado nem um pouco. Ele saiu do carro, tomando cuidado para não manchar a toga, e foi recebido por Górdio, um homem corpulento com cabelos pretos ondulados e desgrenhados, com cerca de cinquenta anos de idade, peludo como um javali, vestindo uma túnica marrom muito grande. Ele se aproximou de Hiérocles com um sorriso de orelha a orelha e lhe deu um abraço de urso e um beijo no rosto. Hiérocles pôde sentir o cheiro de álcool no hálito do homem.

– Então você já está bebendo, sem me esperar!

– Vamos cara, foi só para me deixar no clima enquanto você chegava aqui. Sua nova casa fica mais longe daqui do que o ferro-velho onde você morava antes. A propósito, o que você fez com todas as suas coisas?

— Eles podem se queimar, no que me diz respeito. Não preciso de nada disso.

— Nem mesmo seu carro antigo, pelo que posso ver!

Hiérocles certamente havia melhorado nesse aspecto. A primeira coisa que ela pediu de presente de casamento a seu rico marido foi uma nova carruagem. Era uma máquina esplêndida, diferente de tudo o que ela já havia possuído antes; a proteção era da mais cara madeira de pinho, pintada de branco e enfeitada com ouro de verdade, e não apenas de aço barato com tinta dourada; também tinha imagens detalhadas de deuses padroeiros e faunos, habilmente esculpidas, em aros e rodas. Até mesmo as rédeas foram habilmente cortadas do mais precioso couro de touro. Mas o detalhe mais importante eram os degraus dobráveis de bronze, nunca vistos antes, um verdadeiro toque de inovação.

— Por Castor e Pólux — exclamou Górdio, andando em volta da carroça. — Veja só! Há espaço para dois, então você terá de me levar para dar uma volta!

— Não há espaço suficiente para você, gorilão! — disse Hiérocles, rindo, enquanto amarrava seus cavalos em um poste e os alimentava com uvas.

Gordio olhou para ele com reprovação. — E os cavalos! Por Apolo, eu nunca vi animais tão bonitos. A cor branca pura, imaculada. Por que só dois e não quatro?

— Por que eu iria querer quatro? Esse carro não é para correr no circo. Além disso, ele parece mais esportivo com apenas dois, não acha?

O homem acenou com a cabeça. Ele colocou o braço em volta dos ombros de Hiérocles e o conduziu até a cervejaria.

Lá dentro, encontraram dois bancos vazios no bar e pediram cerveja.

– À saúde do consorte do imperador! – exclamou Gordio, levantando seu copo e convidando os outros a participarem do brinde.

– À sua saúde! – responderam os clientes, levantando seus respectivos copos.

Hiérocles tomou um gole da cerveja que era sua favorita desde sua chegada a Roma. Era boa como sempre, e não muito diferente da que poderia ser encontrada na distante Caria, mas agora que ele não precisava arriscar a vida na arena para comprá-la, o sabor era diferente.

– É incrível como as coisas podem mudar em um momento – disse Gordio.

Hiérocles assentiu com um sorriso e bebeu. Ele não estava com vontade de falar banalidades, mas sabia que esse era o único tipo de conversa que poderia ter com seu antigo mentor.

– Sim, mas nem tudo está perfeito ainda.

– O que quer dizer com isso? Você tem ouro, joias, empregados; tudo o que quiser está à sua disposição.

– Sim, mas ainda não tenho nenhuma autoridade.

– Então você quer ser o imperador dos romanos?

– Por que não? Não quero ser um consorte a vida toda.

– Vamos brindar a isso! – disse Gordio, levantando seu copo.

– Há mais uma coisa que me preocupa – disse Hiérocles, baixando a voz. – Aquele pretoriano amargurado, Comazão....

EVAN D. BERG

Ele ainda me deixa nervoso. Sei que ele não gosta que eu esteja lá e não confio nele de jeito nenhum.
– Ele está sob o comando de seu marido. Por que você deveria ter medo? Ele não fará nada contra você.
– Você não sabe quantas vezes os pretorianos assassinaram um imperador para substituí-lo?
– Ele não parece ser do tipo. Ele tem uma reputação bastante honrosa.
– Isso ainda está para ser visto. Vou mandar investigá-lo. Quero saber tudo sobre ele. Deve haver algo em seu passado que eu possa usar contra ele.
– Por que não falamos de coisas mais agradáveis? – disse Górdio, dando um tapinha no ombro de Hiérocles. – Velhas lembranças, por exemplo. Nem parece que foi há anos que eu o comprei em sua cidade natal por apenas alguns sestércios – continuou ele, tomando um gole enorme de sua taça.
– E você tem que me lembrar, não é?
– Não fique bravo, meu amigo. Estamos aqui para comemorar seu sucesso. Quero me alegrar com o passado tanto quanto quero que você viva o momento.
– É interessante que agora você ouse me chamar de amigo. Há apenas alguns dias, você ainda era meu dono.
– Recebi um bom dinheiro do imperador em troca de você.
– Isso significa que você pagará por nossas bebidas hoje à noite!
– E a próxima rodada para todos! – gritou Gordio, sob os aplausos da multidão. Ele tomou outro gole e colocou o copo no balcão. – Você sabe por que eu comprei você?

– Você não conseguiu resistir, não é mesmo?
– Sim. Assim como o imperador. Você era o garoto mais lindo do universo.
– Era? Ainda sou, idiota!
– Sem dúvida, é. Agora ainda mais bonito. Agora você é um homem. Naquela época, suas características ainda não eram totalmente desenvolvidas. Seus braços, seu peito, suas pernas não eram tão grandes e duros como são agora. Você tem de me agradecer por tudo isso, porque foi por causa do treinamento que lhe dei. – Ele olhou coquete para o cário. – E, de fato, você... – Ele deslizou a mão sobre a coxa de Hiérocles em direção à virilha.
– Não aqui. Agora não – disse Hiérocles, segurando com força a mão do velho cocheiro. De fato, nunca mais! – Górdio retirou a mão e a apertou dolorosamente.
– Quer dizer que você nunca mais vai me visitar à noite como costumava fazer?
– Agora tenho algo muito melhor para colocar meu pinto.
– Nessa bundinha pálida? Vamos lá, Hiérocles. Você não pode ter mudado tanto assim. Eu sei do que você gosta. Você gosta de uma bunda grande, peluda e enorme que o cavalgue como um cavalo.
Hiérocles pensou por um momento se deveria falar o que pensava. Era verdade que ele havia tido algumas das relações sexuais mais ardentes de sua vida com esse homem, mas também era verdade que ele havia feito isso apenas para progredir. Transar com Gordio havia lhe dado uma vantagem sobre os outros aurigas verdes. Ele tinha conseguido os melhores cavalos, os melhores chicotes e até mesmo as

melhores roupas. Não. Não era o momento certo para contar a ele. Ele não queria estragar o momento. Ele sorriu e acariciou a mão de Gordio, levando-a de volta ao seu pênis, que havia ficado duro durante o processo. Gordio acariciou o eixo sólido e robusto com prazer.

– Por *Fascinus*, como isso é bom. Você é o homem mais dotado de toda Roma, não há dúvida disso!

Hiérocles se permitiu apreciar a mão forte e máscula que esfregava seu pênis sobre o tecido caro que agora cobria suas partes íntimas. Saiu um pouco de preseminal. Górdio moveu a mão suavemente, primeiro sob o manto de Hiérocles e depois sob a túnica e a cueca. Ele tentou fazer isso de forma discreta; os dois homens sabiam que havia o risco de outros os observarem. Hiérocles prendeu a respiração quando sentiu a mão áspera deslizar o prepúcio sobre a cabeça lubrificada de seu pênis e sentiu os dedos grossos e calejados tocarem suas bolas.

– Que porra está acontecendo aqui? – gritou um homem atrás deles, que os estava observando desde a chegada. – Que tipo de indecência é essa? Isto não é um bordel. Saiam daqui!

Hiérocles se levantou, derramando acidentalmente sua xícara. – Faça-me! – gritou ele, ficando a uma distância de uma mão do peito do homem.

O homem levantou os braços para empurrá-lo, mas antes que pudesse fazê-lo, Hiérocles deu-lhe um soco no rosto, fazendo-o tropeçar e cair em uma cadeira alguns passos atrás. Os outros clientes ficaram atônitos em um silêncio de pedra. O homem se levantou, tocou o rosto e foi segurado por dois de seus companheiros quando estava prestes a revidar.

– Deixem-me ir! Deixem-me ir, seus idiotas! Deixem-me bater nesse bastardo, nesse prostituto imundo! Sim! – disse ele, olhando Hiérocles nos olhos, – É isso que você é, seu vil pedaço de lixo, nada mais do que um maldito prostituto! – Ele cuspiu no chão.

Hiérocles correu para lhe dar outro golpe, mas foi impedido por Górdio e o cervejeiro. – Vou matá-lo, porra! Vou matá-lo! Você está morto, seu filho da puta!

– Vamos levá-lo para fora, vamos sair daqui! – disse Górdio, angustiado. Ele e o outro homem arrastaram Hiérocles para longe, que ainda estava xingando e gritando. Uma vez na rua, Górdio instruiu o cervejeiro a deixá-los em paz e a entrar para controlar a situação. – Acalme-se, acalme-se! – disse Gordio enquanto prendia Hierocles contra a guarda de madeira da carruagem. – A culpa foi toda minha! Fiquei excitado olhando para você vestido assim; não deveria ter feito o que fiz!

Hiérocles afastou as mãos de Górdio e se libertou do aperto dele. – Nunca mais me diga o que fazer! – Ele gritou, apontando um dedo em seu rosto. – Nunca mais faça isso, você me ouviu!

– Tudo bem, tudo bem! – disse Gordio com as mãos no ar.

Hiérocles ajeitou sua toga. – Essa escória. Quem porra ele pensa que é? Vou manter minha palavra. Amanhã ele estará no chão! Não há lugar em Roma onde ele possa se esconder!

– Sim, faça o que quiser amanhã, mas não vamos estragar a noite. Você quer ir à minha casa?

Hiérocles olhou para ele com incredulidade. – Você está completamente louco! – disse ele, enquanto desamarrava seus cavalos. Ele subiu em sua carruagem e partiu.

Δ

Hiérocles voltou para casa, direto para sua cama. Górdio devia estar realmente louco para pensar por um momento que trocaria o quarto imperial, com seus pisos acarpetados e óleos perfumados de rosas, por seu covil fétido e imundo. Não houve uma única noite em que ele e o imperador não tivessem fornicado como coelhos selvagens. O vigor de Hiérocles e a luxúria de Antonino haviam desencadeado uma força imparável. Naquela noite, entretanto, havia algo diferente. Se Antonino não estivesse tão concentrado em suas próprias sensações eróticas enquanto cavalgava o pênis de Hiérocles, ele teria notado o olhar vazio e a aparente falta de interesse de seu amante. Quando terminaram, Antonino adormeceu em seus braços, exausto, mas o auriga permaneceu acordado até tarde da noite.

No final da manhã, uma escrava serviu-lhes o *ientaculum* na cama; eles o comeram ainda despidos. Quando terminaram, colocaram os pratos de lado e se abraçaram novamente.

– Quero lhe pedir um favor, querido – disse Hiérocles, passando os dedos pelos cabelos de seu amado.

– O que você quiser, amor.

– Quero que você ordene a morte de um homem.

Antonino se sentou e olhou para ele. – O quê?

Hiérocles lambeu os restos de suco de frutas dos dedos de Antonino. Antonino lambeu seus dedos molhados com a saliva de Hiérocles.

– O que ele fez com você?

– Ele me insultou publicamente. E, ao fazer isso, ele também o insultou, Vossa Majestade.

– Onde?

– Em uma cervejaria.

– Naquele lugar de merda que você foi com seu amigo? Agora eu sei por que você voltou tão cedo. – Ele pausou. – Por que não me contou ontem à noite?

– Eu não queria estragar nosso tempo juntos.

Ele ofereceu sua boca. Antonino retribuiu. Hiérocles o beijou profundamente com aquele beijo que o fez esquecer o mundo ao seu redor. Para o imperador, naquele momento só existiam os dois, travando uma batalha de amor com o vigor de suas línguas.

Hiérocles parou, olhou-o nos olhos e deu-lhe um rápido beijo nos lábios. – Mas isso é importante. Quero esse homem morto até esta noite.

– Concedido. Mais alguma coisa?

Hiérocles assentiu com um sorriso.

– Sim? O que meu marido quer?

– Talvez você não saiba, mas as pessoas dizem coisas desagradáveis sobre mim na rua.

– Por que isso o incomoda? Você não está comigo agora? Não é só isso que importa?

– Sim, é claro, mas... não é agradável andar pela minha cidade e perceber a conversa ao meu redor. Isso me deixa desconfortável e triste. Mesmo quando ando de carro, vejo pessoas apontando para mim e sussurrando coisas em meu ouvido.

— Não há muito que eu possa fazer a respeito, querido. Nem mesmo o poder do imperador é ilimitado. Não posso enviar patrulhas para prender pessoas por fofocas. Acho que isso é algo com que você terá de conviver.

— O problema é que eles me veem como um novato, um zé-ninguém que teve a sorte de ser notado por você. Quero mostrar a eles que sou mais do que isso. Isso é tão ruim assim?

— E como exatamente você quer fazer isso?

— Veja, somos casados, não somos? Legalmente, sou seu marido.

— Sim.

— E acho que ambos concordamos que eu também sou o homem nesse relacionamento, certo? Você mesmo disse isso em nossos votos de casamento.

— Sim.

— Então acho que está na hora de eu fazer o *dominus* da casa. Quero ter autoridade, minha própria autoridade, e não ter de depender de minha esposa para tudo.

— De sua esposa?

— Sim, da minha esposa, não é isso que você é?

— Sim, acho que sim... Só não estou acostumado com a forma como soa.

— Bem, acostume-se com isso! Porque é assim que vai ser de agora em diante. Eu sou seu marido e você é minha esposa!

– Muito bom, muito bom... sim, sim! Gostei da ideia! É emocionante... Vou mandar fazer vestidos e começar a usar maquiagem! O que acha?

– Isso é muito bom, mas –

– Sabe, querido, é como se você tivesse lido minha mente; há muito tempo quero lhe contar, mas não tive tempo....

– Você pode me contar agora – disse Hiérocles, um pouco irritado com a interrupção.

– Percebi há muito tempo que... quero viver como uma mulher; que realmente sou uma mulher. Eu só não sabia como você aceitaria isso. Mas agora tenho certeza de que é exatamente isso que você quer de mim, não é mesmo, amor?

– Sim, é claro – disse Hiérocles, com uma nova luz nos olhos, – e como você sabe, não cabe a uma mulher estar à frente do governo... Em Roma são os homens que governam, sempre foi assim.

– Então você quer assumir o meu cargo de chefe de governo? – disse Antonino, parecendo desapontado.

– Sim, e só há uma maneira de fazer isso. Caso contrário, ninguém me levará a sério.

– E o que é isso?

– Quero que você me chame oficialmente de César.

Antonino levantou-se da cama abruptamente. Ele começou a andar nervosamente pelo quarto.

– César? Mas eu sou o único César! Como você teve essa ideia na cabeça?

– Pensei nisso desde nossa primeira noite juntos. Mas agora acho que isso se tornou realmente necessário. E você acabou de me dizer que quer viver como uma mulher: como uma mulher pode ser César?

– Então, durante todo esse tempo, você só pensou em se tornar César! – Ela foi até ele e lhe deu um tapa. – E eu pensei que você me amava!

Hiérocles amarrou as mãos de Antonino com as suas próprias. – Ouça, eu o amo! Mas você deve entender minha posição! Sou um homem! E não posso permitir que outros homens me tratem como se eu não fosse digno! Sou um homem, tenho uma família e devo ser o chefe dessa família! Não há outra maneira, Antonino!

Antonino ficou atônito. – Você chamou meu nome! – Ele soltou as mãos de seu punho e se afastou.

Hiérocles o seguiu e o abraçou por trás. – Ouça – ele sussurrou em seu ouvido. – Até agora, desde que estou em sua casa, dei-lhe tudo o que queria. Quer uma boa foda? Eu dei a você. Quer uma massagem? Você conseguiu. Quer que eu fique na cama o dia todo? Eu já fiz isso. Desisti da minha vida, da minha carreira, só para agradá-lo. Eu o amo, não posso viver sem você, mas você não pode me negar a honra que mereço como marido!

– Você não me respeita! Tudo o que você quer é se aproveitar de mim! Está claro para mim agora! – disse Antonino, tremendo e com o suor escorrendo pelas têmporas.

– Não tenho tempo para essas bobagens – disse Hiérocles, forçando Antonino a olhar para ele. – Só vou lhe dizer uma coisa. Você vai me nomear César. Você fará isso amanhã. E, de agora em diante, fará somente o que eu disser.

– Em seguida, jogou o garoto indefeso no chão, pegou suas roupas e fechou a porta atrás de si.

Comazão pensou ter ouvido ruídos no quarto de hóspedes ao lado da câmara do imperador. Ele viu a porta aberta e entrou para ver quem estava lá. Rapidamente encontrou Hiérocles, nu, estendendo suas roupas sobre o enorme colchão. Assustado, o auriga olhou para trás.

– Oh, é você.

– O que você está fazendo aqui?

– Não devo explicações ao prefeito do pretório.

– Sim, você deve. Eu respondo apenas ao imperador.

Hiérocles sorriu. – Já que está aqui, por que não me ajuda a me vestir? Ainda não estou acostumado a vestir uma toga sozinho. – Ele estendeu a roupa íntima para o general, que hesitou. – Vamos, Comazão, você pode fazer esse favor?

Comazão pegou o *subligaculum*, passou por trás do homem nu e colocou o pano sobre as costas peludas de Hiérocles. Ele amarrou a parte da frente, logo acima da pélvis, inadvertidamente prendendo alguns pelos pubianos dentro do nó.

– Isso dói! Cuidado!

Comazão desfez o nó e o amarrou novamente. Ele notou como o pênis de Hiérocles havia passado de flácido para semiduro. Não querendo ver mais nada, ele rapidamente dobrou o resto da cueca, não sem tocar descuidadamente em seu pênis enquanto o fazia. Era impossível contornar aquela coisa enorme.

Ele se aproximou por trás de Hiérocles e pegou a túnica da cama. Ao deslizar a abertura sobre sua cabeça, ele sentiu a doce fragrância masculina do auriga, um aroma tão sexualmente carregado que ele não pôde deixar de se sentir intoxicado. Enquanto deslizava o roupão pelo corpo musculoso, apoiou o queixo no pescoço, raspando-o com a barba rala, exalando no ouvido, e sentiu o próprio pênis ficar duro. Ele pegou a toga e colocou uma ponta sobre o ombro esquerdo de Hiérocles, depois desdobrou o tecido até a outra ponta. Ele envolveu o homem com ela e amarrou a outra extremidade com segurança. Ficou em frente a ele e fez os ajustes finais. Quando o prefeito terminou, Hiérocles o olhou diretamente nos olhos. Ele teve de olhar para cima, pois Comazão era cerca de seis polegadas mais alto do que ele.

— Você se sente atraído por mim, não é?

Um silêncio frio caiu entre os dois homens.

— Nem todos aqui são vítimas de seus encantos — disse Comazão, sem quebrar o contato visual, com o coração batendo acelerado.

— Eu sei — disse Hiérocles, olhando para baixo e ajeitando um pouco mais as roupas. — Apenas pensei ter sentido algo em você. Um tipo de energia.

Comazão se virou para sair da sala.

— Eu não disse para você ir embora — disse Hiérocles, com um tom gelado.

Comazão voltou e ficou a um palmo de distância de Hiérocles, com o rosto corado de fúria.

— Eu lhe disse que só recebo ordens do imperador — disse ele, balançando o dedo.

– Isso mudará em breve. Sua Majestade me nomeou César e vai ratificar isso amanhã perante o Senado. A expressão de Comazão endureceu. – É impossível! – gritou ele. – Não é, pois já aconteceu. Comazão correu na direção do quarto do imperador. Hiérocles calçou as sandálias às pressas. Do lado de fora, o prefeito pensou ter ouvido soluços no interior. Ele bateu na porta com força.

– Excelência! Excelência!

Hiérocles chegou rapidamente e colocou a mão na porta.

– Vou cuidar pessoalmente de meus assuntos matrimoniais! Você pode ir, Comazão – disse ele, apontando para o corredor. Como o general se recusou a se mover, ele disse: – Como pode ouvir, minha esposa está chorando, preciso atendê-la. – Hiérocles se aproveitou da surpresa do general com essas palavras e o empurrou para o lado.

Comazão ficou parado no corredor, imóvel, incapaz de processar o que acabara de ouvir. Sua... esposa?

Quando Hiérocles entrou na sala, viu Antonino ainda deitado no chão, nu, indefeso como um filhote recém-nascido. – Tem tempo para meditar sobre meu pedido? – disse ele, aproximando-se.

Antonino se levantou e, enxugando as lágrimas, permaneceu por alguns segundos em frente a Hiérocles, respirando ansiosamente. Finalmente, não conseguiu se conter e colocou os braços em volta dele. – Sim, sim, sim... Por favor, perdoe-me, meu querido marido. Você é o homem da casa; eu preciso entender. – Ele o beijou repetidamente em todo o rosto. – Amanhã, amanhã farei o que você deseja. – Mais uma coisa – disse Hiérocles. – Também quero que você conceda à minha mãe a liberdade e um lugar entre as esposas de senadores e conselheiros. Se sua mãe tem a honra de fazer parte desse círculo, então minha mãe também deve ter.

– Sim, sim, querido – disse Antonino, abraçando-o, sem querer soltá-lo.

– Muito bem – disse Hiérocles, forçando uma certa distância entre eles com as mãos. – Fico feliz que tenha recobrado o juízo. Preciso ir agora. Tenho muitas coisas para fazer. Eu o verei à noite. – Deu um beijo rápido nos lábios de Antonino e saiu.

Δ

Antonino havia ensaiado o discurso que faria aos senadores, mas ainda estava um pouco nervoso. Ele havia ordenado que dois *soli* fossem colocados no centro, um para ele e outro para seu marido. Ambos usavam coroas de louros e vestes imaculadas. Os legisladores haviam aguardado a chegada de suas majestades por seis horas e estavam com o pior humor possível. Hiérocles sentou-se imediatamente, enquanto Antonino andou pela sala por alguns instantes antes de falar.

– Honoráveis membros do Senado – ele começou a falar com firmeza artificial, – estamos aqui hoje para discutir assuntos importantes relacionados à minha função no governo.

Os senadores olharam uns para os outros, alguns até sorriram. Será que o rapaz vai anunciar sua abdicação? Isso faria com que a espera valesse a pena.

— Como vocês sabem, há poucos dias me casei com o homem que vêm à minha direita.

Hiérocles acenou com a mão e sorriu.

— Portanto, considero meu dever anunciar uma decisão que é importante para mim e para Roma. — Ele fez uma pausa por um minuto, como se estivesse tentando se lembrar de suas palavras. — Decidi nomear Hiérocles César e herdeiro legítimo do trono.

— Isso é um ultraje! — gritou um dos senadores, levantando-se de seu assento e erguendo o punho. — Este homem não é um cidadão de Roma e não possui a posição e a linhagem para ocupar o trono!

— E ele não ocupará o trono! — Antonino lamentou imediatamente o som dessas palavras. Ele sabia que seu marido não gostaria delas. — Pelo menos não enquanto eu viver — ele corrigiu. — Mas se algo acontecer comigo... Ele me sucederia imediatamente como imperador e Augusto.

A multidão começou a gritar.

— No entanto... no entanto! — disse Antonino, gesticulando para que os senadores mantivessem a ordem. — Ainda estou aqui. Não tenho intenção de ir a lugar algum.

Suspiros de decepção podiam ser ouvidos nas fileiras.

— Caros membros do Senado — continuou ele, falando por cima dos legisladores, — tenho um marido, sim, tenho um marido e, portanto, sou uma esposa! E como vocês bem sabem, em Roma não é apropriado que uma mulher trate de assuntos masculinos. Portanto, de agora em diante, vocês se referirão a mim como *domina*, imperatriz ou rainha, tanto em público quanto em particular, e meu marido me representará em todas as questões de governo, políticas e econômicas, e vocês terão de ouvi-lo e respeitá-lo, como se fosse eu pisando neste mármore antigo!

Uma nova erupção de vaias inundou as fileiras. A maioria dos senadores se levantou de seus assentos.

Antonino estava pronta para deixar a *curia*, mas se lembrou de uma coisa. – Também decreto a libertação da mãe de meu marido, que será trazida da Anatólia para Roma e receberá o lugar na sociedade que é seu por direito, como minha nova sogra!

Ela teve que gritar essas últimas palavras, pois o clamor da sala quase tornou sua voz inaudível. Saiu correndo da sala, assustada, seguida por um Hiérocles sorridente, que caminhava tranquilamente, zombando dos anciãos frenéticos com um repertório de gestos obscenos e vulgares.

Antonino procurou Comazão ao sair do senado. – Comazão, envie os pretorianos para colocar ordem no salão.

– O farei, Majestade – disse Comazão, fazendo sinal para que seus homens entrassem.

– Mais uma coisa! – disse ela, quando o general estava saindo.

Comazão retornou.

– De agora em diante, você deve proteger meu marido como se ele fosse meu. Prometa-me, Comazão.

A expressão do general endureceu.

– Desculpe-me por não termos tido tempo para conversar sobre isso. As coisas aconteceram muito rápido. Comazão engoliu com dificuldade. Ele estava lutando para conter as lágrimas.

– Eu amo ele, Comazão. Me desculpe, mas eu realmente amo ele. Hiérocles significa o mundo para mim.

– Mas o senhor me disse que seu coração não estava pronto para amar.

– Não estava naquela época. Agora está.

Antonino conduziu Comazão a um lugar onde pudessem conversar com um pouco mais de privacidade. Ela o olhou nos olhos enquanto as lágrimas escorriam pelo rosto do general. Ela as enxugou.

– Sinto muito. Nunca quis lhe causar essa dor. Mas ninguém pode governar seu próprio coração. Nem mesmo a imperatriz de Roma. Tenho certeza de que encontrará alguém que satisfaça suas necessidades.

– Mas eu preciso do senhor – disse Comazão, pegando-a pela mão. – Não há mais ninguém no mundo para mim.

– Há muitos homens em Roma, caro Comazão. Tenho certeza de que encontrará um para ficar com você em segredo, como deseja. E você e eu sempre seremos amigos íntimos.

Comazão ficou surpreso com essas palavras. Sua mente começou a compreender um pouco. De certa forma, isso era verdade. Mesmo que Antonino o amasse, eles nunca poderiam ficar juntos publicamente, como Antonino estava agora com Hiérocles. E não por causa da imperatriz, mas por causa dele mesmo; ele não estava disposto a pagar esse preço.

– Agora, você promete proteger a mim e ao meu marido? – suplicou a imperatriz.

– Eu o farei, Excelência.

Δ

De volta ao palácio, Maesa solicitou uma audiência particular imediata com Hiérocles. Ele se sentou impaciente à escrivaninha quando o recém-nomeado César chegou, ainda usando a toga e a coroa de louros na cabeça.

– Você poderia ter usado roupas mais simples – disse ela com um ar sombrio. – Não me esqueci de onde você veio.

Ele andou alguns passos e apoiou as mãos em uma cadeira.

– Entendo que a senhora queira falar comigo.

– Até agora eu me recusei a falar com você, mas o que você fez hoje foi longe demais.

– A senhora quer dizer o que minha esposa fez hoje. Eu fiquei lá e não fiz nada.

– Não se faça de bobo comigo – disse ela, levantando-se e começando a andar pelo *tablinum*. – Isso não deveria ser nada mais do que uma noite de diversão. – Ela o olhou de cima a baixo. – Estou bem ciente das preferências do imperador. O que eu não sabia é que ele gosta de vasculhar os esgotos.

– Se a senhora só me pediu para vir aqui para me insultar, posso lhe dizer –

– Não há nada que você possa me dizer, meu jovem. Eu sei tudo sobre seu tipo. Você não passa da pior sujeira de

Roma: um auriga, um bárbaro, um zé-ninguém que teve a sorte de estar no lugar certo na hora certa. Mas eu lhe prometo uma coisa: isso não vai durar.

– Com todo o respeito, *domina*, não cabe não cabe à senhora decidir isso. É minha esposa que toma todas as decisões.

– Você se acha muito esperto, não é? O que você sabe sobre como Roma é governada? Você realmente acha que *ele* toma todas as decisões?

– Tudo o que sei é que ela acabou de me nomear César antes do Senado. Isso é o suficiente por enquanto – disse ele, olhando-a nos olhos. – E eu vou desempenhar meu papel, quer a senhora goste ou não.

Ele se virou para sair, mas olhou para ela uma última vez antes de abrir a porta.

Os olhos de Maesa pareciam saltar de seu rosto. – Vamos ver isso! – ela proferiu.

CAPÍTULO 6

CHEIRO DE ROSAS

— Estêvão, o espelho.

O escravo se aproximou rapidamente de sua senhora com um espelho oval, emoldurado em prata e decorado com pedras preciosas. Antonino olhava vividamente para sua própria imagem, enquanto arrumava seu elaborado penteado.

— Ainda há alguns para arrancar, aqui e aqui — disse Antonino, apontando para um lugar em seu rosto.

O escravo correu para pegar um alicate para extrair os minúsculos fios de cabelo.

— Ai! — disse Antonino, fazendo com que o jovem se assustasse. — Faça isso! Não fique aí parado, termine!

Quando Estêvão terminou, a imperatriz voltou a admirar a suavidade de sua pele facial no espelho.

— Agora, a maquiagem!

Estêvão trouxe uma caixa de pigmentos. Antonino aplicou chumbo branco em suas pálpebras. Em seguida, aplicou palomilla como delineador. Depois de alguns instantes, ele continuou com a base e a maquiagem e, com um pincel grosso, passou ruborizador nas bochechas. Ela escolheu um batom ocre avermelhado, quase desconhecido pelas mulheres romanas, mas muito em voga no Oriente, e o aplicou generosamente com o dedo mínimo.

– O que você acha? – disse ela, franzindo os lábios.

– Até Vênus ficaria com ciúmes, *domina*.

Antonino sorriu.

– Seu marido vai participar da reunião? – perguntou o escravo.

A expressão de Antonino ficou mais sombria. – Duvido. Ele odeia meu círculo social. Diz que não tem paciência para conversa de mulher. – Ela empoou o rosto um pouco mais. – E para ser sincera, não me importo.

Estêvão não acreditou muito nas últimas palavras de sua senhora. – Mas minha senhora passa muito tempo aqui sozinha, acho que o senhor deveria estar em casa com mais frequência.

– A sério, Estêvão? – disse ela, parando suas ações e olhando para ele.

Estêvão abaixou a cabeça.

– Não seja tolo e levante a cabeça.

O escravo obedeceu.

– Agora sorria.

Um leve sorriso apareceu em seu rosto.

– Bom. Deixe-me agora – disse ela, acenando com a mão.

Quando Estêvão se dirigia para a porta, Antonino o deteve. – Seu serviço e sua companhia são muito apreciados, Estêvão.

O escravo fez uma reverência.

– E, bem... não faz mal que você seja um eunuco. Hiérocles nunca teria permitido que um homem intacto ficasse tão perto de mim.

– Sempre à sua disposição, Imperatriz.

Quando ela ficou sozinha, Antonino se arrependeu de suas últimas palavras. Estêvão estava bem ciente do que ele era; tinha sido cruel lembrá-lo disso. Talvez tenha sido uma resposta inconsciente ao comentário de cortar o coração do escravo sobre seu marido.

Ele tinha sido seu companheiro mais próximo desde o casamento com Hiérocles, dois meses antes; meses que, em meio à saudade, à ansiedade e ao desejo, agora pareciam uma eternidade. A primeira semana tinha sido incrivelmente divertida, mas, por mais que ela tivesse tentado se segurar, a empolgação original tinha acabado. César – como ele exigia ser chamado por todos agora – estava fora do palácio a maior parte do tempo, mesmo em ocasiões importantes: na verdade, ela quase teve que forçá-lo a participar da cerimônia de abertura da Saturnália com ela.

Embora não gostasse totalmente da adoração persistente dos deuses antigos, Antonino não queria acabar com as festividades de dezembro. Ele gostava de acender velas, colocar coroas de flores, dar presentes e, é claro, festas desenfreadas. Era uma semana em que Roma esquecia todas as suas rígidas formalidades e permitia que a pressão acumulada ao longo de quase doze meses se dissipasse, e só por isso ele achava que era uma tradição que valia a pena preservar. Talvez um dia toda essa alegria fosse revertida para a adoração do único deus, Heliogábalo, mas, por enquanto, ela estava disposta a aproveitar a oportunidade para esquecer o trabalho enfadonho de seu casamento e se divertir, mesmo que por pouco tempo.

Uma esplêndida escultura de uma *quadriga* transportando Apolo e Diana, colocada no topo de um arco, deu as boas-vindas aos inúmeros convidados do palácio naquela noite, a segunda das Saturnais. No átrio, onde uma fonte rosa brilhante exalava o aroma de violetas, uma multidão de figuras da alta sociedade se reunia com cantores, mímicos, músicos, dançarinos, poetas, mágicos, milagreiros, contadores de histórias e bobos da corte, todos ansiosos para receber inúmeros sestércios dos convidados naquela noite. Todos os participantes, independentemente de seu status, tinham que encontrar o caminho para os divãs por conta própria, pois os escravos tinham a semana livre e estavam limitados a realizar tarefas mínimas durante as festividades. Os patriarcas das famílias patrícias se deram ao trabalho de vestir trajes de gala coloridos, enquanto suas esposas usavam fantásticos trajes orientais e tinham os cabelos arrumados em forma de torres ou pirâmides, com o objetivo principal de prestar suas homenagens e não passar despercebidos pela imperatriz, sua mãe e sua avó durante as festividades. Maesa e Soémia, que usavam vestes cor de ametista e narciso e colares de pérolas enormes, além de penteados elaborados, as cumprimentaram na entrada com beijos e segurando suas mãos. Depois de um tempo, quando o som cada vez mais alto da conversa gradualmente ultrapassou o respingo da fonte, Antonino – cuja cabeça estava adornada com um diadema dourado de folhas de oliveira incrustado de joias – fez sua entrada desfilando por um vestíbulo iluminado pelo brilho de várias velas montadas em candelabros em forma de pênis e foi recebida com uma generosa ovação.

No interior, um grande número de pratos havia sido colocado em uma grande mesa, da qual os assistentes retiravam suas próprias refeições e as levavam para seus *triclinii*, acariciando ao longo do caminho os tigres e leopardos domesticados que ficavam amarrados às colunas de mármore. Entre as seleções de alimentos estavam alcachofras recheadas, bacalhau frito, salada *gustatio*, ovos de diferentes aves, uma variedade de frutas secas e, naturalmente, os pratos extravagantes que só podiam ser encontrados na corte de Antonino: peitos de porca em trufas da Líbia, calcanhares de camelo em sumagre, línguas de rouxinol e pavão em canela, cérebros de avestruz, porcos amarelos cozidos à moda de Troia, leões marinhos do Báltico, esturjões de Rodes, toutinegras de Samos, caracóis africanos e, é claro, os espetaculares flamingos cozidos recheados com frutas.

Antonino havia cumprimentado os convidados e se sentado no *triclinium* principal quando, para sua surpresa, viu Hiérocles entrar na sala. Ele usava um penteado elaborado, que consistia em uma peruca polvilhada com pó de ouro, com tranças assimétricas amarradas com um medalhão na testa – e com quase um buquê inteiro de flores de inverno entrelaçadas – em coesão harmoniosa com seu cabelo e barba loiros. Ele também usava uma túnica *cenatoria* cor de jade que realçava o brilho de seus olhos de esmeralda e o tom bronzeado de sua pele. Ele havia decorado seu pescoço com várias correntes de ouro puro. Isso fez Antonino pensar que seu marido poderia ter mudado de ideia e se juntaria à festa. Ela abriu espaço para ele ao seu lado e tentou encontrá-lo com os olhos, mas sem sucesso. Hiérocles olhou em volta, descontente; ele não se sentia confortável entre pessoas que sabia que o consideravam indigno. Antonino sentiu a dor aguda de mil facas atravessando seu corpo quando o viu sair da sala. Ela voltou sua atenção para a mesa e fingiu estar interessada na conversa ao seu redor e em comer os aperitivos.

Após o jantar, uma queda lenta, mas constante, de pétalas de rosas foi borrifada sobre o salão por meio de painéis giratórios instalados como um segundo teto, enquanto os convidados bebiam, conversavam e comiam sobremesas. O aroma doce se intensificava a cada onda. Alguns tentaram pegar as pétalas enquanto elas rodopiavam no ar. As mulheres riram quando uma caiu em suas xícaras. «Bem, podemos chamar oficialmente esse vinho de "rosé"», disse uma delas, para o riso de seus companheiros. Os músicos tocavam uma música suave ao fundo enquanto os artistas da noite visitavam cada uma das mesas.

Comazão estava perto da mesa de jantar, bebendo seu vinho favorito, quando uma dama se aproximou dele.

– General, é bom vê-lo novamente.

Assustado, Comazão olhou para o lado e viu Júlia Paula, que estava extraordinariamente linda em seu vestido de baile colorido. Um delicado perfume floral emanava de sua pele. Ela usava um longo colar de esmeraldas e brincos de pérolas que pareciam pesados demais para seus lóbulos delicados. Para ele, tantas joias pareciam excessivas. Suas características naturais eram um adorno mais do que suficiente.

— Senhorita, o prazer é todo meu.

— Não me chame de senhorita, general... por que não me chama de Júlia? — disse ela, sorrindo de forma coquete.

Enquanto sua mãe e sua avó cuidavam da maior parte da conversa, Antonino notou um jovem que ele não tinha visto na corte antes; ele tinha pele cor de oliva e usava uma sutil barba de cortina de queixo. O rapaz usava uma guirlanda de rosas na cabeça e estava bebendo alegremente em um *triclinium* próximo com uma senhora de meia-idade elegantemente vestida. A imperatriz levantou-se de seu divã, caminhou até o deles e foi recebida com alegria pela senhora, que lhe ofereceu seu lugar com a desculpa de ir buscar outra bebida e conversar com Maesa e Soémia.

— Você deve ser novo aqui — disse Antonino, acomodando-se no sofá. Nunca o vi antes. Qual é o seu nome?

— Meu nome é Aurelius Zótico, meu senhor imperador.

— Não me chame de senhor, sou uma dama — disse Antonino, dando-lhe a mão para beijar.

Zótico colocou seus lábios gentilmente na mão dela.

— Posso saber de onde você vem?

— De Esmirna, Imperatriz. A senhora com quem eu estava falando é minha tia. Ela mora em Roma há muito tempo e conhece bem sua avó. Ela me disse que *Domina*

Maesa achava que, como estou aqui na cidade, talvez Vossa Majestade gostasse de me conhecer.

Enquanto Zótico falava, o nariz da imperatriz se deliciava com os aromas de manjerona e menta que emanavam de seu corpo. Ela adorava o fato de os homens gregos darem tanta atenção à sua aparência.

– Sim, de fato – Antonino respondeu em grego, sorrindo de forma coquete. Fazia anos que ela não falava aquela língua, desde que teve seu último tutor, mas ainda se sentia competente o suficiente para manter uma conversa. – Então, o que você faz na Grécia?

– Eu sou um atleta. Participei dos Jogos Olímpicos este ano.

– Estou vendo – disse Antonino, sentindo os músculos dos braços fortes do jovem, ornamentados à moda oriental com duas largas faixas douradas acima do cotovelo. – Há algum outro membro seu tão grande quanto esses?

Zótico corou. Ele não tinha certeza se havia entendido a pergunta corretamente.

Antonino riu. – Eu estava brincando. Então, o que mais você faz quando não está treinando ou competindo?

– Bem, eu também sou muito bom em cozinhar. Meus amigos me chamam de cozinheiro.

– Oh, então temos um cozinheiro aqui! Você está falando com a maior conhecedora de comida de toda Roma. Qual é a sua especialidade?

– Eu posso fazer um delicioso arganaz recheado!

– Que nojento! – disse Antonino, colocando um dedo na boca. – Vamos lá, tenho certeza de que você pode fazer melhor do que isso.

– Bem, eu preparo um excelente *olivarum conditurae*.

– Estamos chegando a algum lugar. Mas estou desejando algo doce. Algo realmente... – disse Antonino, lambendo os lábios, – doce.

Dois atletas estavam se preparando para dar aos convidados um espetáculo de luta greco-romana.

– Veja! – disse Antonino ao seu novo amigo: – Você vai adorar isso!

Os homens começaram a lutar, e seus corpos poderosos, brilhando com azeite de oliva, formaram uma única massa, enquanto esmagavam os ossos uns dos outros em um abraço de ferro. Os olhos romanos acompanhavam com prazer o movimento das costas imensas, das coxas largas e dos braços musculosos. Antonino aproveitou a oportunidade para enfiar a mão sob a túnica de Zótico e notou a crescente excitação do jovem.

– Eu disse que você ia gostar!

Comazão presenciou a demonstração de afeto de Antonino pelo estranho e sentiu seu sangue ferver. No entanto, ele teve que disfarçar, pois não queria que Júlia Paula percebesse sua angústia.

– Então seu pai também está aqui, Júlia?

– Sim, ele está sentado ali – disse ela, apontando para um dos *triclinii*.

Comazão se virou e encontrou o olhar de Júlio Paulo. Os dois homens acenaram com a cabeça. Júlia acidentalmente olhou para Antonino e Zótico e não conseguiu esconder seu descontentamento. Ela olhou para Comazão.

– Ali está o imperador, com o que sempre quis: um homem. É óbvio que, mesmo sem seu «marido», ele sempre encontra maneiras de se entreter.

Comazão não se divertiu com esses comentários.

– Então – disse Júlia, agarrando o braço musculoso dele, – o senhor mencionou em nossa casa que não tem esposa. Por que isso, general?

A mão de Comazão começou a tremer. Ele colocou a taça sobre a mesa, com medo de derramar o vinho. Ele estava prestes a dizer algo quando viu Antonino deitado no peito de Zótico, e um nó se formou em sua garganta. Naquele momento, um dos guardas se aproximou deles. Comazão agradeceu aos deuses pela intervenção.

– General, desculpe interromper, mas acho que o senhor deve saber que César não está no palácio. Ele não disse para onde foi, mas tememos por sua segurança.

– Obrigado por me avisar, Sergio. Preciso ir buscá-lo imediatamente. – Ele cuidadosamente soltou o aperto de mão de Júlia e se desculpou.

Júlia, sem palavras, não teve escolha a não ser voltar para o *triclinium* de seu pai.

Depois de uma noite de boa comida e excelente cerveja, longe do pedantismo e das pretensões da classe alta – que ele sabia que desprezava Antonino quase tanto quanto ele –

EVAN D. BERG

Hiérocles se viu andando sem rumo pelas ruas movimentadas de Roma. Embora muitas delas estivessem iluminadas com tochas e parecessem festivas com as coroas douradas e os ornamentos pendurados nas paredes e portas, a maior parte da cidade permanecia escura e sombria, e andar por ela significava arriscar a vida. Ele havia decidido caminhar e não dirigir sua carruagem naquela noite, para deixar o ar frio da noite clarear seus pensamentos. Pelo mesmo motivo, ele decidiu não levar os guardas pretorianos com ele; ele precisava ruminar sobre tudo o que estava acontecendo em sua vida nos últimos dois meses.

Ele ainda não acreditava em sua sorte no circo. Desde aquele dia, ele tinha conseguido tudo o que sempre quis e muito mais. Não podia ser tudo tão fácil. Não podia ser. Ele tinha que lembrar a si mesmo que sua vida não era um sonho, que agora ele era César, herdeiro do trono, por mais quimérico que fosse alcançá-lo. Sua esposa era muito mais jovem do que ele, portanto, era altamente improvável que ele a sucedesse como imperador de Roma.

Esse pensamento o levou a Antonino, sua estúpida esposa. Será que ele a amava? Não, ele não conseguia se convencer disso. Será que ele fez pelo menos no início? Pensou sobre isso por um momento. Claro, as primeiras semanas tinham sido divertidas: muito sexo, bebida e entretenimento; exatamente o que ele mais apreciava na vida. Mas depois... as coisas ficaram complicadas. Ela exigia tanto de seu tempo juntos que ele começou a se sentir sufocado. Ele ainda queria viver sua própria vida, fazer as coisas que amava, e não apenas ser o companheiro da imperatriz. Ele tentou conversar com ela sobre isso, mas ela não quis ouvir. Ela sempre achava que sabia o que era melhor para os dois. Depois vieram suas responsabilidades como César. Não que ele realmente se importasse, mas queria exercer seu poder de alguma forma. Ele sabia que tinha de manter os senadores sob controle, mesmo que não entendesse uma palavra do que eles discutiam em suas sessões. Mas a imperatriz não estava interessada em seu trabalho ou em suas ambições; ela só o queria ao seu lado. Queria que ele fizesse amor com ela dia e noite. Estava farto. A questão era que eles passavam muito tempo juntos; como a paixão poderia ser mantida dessa forma? Ele queria se libertar um pouco, mas isso só a deixou mais amargurada. Ela dizia que ele não a amava mais como antes, e então ele tinha que insistir, jurar que nada havia mudado. E ela o lembrava constantemente de cada pequena ofensa que havia percebido nele.

Certa vez, ela disse algo que realmente o assustou: «Hiérocles, meu querido, por que não esquecemos tudo e fugimos juntos para o deserto? Sozinhos, você e eu, sob um céu cheio de estrelas, fazendo amor no frescor da noite, ao ar livre.» As coisas estúpidas que alguém apaixonado pode dizer! É claro que isso era impossível. Ele nunca teria se interessado por ela se ela não fosse a pessoa mais poderosa do mundo.

Em meio a esses pensamentos, se viu entrando em um beco sem saída, escuro como a toca de um lobo. Saiu correndo, mas antes de chegar à rua, um par de mãos corpulentas o puxou de volta para a escuridão.

– Olá, Hiérocles. Já faz muito tempo – disse uma voz grave e rouca.

Antonino não saiu da companhia de Zótico pelo resto da noite. No *triclinium*, os dois permaneceram sozinhos, pois os outros comensais — entendendo seu desejo de privacidade — haviam saído com outros convidados. A música havia se tornado uma explosão animada de cítaras, alaúdes, címbalos armênios, sistros egípcios, trombetas e cornetas. Belos rapazes borrifavam óleos perfumados nos pés dos convidados, enquanto outros os abanavam com feixes de penas de avestruz presos a fios dourados. Pétalas de rosa que caíam do teto giratório formavam uma espécie de piscina que cobria os convidados até a cintura.

— Esses escravos realmente se divertem com as pétalas — disse Zótico.

— E você ainda não viu nada! — disse Antonino, pegando-o pela mão e conduzindo-o pelas escadas até um vão entre o teto falso e o verdadeiro.

Ele fez um sinal para Estêvão, que instruiu os escravos a puxar cordas douradas para fazer o teto falso desabar, fazendo com que uma torrente de pétalas caísse sobre a multidão. Os homens gritavam palavrões, enquanto as mulheres gritavam de terror e confusão. A maioria tossia, sufocada pelo aroma intenso. Logo, os convidados tentaram escapar do salão, mas todas as saídas, exceto uma, haviam sido fechadas. Antonino e Zótico riram alto enquanto observavam os participantes tentando encontrar o caminho em meio ao caos e pisando uns nos outros ou esbarrando nos móveis.

Depois do «massacre» florido, Antonino conduziu Zótico por um longo corredor, mal iluminado por velas e perfumado por paus de incenso indiano e persa. Chegaram ao quarto dele e, assim que atravessaram a porta, ela o prendeu à parede e o beijou. Sem saber o que fazer, ele inicialmente manteve a boca fechada, mas ela mordeu seus lábios e forçou a língua em sua boca. Ela o arrastou para a cama e o empurrou para cima dela. Em seguida, pulou em cima dele, beijando-o com mais ardor, e dessa vez – embora um pouco timidamente – ele retribuiu os beijos. Ela soltou o cinto dele e tirou o roupão, expondo o peito liso e musculoso e os abdominais esculturais. Ela deu um tapa neles, mas isso não teve nenhum efeito sobre ele.

– Bata com mais força – disse ele, sorrindo.

Antonino desceu pelo corpo dela, tirando-lhe a cueca, e então um enorme pênis, sem circuncisão e ligeiramente curvado, saltou em seu rosto e a salpicou de pré-seminal. Ela imediatamente levou a carne à boca como um pássaro faminto, deixando a cabeça tocar a parte interna de sua bochecha. Ela o chupou até a base, tendo dificuldade para acomodar o enorme membro grego em sua boca e garganta. Zótico conhecia bem os modos dos homens de sua terra natal, mas não imaginava que o prazer de tais atividades fosse tão intenso.

Ela pediu que ele se levantasse, enquanto ela tirava o vestido e desfazia o penteado, e ela se curvou de bruços, encostada na lateral da cama, a bunda levantada, pronta para recebê-lo por trás. Seu pênis já estava molhado com saliva e preseminal e foi fácil para ele deslizá-lo para dentro do buraco machucado. Antonino gemeu de prazer. O rapaz grego cedeu aos seus instintos masculinos e continuou a enfiar o pênis nela, apreciando a pressão e o calor do buraco imperial. Depois de alguns instantes, ela se deitou de costas para que ele pudesse fodê-la enquanto ela admirava e acariciava o corpo atlético dele. Ele tinha um sorriso de morrer, o que fez com que o pênis dela ficasse molhado.

Quando sentiu que sua semente estava prestes a explodir, ele diminuiu o ritmo e se inclinou para beijá-la. Foi um beijo suave, longo e apaixonado, mordendo os lábios, tocando as pontas das línguas, respirando um na boca do outro. Ele desceu pelo pescoço dela, esfregou a barba rala em seu rosto e acariciou seu seio, até que chegou o momento em que ele não conseguiu mais se controlar. Ele gozou abundantemente, enchendo completamente o buraco de Antonino. Um pouco de esperma pingou no chão acarpetado e nos lençóis quando ele retirou o pênis. Ele respirou fundo e fechou os olhos, deixando as mãos apoiadas nas pernas da imperatriz enquanto as flechas flamejantes do êxtase assolavam sua mente.

Três homens com tochas ficaram atrás, enquanto Hiérocles foi empurrado contra uma parede e levantado algumas polegadas acima do chão pelo estranho.

– É bom vê-lo novamente, meu amigo – disse o homem. O mau cheiro de seu hálito atingiu as narinas de Hiérocles como um punhal e o fez fechar os olhos e inclinar a cabeça.

Quando conseguiu abrir os olhos, reconheceu o rosto à luz da tocha. Era Céler, um auriga da equipe vermelha, que havia sido seu principal rival durante seu tempo no circo.

– Que porra está fazendo? – gritou Hiérocles. – Solte-me imediatamente! Você está tocando em César! Os homens riram. – César, César! – César, minhas bolas! – rugiu Céler. – O garoto bonito parece ter se esquecido muito rapidamente de onde veio. – E o que é isso em sua cabeça? – disse outro. – Suas ideias femininas «criaram raízes»?

Os outros homens caíram na gargalhada.

– O que vocês querem? – disse Hiérocles, com medo em seus olhos.

– Queremos saber por que você não respondeu às nossas mensagens.

– Que mensagens? Não sei do que você está falando.

– Oh, sim, você sabe. Temos lhe enviado mensagens e sabemos que você as tem recebido. Mas parece que «César» não tem mais tempo para seus amigos.

– Nunca fomos amigos, seu idiota.

– Nunca é tarde demais, não é?

– Não posso fazer nada por vocês. É o imperador quem decide as condições e o pagamento no circo.

– Você quer dizer, a «imperatriz»...? Sua... «pequena esposa»?

Os homens caíram em uma gargalhada feroz.

– Sim, a imperatriz! Minha esposa! Agora me solte ou vai se arrepender, seu filho da puta!

Céler o colocou no chão e apoiou a mão na parede para impedi-lo de fugir. – Parece que ele não está disposto a cooperar, pessoal. O que faremos com ele?

— Corte sua garganta, corte suas tripas! — exclamaram os homens.

— Esperem. Esperem! Tudo bem, vamos fazer um acordo. O que exatamente vocês quer?

— Queremos ser libertados da escravidão. Queremos ser homens livres, cidadãos.

— Bem, agora, espere um pouco. Há uma grande diferença entre libertos e cidadãos. Receio que não seja possível dar um salto tão grande.

— Isso foi possível para você.

— Mas vocês não têm meus atributos!

— Quer dizer que não podemos transar com essa vadia todas as noites? Claro que podemos. Podemos satisfazê-la muito melhor do que você, rapaz!

— Vocês sabem por que ele se chama *Antonino?* Porque um pinto faz ele *perder o tino!* — disse outro, para a risada dos bandidos.

— Não se trata de sexo, trata-se de amor! — replicou Hiérocles.

— Vocês ouviram isso, pessoal? Agora ele está falando de amor! — disse Céler.

Os homens caíram na gargalhada, segurando a barriga e chutando o chão. Um deles riu tanto que começou a vomitar.

— Mata-o logo, porra! — disse outro. — Eu gostaria muito de ver suas tripas pingando no chão esta noite.

— Que porra está acontecendo aqui? — gritou uma voz alta atrás deles.

Hiérocles se virou para olhar e lá estava Comazão, acompanhado por dois pretorianos.

– Quem porra é você? – perguntou Céler.

Comazão o agarrou pela gola de sua túnica. – Vocês sabem muito bem quem eu sou. Agora, saiam daqui, antes que cortemos suas gargantas como cabras!

Céler levantou as mãos e Comazão o soltou.

– Muito bem, muito bem, senhor – disse ele a Comazão.

– Nós iremos agora. Mas você – disse ele, olhando para Hiérocles, – não é homem se se recusar a competir conosco no circo!

– Eu não sou mais um auriga, *stultus*!

– Você foi um auriga, será um auriga. Você não é César a menos que prove ser um homem primeiro! – gritou, apontando o dedo para ele. Ele fez sinal para que seus homens fossem embora.

Depois que os rufiões foram embora, Comazão ordenou que seus guardas voltassem para a rua e o deixassem sozinho com César. Ele o agarrou pela garganta com uma força que fez as veias saltarem de suas têmporas e o prendeu contra a parede.

– O que você acha que está fazendo aqui?

– Eu não tenho que responder a um funcionário público! Além disso, por que você está aqui? Estava me seguindo? Quem o autorizou a fazer isso?

– Infelizmente – disse Comazão com um rosnado intimidador, – sua vida é uma questão de segurança do Estado. Caso contrário, fique tranquilo, eu o deixaria morrer. Não me importaria se suas tripas estivessem espalhadas em um esgoto.

— Bem, minha esposa se importa comigo. Ela o mandou aqui para me seguir, não é mesmo?

O rosto de Comazão ficou vermelho. Ele soltou o pescoço dele, agarrou suas bolas e as apertou com força.

— Vamos lá, Comazão, pressione com mais força! Não estou sentindo nada!

Comazão apertou as bolas de boi.

— Estou apenas começando a sentir — mentiu Hiérocles. Na verdade, suas bolas estavam prestes a estourar. — Você tem mãos fracas para um soldado.

Comazão o soltou. Ele poderia ter castrado o filho da puta na hora, mas sua prudência marcial o fez voltar a si.

— Obrigado — disse Hiérocles, ajeitando suas roupas. — Agora, pode mandar seus homens me escoltarem até em casa? Estou um pouco cansado.

Os amantes exaustos já estavam na cama há algum tempo, com Antonino deitando a cabeça no peito suado de Zótico. Depois de um tempo, ela se levantou, sentando-se com as costas na cabeceira da cama.

— Sente-se ao meu lado, por favor.

Zótico se levantou e se sentou ao lado dela, com os braços se tocando.

— É sua primeira vez?

Zótico assentiu com a cabeça.

— Quantos anos você tem?

— Vinte e seis.

— Vinte e seis anos e você nunca esteve com uma mulher antes?

– É isso mesmo, minha rainha. Não temos muito tempo para o amor na academia.

Antonino ficou em silêncio por um minuto. – Você... deve estar se perguntando por que o trouxe aqui com tanta pressa.

– Não sou de questionar minha imperatriz – disse Zótico, virando-se ligeiramente e acariciando os cabelos soltos dela.

– Você é tão doce, Zótico... Tão diferente do meu marido.

– César não a trata bem, minha senhora?

– Ele costumava fazer isso. No começo era maravilhoso, eu achava que ele realmente me amava, mas agora...

Zótico sorriu com seus olhos.

– Agora ele está sempre ocupado com a política: reuniões, jantares, dias e noites fora de casa; quase não o vejo mais.

– Não deve ser fácil administrar o império. Tenho certeza de que ele não faz mais do que suas obrigações exigem.

– Sim, mas mesmo assim... Eu me sinto mal. Eu o coloquei lá. Eu o fiz César. Ele queria que eu fosse sua esposa, e eu... bem, eu queria viver minha vida como o que sempre fui no fundo, uma mulher... Eu queria administrar a casa, supervisionar a cozinha e garantir que tudo estivesse bem arrumado para quando ele chegasse em casa...

– Mas isso não é suficiente?

– Não, não é. – O rosto de Antonino se entristeceu. – Eu... preciso de um amigo, sabe? Preciso de alguém que realmente me entenda... Desde que saí de Emesa, as coisas têm sido tão... esmagadoras... Sinto que não tenho ninguém com quem conversar. Minha mãe não me entende, minha avó está sempre pensando em poder e dinheiro, e eu... sempre me sinto tão sozinha. Veja, quando ele faz amor comigo, tenho a sensação de que sua mente está em outro lugar, que é apenas seu corpo que tenho no quarto comigo, que não tenho seu coração...

Ela o abraçou. Seus olhos se encheram de lágrimas. Eles ficaram assim por um longo tempo. Ele não tentou impedir os soluços dela; simplesmente deixou seus sentimentos fluírem sem restrições. Ela se levantou novamente e enxugou as lágrimas.

— Por favor, não chore, minha senhora... Parte-me o coração vê-la chorar... — disse ele, finalmente.

— Desculpe-me, desculpe-me, estou tão sensível no momento... Eu te agradeço por estar aqui... Obrigada...

— A senhora não precisa me agradecer por amá-la — disse Zótico e ofereceu-lhe a boca. Eles se fundiram mais uma vez no beijo mais celestial.

No caminho para casa, Hiérocles se lembrou da festa no palácio e imaginou que provavelmente ainda não havia terminado. Já estava quase amanhecendo, mas ele conhecia a tendência de sua esposa de ficar acordada até as primeiras horas do dia. Ele não queria ir para casa. Ele tinha uma ideia melhor.

Os pretorianos que seguiam à distância notaram a mudança de rumo de César. Comazão já havia deixado o local há muito tempo, deixando-os encarregados de sua segurança. Eles o viram caminhar em direção a uma casa de má fama e discutiram entre si o que fazer.

– O que vocês acham que ele foi fazer lá? – disse um deles.

– Não seja bobo, não é óbvio? – disse outro, fazendo gestos obscenos com os dedos.

Os outros homens riram.

Quando Hiérocles entrou na casa, Lucretia, uma mulher acima do peso e com maquiagem excessiva, levantou-se para cumprimentar o líder do mundo.

– César! Bem-vindo! Não temos tido o prazer de vê-lo aqui ultimamente... Não desde o seu casamento. Parabéns, a propósito!

Hiérocles lhe fez um gesto de desdém. – A Lucia está aqui?

– Sim. Ela está em seu quarto e pronta para o senhor. Ela não teve nenhum cliente esta noite, então deve estar animada para vê-lo.

Hiérocles entrou na loja. O excesso de perfume no ar o fez sentir náuseas. Ele abriu as cortinas do quarto de Lucia e a encontrou deitada na cama lixando as unhas, nua até a cintura, usando apenas vários colares de contas, brincos baratos e uma longa peruca vermelha com algumas tranças.

– Oh, por todos os deuses, Hiérocles! Pensei que tivesse se esquecido de mim. – Ela pulou em seus braços e encheu seu rosto de beijos.

Ele beijou a boca dela, enfiando a língua em sua garganta, sufocando suas palavras e segurando seus generosos seios com suas mãos másculas. Fazia muito tempo que ele não beijava uma mulher, e seus lábios eram tão bons. Ela o puxou para a cama e tirou o roupão, expondo seu torso masculino. Ela se abaixou até a virilha dele, desamarrando a cueca.

— Serviço completo, eu acho, estou certa... César? — ela hesitou ao dizer seu novo nome.

Ele assentiu com um sorriso. Era tão bom ter os lábios de uma mulher em seu pênis. Claro, tinha sido ótimo transar com Antonino por um tempo, mas ele já estava farto disso. A outra metade de sua masculinidade estava clamando para foder uma mulher. Ele estava cansado de foder bundas. Dessa vez, ele queria uma buceta.

Depois de prepará-lo, ela o fez deitar-se na cama e sentou-se sobre o enorme pênis ereto, fazendo-o estremecer desde o primeiro momento. Ela entrelaçou suas mãos com as dele e começou a se mover para cima e para baixo. Ele grunhiu de prazer. Em seguida, ele começou a transar com ela de forma agressiva. Ele precisava se livrar de todas as emoções desagradáveis daquela noite. Suas bolas ainda estavam doendo depois do aperto de Comazão. No entanto, ele sorriu; se alguma coisa acontecesse, isso só tornaria a sensação de gozar mais intensa.

Perto da casa de Comazão, uma liteira guardada por quatro homens esperava no escuro. Depois de horas que pareciam eternas, um dos homens alertou a pessoa que estava lá dentro de que alguém estava chegando. Júlia Paula espiou por uma pequena abertura nas cortinas e pôde ver quem era. Era Comazão. Mas ele não estava sozinho.

Quando as duas figuras se aproximaram, ela viu que o general alto estava tropeçando e que a pessoa ao seu lado o estava segurando. Ela não conseguia ver quem era, mas parecia ser alguém mais jovem do que ele. Os dois se aproximaram da porta, e Comazão pegou a chave enquanto sua companhia lhe oferecia a boca. O general não recusou. Então, à luz da tocha que iluminava a varanda, ela pôde ver a verdade. A pessoa que estava beijando o general era um homem. Um homem jovem, no entanto, mas sem dúvida um membro do sexo masculino.

Horrorizada e com lágrimas nos olhos, ela fechou as cortinas. Os carregadores atônitos levantaram a liteira e voltaram para sua casa. Ela havia pago uma grande quantia para ser levada no escuro e se entregar ao homem de seus sonhos, apenas para descobrir de uma vez por todas por que ele não era do tipo que se casava.

Δ

No dia seguinte, depois que o sol já havia nascido, Hiérocles chegou ao palácio e encontrou sua esposa dormindo tranquilamente. Um cheiro doce de sexo pairava no ar; ele cheirou, confuso, mas decidiu que devia ser seu próprio cheiro depois da noite maravilhosa que acabara de passar no bordel. Ele estava cansado, mas sabia que não havia tempo para dormir. Antonino percebeu isso e acordou. Hiérocles se sentou ao lado dele.

— Oh, finalmente aqui está você, onde esteve a noite toda? — disse Antonino, bocejando e esticando os braços.

— Aqui e ali. Como foi a festa?

—Divertida. Mas tenho certeza de que os detalhes o aborreceriam.

— Você está certa.

Eles ficaram em silêncio por um tempo.

— Há algo que quero lhe dizer — disse Hiérocles.

Antonino se sentou. — Qual é o problema?

— Quero concorrer novamente. Você sabe, no circo.

— Do que está falando? César não pode participar do entretenimento dos plebeus.

— Cómodo costumava lutar com gladiadores, ou não? Não vejo por que eu não poderia dirigir uma carruagem. Sinto falta disso.

— Você pode dirigir o quanto quiser nas ruas. Na verdade, você é o único permitido.

— Não é a mesma coisa. Sinto falta da emoção, do perigo, da velocidade... As coisas se tornaram um pouco entediantes desde que me tornei César.

— Desde que você se tornou, ou desde que eu o tornei César?

— É a mesma coisa, não é?

Antonino acariciou seus braços. Hiérocles desviou o olhar.

— E qual é a cor que você quer usar? Rosa? — disse Antonino, tentando animar o ambiente.

—Claro que não! Púrpura. Nenhum time tem essa cor. É a cor da realeza.

— E é minha cor favorita! Vou mandar fazer uma túnica especial para você. Com bordados dourados e tudo.

— Obrigado, querida.

— Apenas obrigado?

Hiérocles se inclinou e beijou seus lábios.

— Vou tomar um banho agora. Tenho uma reunião com os senadores esta tarde. Não quero que eles me vejam desarrumado.

E você também não quer que eles sintam seu cheiro, pensou Antonino. Hoje de manhã, Hiérocles estava com um cheiro estranho. Não apenas suor, pelo menos não apenas o suor dele. Será que ele havia jogado ontem à noite? *Não me surpreenderia*, pensou ela. Especialmente porque ela estava fazendo a mesma coisa. Sua mente voltou para Zótico. Onde ele estaria agora? Estaria pensando nela?

— Espere — disse Antonino, levantando-se da cama. Mandei fazer isto para você. Não é lindo? Ela lhe mostrou uma estola verde-escura exuberante, feita sob medida para ele. Você gosta? Experimente-a depois do banho.

— Um vestido para mim? O que se passa com você?

— Por que não? Há templos no Oriente onde Hércules é adorado vestido de mulher. Você poderia causar uma sensação nas ruas, mais do que já causa!

Hiérocles fez uma careta. — Não. Nunca usarei um vestido! Agora, se você me der licença...

Nu, Hiérocles mergulhou um dedo do pé na água dos banhos.

— Está frio, droga! A água está muito fria — ele gritou.

Um escravo assustado correu até ele. — Desculpe-me, César; não esperávamos que você usasse os banhos esta manhã e o hipocausto não estava aceso....

– Quem são vocês, suas escórias, para decidir se ou quando eu tomo banho? A água da banheira deve estar quente... o tempo todo!

– Sim, César, isso não acontecerá novamente – disse o escravo, fazendo uma reverência nervosa.

– Pelo pau de Júpiter! Vou ter que ir ao Senado assim! Pelo menos vá e me traga uma toga limpa! Mexa-se!

Mais tarde, Hiérocles chegou ao Senado em sua carruagem. Sua toga imaculada pouco fazia para disfarçar o suor que se agarrava ao seu corpo, e ele estava perfeitamente ciente de seu odor corporal. A coroa de louros que ele havia vestido às pressas também não conseguia esconder totalmente seu cabelo desarrumado e oleoso. Embora sua aparência desgrenhada o deixasse um pouco desconfortável, ele pensou que isso mostraria àqueles escravos de toga o quanto ele desprezava a instituição deles e, especialmente, uma sessão extraordinária realizada durante a Saturnália. Ele acenou para Comazão e para os guardas, que estavam do lado de fora do prédio, e subiu as escadas íngremes com uma confiança fingida.

Os senadores – entre eles Maesa – estavam conversando entre si quando ele entrou na sala. Houve um silêncio profundo enquanto ele se apressava para chegar à sua cadeira. Ele se sentou e olhou para eles com um rosto de pedra.

– Vossa Alteza – disse um dos senadores, – convocamos esta assembleia extraordinária para discutir alguns dos problemas mais graves que o império enfrenta neste momento e que precisamos resolver antes do ano novo. Pedimos sua aprovação para iniciar a sessão.

Hiérocles assentiu impassível.

– O primeiro ponto a ser discutido hoje é a economia...

– Primeiro – disse Hiérocles, – gostaria de pedir à ilustre Augusta que deixasse a *curia*. Esses são assuntos importantes que dizem respeito apenas aos homens.

Hiérocles tinha pensado nesse movimento desde seu encontro inicial com Maesa, mas finalmente se sentiu corajoso o suficiente para ir em frente. Ele sabia muito bem que sua única arma contra a matriarca era seu gênero. Ao apelar para a misoginia de muitos dos senadores, ele esperava se livrar da influência dela e talvez ganhar alguma simpatia na câmara.

Maesa ficou tão chocada que nem sequer protestou. Ela não iria aumentar sua humilhação implorando inutilmente para ficar. Ela resolveria as coisas mais tarde. Ela se levantou e saiu da sala com um andar digno.

– Como Vossa Alteza sabe – continuou o senador, – o comércio ainda não se recuperou da turbulência que se seguiu ao injusto assassinato de nosso imperador Caracala. A inflação arruinou o bem-estar de muitas famílias em todo o império. A moeda perdeu muito de seu poder de compra desde então.

– Por que não misturar ouro com cobre e emitir mais moeda então? Isso dará às pessoas mais meios para pagar pelas coisas e estimulará o mercado.

Algumas risadas podiam ser ouvidas nas fileiras senatoriais.

— Mas, Excelência — disse o orador, com a voz trêmula, — isso só traria... mais inflação, como o senhor certamente sabe....

As risadas se transformaram em gargalhadas.

— Se você já sabia, então por que fez a pergunta? — disse Hiérocles.

— Bem, eu ainda não tinha feito a pergunta....

— Qual é a questão, então?

— A questão é... bem... o que fazer a respeito?

— Não banque o esperto, senador. Você acha que sou um idiota, mas garanto que não sou. Já dei minha resposta.

— Bem, sim, Vossa Alteza, mas receio que sua resposta...

— A minha resposta é a resposta de César, não a de um economista. Se vocês não conseguem fazer seu próprio trabalho, talvez devam ser substituídos por pessoas mais capazes.

— Posso falar sobre o segundo tópico, César? — disse o orador, hesitante.

— Pode.

— Os godos invadiram partes da Dácia, Mésia e Dalmácia, Vossa Excelência. Sugerimos o envio de pelo menos dez legiões.

— Não! A imperatriz quer paz. Ela deixou isso claro. Enviaremos um embaixador para argumentar e negociar com eles.

— Argumentar? — disse outro senador, pulando de seu assento. — César realmente acredita que é possível argumentar com os bárbaros?

– Talvez Sua Excelência pense assim porque é um deles – disse um senador de seu assento, não muito calmamente.

Hiérocles ficou parado por um momento. Ele levantou a perna direita e a apoiou no braço do trono. Abriu a toga e levantou a túnica. Ele não usava roupas de baixo. Gritos abafados encheram a *curia*. Ele deixou seu pênis e suas bolas repousarem no assento. Alguns senadores olharam de boca aberta para o tamanho de seus atributos, enquanto outros desviaram o olhar com nojo. Ele permaneceu nessa posição por um tempo desconfortável, depois esfregou as bolas, levantou-se e caminhou em direção ao jovem senador que ousara denunciar sua origem. Com um movimento rápido, Hierocles cobriu a boca e o nariz do senador com a mão que cheirava a suor de um homem. Ele agarrou sua nuca com a outra mão e o forçou a respirar fundo. O senador se debateu e, depois de algum tempo, Hiérocles afrouxou o aperto; o senador pulou de sua cadeira e saiu correndo da sala, arfando com tosse e náusea. Alguns momentos depois, ouviu-se um vômito. Hiérocles olhou ferozmente para a assembleia.

– Essas bolas reinam em minha cama – gritou ele, apontando para sua virilha, – e essas bolas também reinam em Roma!

Houve um silêncio mortal por um momento, até que alguns senadores começaram a gritar palavrões. A assembleia inteira logo explodiu em um clamor contra o político inexperiente. Hiérocles se dirigiu para a saída.

– Comazão! Comazão! – gritou para o ar.

O prefeito apareceu.

– Controle a situação na sala. Os senadores estão um pouco turbulentos hoje!

Mais pretorianos chegaram e subjugaram alguns dos senadores que ameaçaram atacar César, que foi para uma sala nos fundos. Comazão o seguiu.

– O que você fez! – exclamou Comazão atrás dele.

Hiérocles se afastou. – Eu ordenei que você controlasse a situação!

– E eu quero saber o que aconteceu!

– Isso não é da sua conta, prefeito! Faça o que eu mandei!

– Não agirei até receber uma explicação.

Hiérocles estava diante da general. Ele olhou para cima, fixando os olhos azul-turquesa dele, e viu fogo neles, mas não o tipo de fogo que instiga o medo. Ele ficou na ponta dos pés, inclinou-se na direção dele e lhe roubou um beijo.

O estômago de Comazão se revirou. Seu sangue ferveu e ele sentiu calafrios. O que aquele desgraçado tinha acabado de fazer?

Hiérocles sorriu. – Faça seu trabalho, general – disse ele, e saiu graciosamente da sala.

No palácio, Antonino andava ansiosamente em círculos em frente ao trono. Bateram à porta.

– Sim?

A porta se abriu. Um jovem baixo apareceu, fazendo uma reverência.

– Excelência, Sura, o homem que a senhora pediu chegou.

– Deixe-o entrar.

Um homem idoso, vestido com uma túnica um tanto gasta, entrou no salão e fez uma reverência à imperatriz. Ele era o juiz-chefe do *Circus Maximus*; o homem que tinha a última palavra em uma corrida se o resultado fosse contestado e, acima de tudo, aquele que zelava por sua legalidade.

– É uma honra para mim comparecer diante da poderosa imperatriz de Roma. A que devo esse privilégio? – disse o homem, lisonjeiro.

– Quero organizar uma corrida para a próxima semana – disse Antonino, com toda a seriedade.

– Para a próxima semana? – disse o homem, intrigado. – Posso saber qual é a ocasião, Augusta? Não sei se vai haver um festival...

– A ocasião é que desejo que seja realizada uma corrida de carruagens. Com toda a formalidade. Doze carruagens, como é de praxe. Bem, treze, na verdade.

– Treze? Mas, senhora, há apenas doze portas de saída...

– O assunto é o seguinte, Sura. Esta corrida é para celebrar César, meu marido. Ele competirá como um auriga independente, com suas próprias cores. Doze ou treze bigas, não me importa. Deixarei que você descubra essa parte. Mas quero cocheiros representando cada equipe, está claro?

O homem fez uma reverência. – Farei tudo o que estiver ao meu alcance para organizar tudo rapidamente, Vossa Alteza.

Antonino ordenou que ele se retirasse.

– Mais uma coisa – disse Antonino, quando Sura estava saindo da sala.

O homem se virou.

– Meu marido quer muito ganhar essa corrida.

Os olhos de Sura se arregalaram e uma expressão de pânico apareceu em seu rosto. Ele engoliu com força. Seu corpo tremou levemente. – Entendo, Augusta – disse ele em uma voz fraca.

Δ

Maesa andava nervosa e ansiosa dentro de seus aposentos. Ela colocou a mão no peito ao ouvir uma batida na porta.

–*Domina*, o General Comazão está aqui. Ele disse que a senhora queria falar com ele – disse um escravo.

– Deixe-o entrar – disse Maesa, quase sem fôlego.

Comazão assentiu, com a mão no coração ao entrar na sala, onde nunca havia estado antes.

– O senhor viu como aquele bruto me expulsou da reunião do Senado?

– Sim, *domina*, estou ciente do que aconteceu.

– E não vai fazer nada a respeito?

– Não sei o que posso fazer, além de restaurar a ordem.

– Eu não imaginava que ele chegaria tão longe. Uma coisa é entreter o imperador na cama, outra é... tentar governar o império!

– Foi o imperador que o colocou lá. Mas, sinceramente, não vejo como isso pode durar. Os senadores estão furiosos. A senhora pode não saber ainda, mas as ações dele no salão depois que a senhora saiu... foram nada menos que indescritíveis.

– O que ele fez?

Comazão lhe contou como havia «subjugado» um dos senadores. Maesa levou a mão à boca em choque.

– É a isso que o governo de Roma chegou? Por Heliogábalo, precisamos fazer alguma coisa, Comazão, precisamos nos livrar desse homem!

– Estive pensando sobre isso, e talvez seja melhor deixar as coisas se encaixarem. O imperador acabou de me dizer que quer organizar uma corrida de bigas para Hiérocles. Tenho certeza de que haverá concorrentes que o odeiam. Não me surpreenderia se eles estivessem conspirando para...

– Para matá-lo?

– Sim, *domina*.

Um sorriso se desenhou nos lábios de Maesa. – Obrigada pelas notícias, caro general. É sempre um prazer falar com o senhor. Vou seguir seu conselho. Será divertido participar dessa corrida!

Δ

O dia da competição chegou. O povo de Roma não poderia ter ficado mais feliz com a celebração de mais uma corrida. A última havia ocorrido não muito tempo atrás, quando o imperador ainda era casado com a vestal, mas essa foi uma surpresa, pois não era costume realizar corridas após as Saturnais, quando os preparativos já estavam em andamento para as celebrações do Ano Novo no templo de Jano. Era um sinal de como as coisas haviam mudado radicalmente: não apenas a adoração dos deuses romanos havia declinado devido ao novo culto a Heliogábalo – professado por mais pessoas a cada dia que passava –, mas também o imperador – ou melhor, a imperatriz – havia se casado novamente, e dessa vez com um homem; um homem que estava encarregado de todos os assuntos governamentais e que – apesar da feroz oposição do Senado – havia assumido o título de César.

A imperatriz, vestida com um extravagante manto de seda púrpura e uma tiara de joias douradas, apareceu no camarote imperial do *Circus Maximus*, seguida, como de costume, por sua mãe e sua avó, e tomou seu assento em meio a aplausos. Dessa vez, no entanto, ela foi acompanhada por ninguém menos que seu novo amigo, o jovem visitante grego, vestido de branco, com brincos de ouro e olhos delineados.

Comazão também se juntou à ocasião e sentou-se ao lado de Maesa. – Quem é esse jovem que está acompanhando o imperador? – perguntou ele.

– Esse garoto? É o Zótico, seu novo... «amigo»... O senhor ainda não o conheceu?

Comazão agora se lembrava do garoto na festa do palácio. Ele não gostou da ênfase dela na palavra «amigo». – Não, *domina* – ele mentiu, – nunca o vi antes. Ele parece ser um jovem robusto.

– Claro que sim. Ele é um atleta grego. Ele participou das Olimpíadas este ano. Sou uma grande amiga de sua tia.

Um grego. Isso explicava o que Comazão havia visto naquela noite. Ele conhecia os modos daqueles homens. E não gostava do fato de ele estar perto de Antonino. Ele voltou sua atenção para o campo, onde o desfile já estava começando.

Enquanto isso, Maesa deu outra olhada no jovem espetacular. Ela reconheceu a inteligência de ter agido tão rapidamente ao pedir à tia que o levasse à festa de Saturno. Era exatamente o que ela precisava para afrouxar o controle amoroso de Hiérocles sobre seu neto, especialmente agora que o cario tivera a ousadia de expulsá-la do senado. Ainda havia tempo para se livrar de Hiérocles – caso ele sobrevivesse à competição – e a melhor maneira de fazer isso era oferecer a Antonino as atenções de outro belo jovem. E, dessa vez, um com alguma classe, por Heliogábalo! A carruagem ricamente decorada de Sura, o *editor*, foi a primeira a aparecer no campo. Ao passar pelo palco imperial, ele se curvou para a imperatriz, que acenou com a cabeça em sinal de reconhecimento, enquanto sussurrava algo no ouvido de Zótico.

No estábulo, os aurigas estavam supervisionando os preparativos finais de suas carruagens, quando um escravo anunciou que o sorteio para determinar as posições de partida estava prestes a ocorrer. Céler e os outros competidores já estavam no centro do espaço aberto. Havia sido combinado que seria uma corrida de doze bigas, com os verdes dando um lugar a César, em deferência ao fato de ele ter pertencido à equipe deles. Hiérocles foi o último a chegar à reunião; ele usava sua túnica real púrpura e dourada e o manto de Caracala sobre ela, caminhando com cuidado para não manchar suas belas sandálias com lama e esterco.

– Parece que César finalmente está nos agraciando com sua presença – disse Céler com uma reverência sarcástica.

– De fato – disse Hiérocles, ignorando o gesto, – podemos começar o sorteio agora.

O juiz principal trouxe um recipiente com tábuas de argila. Como César e governante de Roma, Vossa Excelência tem a honra de desenhar primeiro – disse ele, curvando-se diante de Hiérocles.

Hiérocles olhou para seus concorrentes com desdém e tirou uma tábua. Ele o mostrou ao juiz sem olhar para ele.

– Quatro – disse o juiz e rapidamente o despejou em outro recipiente, cheio de outras tábuas.

Hiérocles sorriu. Então sua pequena esposa havia feito sua parte. Essa era a melhor posição, bem no meio da pista.

O próximo a sacar foi o Céler. Ele tirou o número oito.

– Vai morrer – ele rosnou ao passar por Hiérocles, lançando-lhe um olhar hostil.

Hiérocles ficou pálido. Ele tinha que ser cuidadoso. Antonino poderia ter organizado tudo, mas qualquer coisa poderia acontecer no percurso. Essa corrida não era brincadeira.

– Ele trapaceou, com certeza – outro competidor sussurrou para Céler.

– Não há necessidade de reclamar – disse Céler. – Ele é um perdedor. Eu já o derrotei antes, e hoje não será diferente.

Gordio, ainda treinador da equipe verde, aproximou-se de Hiérocles. – Boa sorte, César.

Hiérocles olhou para ele enquanto ajustava seus anéis. – Obrigado – disse ele, um tanto pensativo.

Gordio se aproximou dele e tentou beijá-lo no rosto.

– Agora não – disse Hiérocles, empurrando-o para longe e olhando em todas as direções. Ele se dirigiu à sua carruagem.

Depois que todas as tábuas foram removidas, os escravos ajudaram os aurigas a conduzir os cavalos até as portas dos estábulos, que estavam pintadas com cores vivas. Os cavalos chutavam o chão entre relinchos e bufos, com o hálito formando nuvens nebulosas em seus focinhos. Na crença equivocada de que isso impediria que os cavalos os pisoteassem em caso de queda, vários cocheiros se sujaram com esterco. Hiérocles nunca havia feito isso e nunca o faria, especialmente em uma ocasião como essa, quando ele deveria brilhar em toda a sua glória.

No campo, os escravos trabalhavam assiduamente nivelando a areia enquanto os juízes tomavam suas posições. Os *erectores* instalaram os tradicionais sete ovos de pedra e sete golfinhos. A empolgação tomou conta da multidão. O ar brilhava, como se Júpiter tivesse atingido as arquibancadas com um raio. No entanto, isso era uma ilusão; Júpiter não reinava mais em Roma. Seu lugar havia sido ocupado por Heliogábalo.

No palco imperial, Antonino e Zótico estavam saboreando um lanche com azeitonas, frutas e pinhões tostados, que eles jogavam na boca um do outro. Maesa, que sabia que comer no circo para romanos de classe alta era de mau gosto, estava fazendo o possível para se concentrar no desfile e ignorar as brincadeiras ao seu redor. Comazão também estava tentando desviar o olhar. Seus sentimentos estavam feridos. O imperador, no entanto, tinha todo o direito de receber os convidados que desejasse. Quem era esse Zótico? Ele provavelmente estava de visita e partiria em breve. Ele não precisava se preocupar. Outro pensamento surgiu em sua cabeça. Um pensamento agudo e eletrizante. Ele lambeu os lábios. Lembrou-se da suavidade de outros lábios que ousaram tocar os seus... Não! As trombetas vieram resgatá-lo de seus pensamentos, anunciando em alto e bom som o início da corrida. Todos os olhares se voltaram para as portas de saída. Os aurigas subiram em suas carruagens em meio ao relincho violento dos cavalos. Os escravos assumiram suas posições nas laterais da pista, prontos para remover os destroços das carruagens caídas e arrastar os feridos para receber atendimento médico entre as voltas. Sura, o *editor*, acenou com um lenço branco no ar, procurando a imperatriz com os olhos. Antonino acenou com a cabeça e Sura deixou cair o lenço. Os juízes deram um sinal e os cadeados das caixas foram abertos. Os veículos saíram para as pistas, tentando lutar por uma posição melhor desde o início. Hiérocles chicoteou seus cavalos e imediatamente assumiu a liderança. A multidão foi à loucura.

– César vai primeiro! – exclamou Zótico animadamente para Antonino, que estava mais preocupado em alimentar seu convidado com uvas do que com o que estava acontecendo na pista.

– Sim – disse Antonino, ainda admirando o rosto do garoto. Ele arrumou assiduamente o cabelo, que havia sido desarrumado por uma súbita rajada de vento. – Ele é o melhor, meu querido. Vencerá.

Céler, partindo do oitavo lugar, teve uma tarefa muito mais difícil do que seu odiado adversário. Fiel ao seu nome, ele acelerou agressivamente e conseguiu deixar mais dois carros para trás. Agora ele estava duas posições atrás de César. Ele já havia participado de muitas corridas e já havia sido enganado antes, portanto, esse cenário não era novo para ele. Ele sabia que o protegido de Gordio era apenas um aprendiz, e naquele dia ele lhe mostraria o que era um verdadeiro auriga. Ele mal podia esperar para humilhá-lo na frente de toda a cidade de Roma. Se as condições fossem adequadas, ele também se certificaria de que ele não saísse vivo.

O giro de um golfinho sinalizou o fim da primeira volta, e tanto Hiérocles quanto Céler manobraram para evitar o impacto com os aurigas caídos na pista. Parecia que os escravos estavam muito lentos em seu trabalho. Hiérocles deu uma olhada nas arquibancadas e apreciou a adoração da multidão enlouquecida. Ninguém ousava torcer por outra pessoa que não fosse a equipe púrpura de um homem só naquele dia.

Mais dois cocheiros flanquearam Céler, que perdeu velocidade ao desviar dos carros caídos. Outras carruagens bateram e caíram. As equipes enviaram seus aurigas menos experientes para a corrida porque sentiram os desejos da imperatriz e não queriam correr o risco de perder seus melhores homens em uma corrida perdida por decreto. No entanto, esses jovens pilotos estavam ávidos por reconhecimento e, com o ódio e a inveja de César ardendo em seus corações, correram riscos desnecessários para tentar alcançá-lo.

Antonino estava olhando para a pista de corrida, mas sua mente estava em outro lugar. Ela estava de mãos dadas com Zótico e, de vez em quando, virava a cabeça para apreciar a beleza jovem dele. O amor de sua vida – exatamente como ela acreditava até aquele momento – estava correndo aquela corrida, arriscando a vida por sua honra, mas, de alguma forma, ela não se importava com o resultado. Tudo havia sido arranjado, portanto, não havia nada para se empolgar. Ela teve um sentimento diferente e especial naquele dia. Nos poucos dias que se passaram desde que se conheceram, sentimentos reais por esse rapaz grego cresceram dentro dela. Ele era totalmente diferente de seu marido: talvez não tão bonito, talvez mais atlético, mas não era apenas a aparência que importava. Era a maneira como ele a tratava. Com Zótico, ela realmente se sentia uma dama, apesar de ter sido Hiérocles quem a empurrou para um papel mais feminino. Para Hiérocles, ela era uma esposa, mas com Zótico ela podia ser uma menina e se entregar a todas as infantilidades que quisesse sem medo de ser ridicularizada ou criticada. Zótico tinha quase a mesma idade de seu marido, mas seu espírito era muito mais jovem. Sim, ele a fazia se sentir muito à vontade. Se ao menos ele pudesse ficar mais tempo...

Na sexta volta, Céler estava novamente na quarta posição, logo atrás de uma carruagem verde e outra azul, com Hiérocles ainda liderando a corrida. Céler notou uma estranha série de movimentos bruscos do auriga verde. Parecia que ele estava protegendo Hiérocles. Traidor. Na verdade, embora

Hiérocles tivesse o apoio de sua poderosa esposa, ele também havia falado com os cocheiros de sua antiga equipe e os convenceu – com benefícios monetários – a formar uma guarda para ele contra Céler. O carro azul acelerou, buscando alcançar Hiérocles antes do final da sexta volta. Então, o guarda-costas verde de César dirigiu seu carro para bloquear o caminho de seu oponente. O auriga azul não se intimidou e continuou sua perseguição. No final da última volta, seus cavalos se aproximaram demais da coluna central e sua carruagem bateu de forma espetacular, com detritos voando pelo ar. Pedaços de madeira e metal atingiram o cocheiro dos verdes, cujo carro também bateu e ficou em pedaços no campo. Houve um grande suspiro da multidão, seguido de aplausos mais altos. Apenas dois aurigas permaneceram na liderança da corrida, Céler e Hiérocles.

Hiérocles passou pelo camarote imperial com mais de trinta passos à frente de seu perseguidor vermelho. Ele cerrou os dentes e chicoteou com fúria. Estava determinado a não perder por excesso de confiança uma corrida que havia sido decidida desde o início. Tudo o que ele precisava fazer era manter o ritmo e garantir que levaria a melhor sobre qualquer detrito que pudesse encontrar em seu caminho.

Céler, por outro lado, teve que aumentar consideravelmente sua velocidade se quisesse alcançar Hiérocles. Ele viu uma oportunidade. Os escravos estavam removendo os restos de uma das bigas quebradas, de modo que Hiérocles teve que diminuir a velocidade, dirigindo-se ligeiramente para o centro da pista. Ele correria até a borda externa do pátio e forçaria César contra o muro central para reduzi-lo ainda mais. Ele calculou que, quando chegasse a essa posição, os escravos já teriam removido os escombros. Ele chicoteou seus cavalos, que respiravam com dificuldade em meio a uma mistura de muco e saliva. O sangue jorrava das costas dos animais. Ao se aproximar do local do acidente, ele observou com espanto os escravos saírem correndo da pista, deixando os pedaços de madeira e metal para trás. Era tarde demais para o Céler diminuir a velocidade ou mudar de direção. Ele se lançou descontroladamente contra a pilha de sucata e o impacto fez com que seu corpo voasse para fora do assento com tal ímpeto que ele aterrissou na frente de seus cavalos, que o pisotearam sem piedade, transformando seu corpo em uma massa de polpa. Hiérocles cruzou a linha de chegada vitorioso, sob os aplausos extasiados da multidão.

– Ele ganhou! Ele ganhou! – exclamou Zótico, comovido até as lágrimas.

– Sem dúvida – disse Antonino, batendo palmas afavelmente, mas com pouca emoção. Ela pegou Zótico pela mão. – Vamos voltar ao palácio, meu caro. O espetáculo acabou.

De volta ao estábulo, Hiérocles estava sendo parabenizado por Górdio – cujo beijo não foi recusado dessa vez –, pelos outros aurigas e por vários de seus amigos. Um homem estava atrás dele, com um porte marcial que silenciou todos os presentes. Hiérocles se virou.

– Então, aí está você, meu amigo – disse ele, recebendo Comazão com um abraço não correspondido. – Espero que você tenha gostado da corrida.

Comazão fez sinal para que todos saíssem. – Você trapaceou, não foi? – disse ele quando ficaram sozinhos.

– Você realmente tem tão pouca confiança em minhas habilidades?

– Eu sei que você traiu. Não minta.

– Não eu – disse Hiérocles com um sorriso, – foi minha esposa. Veja bem, ela não suportaria me ver perder, então teve que se certificar... Mas, de qualquer forma, eu teria vencido, então não importa.

– Um homem morreu.

– Vários homens morreram. Faz parte do jogo. Mas suponho que você esteja falando desse lixo, Céler. Ele correu para as carruagens quebradas; conseguiu o que estava procurando.

– Você ordenou que os escravos limpassem a pista só para você?

– Você tem uma mente muito ativa, meu caro senhor – disse Hiérocles, batendo na armadura de Comazão. – Deve usá-la para proteger a imperatriz... e a mim também.

Comazão se empurrou em direção a ele, agarrando-o pelos pulsos. Ele o empurrou contra um de seus cavalos, que protestou ruidosamente.

– Estou ficando cansado de seus jogos – rosnou Comazão. – Esta corrida deveria ter sido para salvar sua honra, mas vejo que você não tem honra para salvar!

Os corpos dos dois homens se aproximaram um do outro. Perto o suficiente para provocar uma ereção em ambos.

– Deixe-me ir – disse Hiérocles, fingindo lutar. – Não suportarei mais seu assédio, general. Terei de falar com minha esposa para que você seja demitido. Um homem de temperamento tão rabugento não é adequado para seu cargo.

– Se eu for – murmurou Comazão, tocando o nariz de Hiérocles com o seu, – você também vai. Somente minha presença sustenta este governo. Ponha isso em sua cabeça. – Com um puxão, ele soltou Hiérocles, que acariciou seus pulsos doloridos. – Isso é o que acontece quando um auriga é proclamado César – disse ele, deixando o estábulo.

– Pelo menos sou um auriga e não um mímico.

Comazão se virou surpreso. – Como você sabe disso, porra?

– Eu o tenho investigado, general. Entre o que minha esposa me contou e o que eu mesmo descobri, sei tudo sobre você. Você não é quem finge ser. Na sua juventude era um comediante, um ator e, para ser sincero, ainda é. Na frente do povo e dos senadores, você finge ser um homem másculo, mas, ai, ai! Aquelas festas com a terceira legião devem ter sido muito divertidas!

A mão direita de Comazão se fechou em um punho. Seu rosto era de aço incandescente. Ele estava a momentos de transformar aquele belo rosto em mingau.

Suas emoções não passaram despercebidas. – Duvido que você goste de ter sua roupa suja exposta diante de toda Roma... Pode imaginar os olhares que receberia na rua e no senado? – Ele sorriu. – Além disso, há um motivo mais importante. Você tem uma fraqueza pela beleza, não é? Em todas as suas formas. A boa... e a ruim. – Ele caminhou

lentamente em direção ao general. – Sabe o que é belo?
Minha esposa e eu fazendo amor. Isso é o que eu chamaria de
«definição de beleza». Beleza em ação. Quer nos ver um dia
desses? Comazão deu um soco, mas Hiérocles o pegou. Ele riu. –
Já chega, Comazão. Acalme-se. Sem ressentimentos, eu
prometo. Até mais tarde – disse ele, afastando-se e deixando
o general atordoado nos estábulos.

Δ

Antonino conduziu Zótico diretamente aos banhos assim que
chegaram ao palácio pelo túnel que o ligava ao circo. Ambos
tiraram suas roupas. Antonino mergulhou na água e, quando
saiu, pediu a Zótico que se sentasse em uma das bordas com
as pernas dentro da piscina. Ela se aproximou e se apoiou em
suas pernas. Olhou para ele com um sorriso malicioso e levou
o pênis ainda flácido à boca. Ela o chupou inteiro, deleitando-
se com o sabor salgado, depois se concentrou na cabeça, que
começou a vazar. Ele puxou o escroto para trás e lambeu a
glande lubrificada. Zótico levantou a cabeça e suspirou. Ela
continuou a se balançar para cima e para baixo, sentindo a
dureza crescente da masculinidade do atleta grego. Ele gemeu
mais alto e, depois de um tempo, pediu que ela parasse,
avisando-a de que estava prestes a gozar. Ela tirou o pênis
dele da boca e o puxou para a piscina; ele caiu com um
respingo alto, fazendo-a soltar um grito. Dentro da piscina, os
amantes se beijaram, sentindo o deslizar suave de seus corpos
um sobre o outro.

Eles brincaram, nadaram e jogaram água um no outro por horas, perdendo a noção do tempo. Quando se cansaram, Antonino se agarrou à parede da piscina, com Zótico abraçando-a por trás e acariciando seu buraco com a ponta do pênis. Antonino lambeu os lábios e fechou os olhos em antecipação ao prazer que estava por vir. No entanto, um som alto de passos fez com que o casal saísse abruptamente de seu idílio. Hiérocles apareceu diante deles como um fantasma. Os amantes olharam para ele, trêmulos, com olhos selvagens.

– Olá, marido, parabéns! – disse Antonino, tentando recuperar a compostura. – Você quer vir? A água está deliciosa.

Hiérocles olhou para o casal com olhos gelados. Se virou intempestivamente e saiu dos banhos. Antonino deu de ombros e se voltou para o amigo para um beijo.

Comazão caminhou pelas ruas em direção à casa do Senado. Ele ainda estava chocado com o encontro com Hiérocles, mas havia sido convocado por Júlio Paulo e sabia que esse não poderia ser um assunto trivial.

– O senhor não parece estar bem – disse Paulo quando chegou. – Aconteceu alguma coisa?

– Nada importante. Sei que o senhor tem assuntos sérios para discutir. Do que se trata?

– Sim – disse o senador, conduzindo o general para o salão principal. Enquanto caminhavam, Paulo olhou para o retrato de Antonino pendurado acima da bela estátua da

Vitória e olhou de volta para Comazão para ver sua reação. Ele não viu nada além de um homem perturbado e distraído. Uma vez lá dentro, Paulo convidou Comazão a se sentar ao seu lado na primeira das fileiras do Senado.

– O senhor é um homem de princípios, General Comazão. Lutou por Roma em inúmeras ocasiões, salvando-a de inimigos terríveis. Tenho certeza de que entende que o problema agora não é o inimigo externo, mas o inimigo interno.

Comazão olhou para ele com impaciência. Ele não estava disposto a ser lisonjeado.

– Vou direto ao ponto – disse Paulo com um suspiro. – O senhor testemunhou o que aconteceu nesta casa há alguns dias.

Comazão assentiu.

– Como tenho certeza de que o senhor entende – continuou o velho, – nós, o senado, não podemos permitir que essa situação continue. Roma será arruinada se o fizermos. – Ele pausou. – O senhor sabia que essa foi apenas a segunda sessão do Senado da qual o bárbaro participou desde sua nomeação? Na primeira, ele ficou em silêncio, o que era natural, pois não estava acostumado a estar entre homens civilizados! Acho que ele estava seriamente intoxicado na ocasião. Ele se preocupa mais com suas carruagens elegantes e velozes do que com o estado do império. Ele não é capaz de recusar um convite para uma corrida, isso é certo!

– Do que os senhores estão reclamando? Provavelmente é melhor realizar as sessões sem ele.

– A única razão pela qual precisamos dele é porque ele não aprovará nossas medidas a menos que seja informado sobre elas! Como se esse analfabeto entendesse alguma coisa de direito e política! Nossas iniciativas foram atrasadas por sua incompetência. Eu não me importaria com suas ausências se ele nos deixasse agir livremente. É uma vergonha que um homem de sua laia entre nesta Câmara.

– Sei que a situação não é das melhores, mas tomar medidas radicais neste momento só causaria instabilidade. O senhor deve reconhecer que o império está em paz. Não há revoltas nas províncias. Nossas legiões na fronteira foram capazes de manter os godos afastados. O povo está feliz.

– Sim, mas por quanto tempo? As coisas estavam bem quando Maesa administrava o império. Mas elas se deteriorarão rapidamente em sua ausência. O senhor já viu em sua carreira como a situação política pode se tornar instável quando a pessoa no comando é incompetente.

– Não vejo o que podemos fazer a respeito. Ele é o consorte do imperador.

– Sim, mas isso pode mudar. O senhor vê a facilidade com que ele já se desfez de duas esposas – disse Paulo com amargura, pois uma dessas ex-esposas era sua própria filha: aquela filha que, por algum motivo incompreensível para ele, Comazão não havia demonstrado interesse em cortejar. Ele achava que casá-la com Comazão o aproximaria de sua família. Mas o mais estranho era que Júlia Paula, depois de todo o seu entusiasmo inicial, havia parado de falar sobre o general da noite para o dia. – Não deveria ser difícil se livrar de um terceiro cônjuge da mesma forma.

– Receio que não seja a mesma coisa. Desta vez, há sentimentos envolvidos, e não apenas, se me perdoa a impertinência, conveniência. O imperador não deixará o homem ir embora tão facilmente.

– Há outras maneiras – disse Paulo, cruzando as mãos. Comazão se levantou e o encarou. – Receio que eu não seja o homem certo para o trabalho, senhor.

Paulo também se levantou. Ele parou por um momento, tentando encontrar coragem para o que estava prestes a dizer. Depois, olhou Comazão diretamente nos olhos. – Qual é o seu preço, general?

– Eu não sou um mercenário. Agora, com todo o respeito – disse Comazão, acenando e procurando a saída.

– É o trono? – A voz de Paulo ecoou pela câmara vazia como uma caverna. – O trono é o seu preço?

Comazão se virou e caminhou em direção ao velho. – Uma coisa, ilustre senhor, é depor um oportunista, e outra... – Ele ficou parado, com o peito arfando, – Não vou seguir o exemplo de Macrino, sendo um prefeito que trai o imperador. Jamais. Tudo o que posso lhe prometer é que tentarei fazê-lo ver a verdade. Mas nunca agirei contra ele – disse ele, antes de deixar a *curia*.

Após a reunião, Comazão pôde retomar seus pensamentos sobre o encontro perturbador com Hiérocles. Então, agora ele estava prestes a se tornar vítima de chantagem? Se perguntava como tinha se metido nessa confusão, como as coisas tinham saído do controle tão rapidamente. Então Hiérocles estava ameaçando expô-lo publicamente como amante de homens? O que isso significaria para um oficial em sua posição? Ruína. Tais coisas poderiam ser permitidas para um imperador, mas não para um homem que deveria ser o epítome da masculinidade para todo o Império Romano. E se Hiérocles também divulgasse suas aventuras sexuais com legionários no campo? Isso resultaria em pena de morte para ele e seus rapazes. E, sem isso, Antonino cairia. No entanto, ele reconheceu que essa não era uma situação nova. Maesa também conhecia suas preferências. E, pelo menos implicitamente, ela sempre teve o poder de expô-lo que Hiérocles tinha agora. Ele sabia que ela não hesitaria em usá-lo, se ele se recusasse a servir e proteger Antonino. Mas esse não era o motivo pelo qual ele ainda estava lá. Ela estava lá porque realmente se importava com ele, queria sinceramente proteger seu rapaz, mesmo que tivesse deixado bem claro para ele que não havia nada entre eles. Portanto, Hiérocles teve sorte. E Maesa também. Ele ficaria e continuaria fazendo seu trabalho, não por medo, mas por amor.

Δ

Mais tarde, Antonino levou Zótico para a colossal cozinha do palácio.

— Uma promessa é uma promessa: agora você terá que me mostrar essas habilidades culinárias das quais vem se gabando! — disse ela em um humor jovial que não tinha há meses.

— Não sou o único que está aqui pela primeira vez, sou? — perguntou Zótico com uma piscadela.

– Não é! Tenho plena confiança de que meus cozinheiros sempre prepararão o que eu quero e como eu quero. Infelizmente, não posso dizer o mesmo de você – disse ela, apontando um dedo para Zótico. – Agora, onde está tudo, onde estão os ingredientes? – disse ela, batendo palmas.

– Aqui estão, imperatriz – disse o cozinheiro mais velho. – Recebemos tudo esta manhã, fresquinho, como a senhora pediu.

– Bem, aqui temos a... farinha! – disse Antonino, jogando um punhado para Zótico.

Ele pegou outro e fez o mesmo com ela. Os dois riram, jogando farinha um no outro e nos ajudantes, que não tinham certeza se deveriam participar da guerra de alimentos.

Hiérocles entrou sorrateiramente. O que ele viu o enojou. Tanta alegria, tanta diversão. Ele fez sinal para que um escravo com orelhas furadas o seguisse até o lado de fora.

– Tudo bem, tudo bem, a senhora venceu! – disse Zótico. – Por favor, deixe-me começar, senão nunca terminaremos!

Antonino concordou e o observou preparar a massa e formá-la em bolas. Ele pegou duas delas, juntou-as e lambeu-as lentamente.

– Não as coma ainda! Temos que fritá-las primeiro – disse Zótico, fingindo não perceber a referência obscena.

Em pequenas porções, o Zótico fritou os bolinhos até ficarem crocantes, deixou-os secar e polvilhou-os com sementes de gergelim, nozes e mel.

– Aqui estão, *loukoumades* gregos! – disse ele depois de um tempo, oferecendo um prato à imperatriz.

– Eles parecem *globi* – disse ela, sem se impressionar.

— Espere até experimentá-los!

— Mmm — disse Antonino, mordendo um deles com uma expressão de prazer. Com a massa ainda na boca, ele se aproximou de Zótico e o beijou com a língua. — Isso é gostoso! — declarou ela, sob os aplausos dos cozinheiros e dos escravos.

O casal levou os pratos de sobremesa para o *triclinium* principal, que Estêvão já havia decorado romanticamente com rosas e velas.

— Precisamos de vinho! — gritou Antonino enquanto se deitavam no divã. — Rosé!

O copeiro, que não era outro senão o escravo com as orelhas furadas, entrou e ofereceu uma bebida à sua senhora e outra ao seu amigo. Ele ficou observando em silêncio por um tempo.

— Para que você está aí, vá embora! — disse Antonino com dois tapas. Ele se virou para seu amante e o beijou nos lábios. Em seguida, propôs um brinde: — Ao amor!

Os dois jovens bateram seus copos. Em um instante, Zótico caiu no *triclinium*, com a taça dourada caindo ruidosamente de sua mão.

— Zótico? Zótico! — gritou Antonino em desespero.

Eles foram imediatamente cercados por todos os escravos e cozinheiros. Todos, exceto o escravo das orelhas furadas. Ele havia fugido. Antonino sacudiu seu amigo com veemência, repetidas vezes, mas não obteve resposta.

CAPÍTULO 7

PARA O SUL

Antonino ordenou que os ritos fúnebres de Zótico fossem realizados segundo a tradição grega, de acordo com os desejos da família do falecido. O corpo foi lavado, ungido com óleos e perfumes orientais, vestido com uma fina mortalha e colocado em uma cama alta na casa da tia de Zótico. Não apenas seus parentes e amigos, mas também as famílias mais proeminentes de Roma vieram para lamentar e prestar seus respeitos, pois souberam que o jovem havia alcançado o status de favorito da imperatriz durante o curto período de sua visita.

Antonino liderou a procissão – que começou antes do amanhecer – cercado por sua família e pela guarda pretoriana, com César visivelmente ausente. Os soluços altos e constantes da imperatriz podiam ser ouvidos a muitos *passūs* de distância. Em um determinado momento, ela não aguentou mais e desmaiou. Comazão se apressou para evitar que ela caísse no chão e a carregou em seus braços pelo resto da procissão. Seu corpo frágil, longo e fraco como uma folha de grama, não era pesado o suficiente para cansar os braços poderosos do general, que se sentia em uma espécie de transcendência triste. Embora o jovem fosse seu rival, ele não o desejava morto.

Uma hora depois, chegaram ao cemitério grego. Colocaram o sarcófago dentro do túmulo da família de sua tia, que era retangular e cercado por elaboradas colunas de mármore pintadas com cores vivas e estátuas funerárias. Antonino, que havia recuperado os sentidos, conseguiu ficar de pé com a ajuda de Comazão. Dois escravos carregaram a lápide, que continha uma escultura em grego comemorando os muitos feitos que o atleta havia realizado em sua pouca idade. A imperatriz soltou um suspiro quando a lápide foi colocada, como se parte de seu espírito também tivesse partido.

De volta ao palácio, Antonino avisou que iria para o seu quarto, dizendo que precisava dormir. Encontrou Hiérocles deitado na cama, vestido com uma túnica de seda púrpura, frouxamente amarrada por uma fita dourada.

— Você já terminou seu luto?

Antonino não respondeu. Trocou suas roupas por um roupão leve e se deitou na cama, sem dizer nada, a dois cotovelos de distância do marido, de frente para o lado oposto da cama.

— Sei que você está chateada por eu não ter ido. Por que eu iria? Sei que ele era seu amigo, mas nunca conheci o cara. — Ele fez uma breve pausa. — Além disso, você desenvolveu uma certa proximidade com ele. Isso não me agradava.

Antonino se virou furiosamente na cama para olhar para Hiérocles. – Então não posso ter amigos, é isso que César quer?

– Não é apropriado que uma mulher casada tenha amigos homens. Ela deve se dedicar somente ao marido.

– Assim como seu marido também deve ser dedicado a ela.

– Eu tenho outras coisas a fazer. Preciso lidar com os romanos. Não posso deixar assuntos importantes nas mãos dos senadores, que não passam de brutos incompetentes.

A imperatriz sabia que não venceria a discussão. Ela se desencorajou a tentar dormir e saiu da cama.

– Para onde está indo?

– Para onde eu deveria estar agora. Para o templo, para orar.

– Você vai orar para essa rocha ridícula?

Antonino ignorou a pergunta e continuou a se vestir.

– Volte – disse Hiérocles em um tom de comando.

A imperatriz se virou. Seu marido havia tirado o roupão e estava nu com uma enorme ereção.

– Essa é a única rocha que você deve adorar.

Antonino sentiu uma torrente de emoções contraditórias se apoderando dela. Por um lado, raiva, ódio, repulsa por seu marido ser uma fera tão vil e insensível. Por outro lado, as rédeas cruéis de uma devoção quase religiosa a puxavam indefesa em direção àquela cama. Era como se os momentos que ela vivera com Zótico tivessem sido subitamente varridos por uma tempestade feroz e jogados no rio Tibre. Ela subiu na cama e se curvou diante do poderoso membro que a havia penetrado tantas vezes. Demorou a cheirá-lo, como se quisesse se intoxicar com seu aroma. Apoiou os braços nas pernas poderosas do marido e lambeu as bolas do touro, saboreando o sal e, finalmente, levou o monólito à boca. Se concentrou apenas em dar prazer – pois naquele momento não podia senti-lo – e o marido gemeu com aquela voz doce que derretia sua força de vontade. Olhou para ele e o encontrou com os braços estendidos descansando nos travesseiros, com os olhos fechados de prazer. Em um momento, ela se esqueceu de Zótico, da procissão e dos ritos fúnebres; esqueceu-se de seu deus Heliogábalo, que estava esperando para confortá-la no templo; esqueceu-se do apoio amoroso de Comazão durante o luto; esqueceu-se de tudo e de todos que a tornavam humana, além de ser uma fonte de prazer para seu marido. Quando ele terminou, ela se perdeu no sabor e no cheiro do sêmen dele, engolindo-o como uma cura para suas tristezas. Lágrimas escorriam de seus olhos: lágrimas quentes e salgadas de gratidão ao marido, gratidão por lhe dar um motivo para continuar vivendo. Ela se aproximou mais dele e se aconchegou em seus braços.

Hiérocles a acariciou levemente, deixando o tempo passar, fazendo-a sentir que não havia mais nada no mundo além deles dois. Ela estava começando a adormecer quando ele se levantou, colocando-a cuidadosamente na cama, e andou pelo quarto em busca de vinho. À meia-luz, ela podia ver as magníficas feições do homem que era seu marido e seu mestre: as curvas de seus músculos – inchados por anos de condução de carruagens –, os pelos macios de suas enormes nádegas redondas e, acima de tudo, seu falo gigante, que mesmo quando enrugado mantinha sua magnificência divina. Ela se alegrava com seu tom de pele bronzeado, que tanto adorava, com os pelos esparsos, mas excitantes, em seu peito e com sua barba rala. Ela observou enquanto os lábios grossos dele bebiam de uma taça e ele se limpava com as costas da mão. Percebeu então que tudo o que havia experimentado com o jovem grego não passara de uma ilusão tola. Esse era o homem dela. Esse era o seu universo.

Hiérocles voltou para a cama com a taça e viu que a imperatriz estava acordada. Tomou outro gole. Alguns minutos se passaram em silêncio.

— Eu matei o Zótico.

A voz de Hiérocles ecoou em seus ouvidos como passos de elefante. Ele se levantou e esfregou os olhos inchados.

— O que você disse? — ela disse com a voz trêmula.

— Eu matei o Zótico. Eu o envenenei. Acho que você deveria saber.

Os lábios da imperatriz se curvaram em uma careta. Ela arrancou a taça da mão dele e a arremessou violentamente contra a parede, espirrando vinho na cama e no carpete. Gritou e bateu no peito dele com toda a sua força. Uivou até que Hiérocles a prendeu e tapou sua boca.

— Cale a boca. Cale a boca! — disse ele em um sussurro terrível, fazendo com que os olhos dela se arregalassem de horror. — Você, *domina*, estava se aproximando demais daquele homem. Você o levou para as corridas quando eu estava correndo; você se exibiu como uma prostituta com seu novo amigo na frente do mundo inteiro. Eu, César, nunca permitirei que minha esposa faça tal espetáculo de si mesma!

Nem por Hades, sua vadia imunda! – Ele soltou o aperto, fez com que ela o encarasse e a esbofeteou com uma mão de ferro.

A mandíbula de Antonino travou, impedindo-a de fechar a boca. Uma dor aguda atravessou seu peito. Ela se jogou na cama e, ofegante, tentou desesperadamente puxar as cobertas sobre si mesma em um ato pueril de autopreservação.

Hiérocles se levantou e vestiu sua túnica de seda. – De agora em diante, você falará somente com aqueles que eu aprovar! Nada mais de festas, nada mais de brincadeiras com jovens atletas. Você se comportará como uma esposa! Está me ouvindo? – ele berrou.

Ela não respondeu. Seu corpo estava tremendo incontrolavelmente.

– Perguntei se você estava me ouvindo!

– Sim – respondeu ela, sem fôlego.

– Bem – disse Hiérocles com um aceno de cabeça e saiu da sala.

Δ

Após a partida de Hiérocles, Antonino cumpriu suas intenções de visitar o templo. Comazão lhe ofereceu sua companhia. A imperatriz parecia cansada e fraca; ela mal havia se maquiado e, por um momento, parecia um menino novamente. Comazão relembrou o momento em que o viu se apresentar pela primeira vez no templo, ainda como «ele», com aquelas costeletas e bigode de rapaz, uma declaração de estilo, e como ele havia ficado encantado não apenas com seu traje marcante e seus movimentos sinuosos, mas, acima de tudo, com sua autoconfiança absorvente – confiança que agora era apenas uma vaga lembrança.

Comazão abriu a porta do templo. A *cella*, com suas superfícies encardidas e tapetes sujos, parecia abandonada e dilapidada, algo que teria sido impensável nos primeiros meses de seu reinado. Eles ficaram parados por um momento em frente ao altar. Antonino subiu os degraus e abriu as cortinas empoeiradas de veludo preto e dourado que cobriam a pedra negra. Voltou para Comazão e se ajoelhou diante do deus com as mãos levantadas, uma posição que ele nunca tinha visto antes. Comazão, embora não praticasse a curiosa fé oriental, sentiu a necessidade de se ajoelhar ao lado dela. Embora, por respeito à imperatriz, ele nunca tivesse expressado isso, o culto lhe parecia absurdo; era verdade que os deuses romanos também eram feitos de pedra, mas pelo menos eles tinham forma humana. Essa adoração de uma rocha ígnea sem forma não o atraía nem fazia sentido para ele.

Com os olhos cheios de lágrimas, Antonino se prostrou e suas lágrimas atingiram o chão de mármore. Eram uma mistura de arrependimento sincero por ter abandonado o deus por tanto tempo e também pela morte de Zótico, que, em sua mente, só poderia ser uma punição por sua infidelidade, mesmo que tivesse sido executada pelas mãos do marido dela.

Comazão olhou para ela naquele estado deplorável e se perguntou se havia algo mais, algo sinistro, levando Antonino ao templo naquela manhã. Será que Hiérocles tinha algo a ver com isso? Uma coisa era certa: desde que ela o conhecia, Antonino negligenciava o templo e seus deveres religiosos.

Depois de horas de orações sussurradas, lágrimas, prostrações e longos períodos com as mãos no ar, Antonino bateu no braço de Comazão , sinalizando para que fossem embora. Comazão havia fechado os olhos e quase adormecera; seus joelhos doíam para se levantar. Antonino fechou as cortinas do altar e eles deixaram o templo. Dessa vez não houve dança. Embora fosse certamente mais divertido quando a cerimônia assumia a forma de uma apresentação musical, essa parecia ser uma forma mais tradicional de adoração religiosa; algo que talvez pudesse tornar a adoração a Heliogábalo mais duradoura. Comazão não conseguia projetar em sua mente como grandes massas de pessoas das gerações futuras dançariam em volta de uma pedra como parte de uma liturgia.

— Sinto falta disso, sabe, de sair sem um monte de guarda-costas me seguindo. Sair com apenas um amigo – disse ela, pegando o braço do general no caminho de volta ao palácio.

Um amigo. Apenas um amigo. Ela havia deixado isso claro para ele naquele dia fora do Senado. No entanto, seus sentimentos por Antonino ainda não eram os de um amigo. Como isso poderia mudar? A atração dele começou naquele primeiro dia no templo. E depois da batalha na Síria, quando ele viu o imperador cavalgando com o sol nas costas, ele teve certeza de que Antonino estava destinado a ser o rapaz dele. O que ele viu era real ou apenas uma visão? Ele nunca saberia. Mas nunca perguntaria. Nunca ousaria tocar em um momento tão sagrado de sua vida.

– O senhor não vem cumprir seus deveres religiosos com a frequência que costumava, Excelência – disse Comazão.

– Isso é verdade – disse Antonino com um suspiro. – Eu deveria fazer isso novamente. É que, você sabe, os deveres e as obrigações de uma esposa às vezes atrapalham... E meu marido... – Ela hesitou por um momento. – Bem, alguém que a ama não quer vê-la no cenário... Ele a quer apenas para si mesmo.

Comazão pensou em como essas palavras soavam vazias e falsas.

– Sabe, Comazão, toda a minha vida me dediquei a servir a um deus, mas agora sei que, na realidade, tudo o que eu sempre quis foi servir a um homem.

Mas deveria ser o homem certo, pensou Comazão. *Se você me desse a oportunidade, eu estaria sempre ao seu lado e, ao contrário daquele homem vil, você não teria de me servir...*

Δ

Eles chegaram ao palácio ao pôr do sol.

– Obrigada por me acompanhar ao templo, Comazão. Agradeço-lhe sinceramente – disse Antonino, pegando-o pela mão.

– O senhor está bem?

– Sim, estou me sentindo melhor. Só preciso descansar. Quase não dormi na noite passada.

Comazão estava prestes a sair para a rua quando foi parado por Maesa.

– Posso falar com o senhor por um momento?

– É claro que sim, *domina*.

– Venha cá, vamos para a biblioteca.

A biblioteca era um dos cômodos do palácio que menos interessava a Comazão. Ele era um homem de ação, não de papiros. Ironicamente, parecia não haver mais ninguém no palácio que se interessasse por livros, exceto Maesa. Ela era uma leitora ávida e havia se certificado de que a biblioteca imperial tivesse cópias dos melhores pergaminhos de Alexandria e de outros centros de aprendizado.

Maesa ordenou que um escravo trouxesse leite quente e mel para os dois. – Por favor, sente-se, general.

O escravo logo voltou com as bebidas.

Maesa tomou um gole. Ela ficou olhando para Comazão pelo que pareceu ser uma eternidade.

Comazão sentiu uma pequena dor lancinante na cabeça. Ele sabia da seriedade de Maesa e não gostou da tensão que estava se formando na sala.

– O senhor está conosco desde o início. Na verdade, sem o senhor, meu querido Antonino nunca teria se sentado no trono. Foi o senhor, com seu amor e sua coragem, que venceu a batalha, enquanto todos os outros fugiram. É o único protetor do imperador em meio a uma matilha de lobos. E, recentemente, viu essa terrível situação se desenrolar diante de nossos olhos. Repetidamente, deixamos as coisas nas mãos do destino, mas agora estou convencida de que isso nunca terá fim se não agirmos.

– O que a senhora precisa?

– Temos que eliminar a fonte de nossos problemas de uma vez por todas.

Os olhos de Comazão se arregalaram. — Temos que nos livrar de César?

— Não o chame de César, por Heliogábalo. Essa besta não é digna de um título tão nobre. E sim, devemos eliminá-lo. É a única solução. Todos pensam que o império se tornou um estado sem cabeça. Sei que já tivemos essa conversa antes. Naquela época, o senhor me pediu para confiar na sorte e, como viu, a sorte está contra nós. Não vou mais tolerar isso.

— Pode ter certeza de que não gosto dele, *domina*. Não gosto dele de jeito nenhum. Mas removê-lo por meios ilegais seria traição. É o próprio imperador que deve tomar uma atitude.

— Se o senhor não estiver convencido de que esse é o único caminho — Maesa continuou, — tenho mais uma coisa para lhe dizer.

Comazão olhou para ela com atenção.

— Ele matou Zótico.

Comazão franziu a testa. — Como sabe?

— Ele ordenou que um escravo envenenasse sua bebida. O pobre coitado me confessou tudo e implorou para que eu não o executasse. Ele disse que não poderia recusar uma ordem de César. Salvei sua vida ao despachá-lo imediatamente.

— A senhora foi muito gentil. O imperador sabe o que aconteceu?

— Sabe. E não quer fazer nada. Conversamos longamente sobre isso esta manhã, antes de o senhor e ele irem ao templo, e ele usou todo tipo de desculpa para justificar isso, inclusive que a culpa era dele por não ser uma esposa fiel.

Está vendo do que estou falando, Comazão? Hiérocles, aquele monstro, tornou-se seu deus, substituindo o todo-poderoso Heliogábalo!

Comazão entendeu o ponto de vista de Maesa. De certa forma, ele concordou. Sim, Hiérocles era o marido legal do imperador, mas ele havia traído sua posição de consorte e tomado o poder pela força de sua persuasão. Esse assassinato lhe deu um motivo válido para prosseguir. Assassinato era algo que nem mesmo César deveria ser capaz de cometer. A lei e a ordem eram o que mantinha o império inteiro.

— Deixe isso comigo, Augusta — disse ele, levantando-se e deixando a xícara de leite sobre a mesa.

Maesa assentiu com um sorriso. Quando Comazão saiu, ela ficou sentada, pensando. Quando o general se livrasse do porco, ela teria de voltar ao trabalho imediatamente. Antonino ficaria arrasada e ainda mais incapaz de desempenhar o papel de imperatriz. Isso lhe daria a oportunidade de governar mais abertamente e trazer a tão necessária estabilidade para Roma. Por enquanto, ela só precisava esperar e estar pronta.

Δ

Naquela noite, Hiérocles havia saído para uma festa com seus amigos na cervejaria de sempre. Ele não se importava em deixar uma esposa solitária em casa: bebidas ilimitadas com seus velhos camaradas eram infinitamente mais agradáveis do que ouvir os soluços de uma mulher desequilibrada. Comazão o seguiu e se sentou em um canto do bar. Como era incomum que um romano puro-sangue – muito menos o prefeito do pretório – visitasse uma cervejaria, o taberneiro assumiu que ele estava de serviço para cuidar da segurança de César e lhe ofereceu bebidas gratuitas para a noite. Além disso, ele gostava de ter o lendário general por perto.

– Gosto desse César – disse o cervejeiro enquanto lhe servia uma de suas melhores cervejas. – É um homem do povo, um de nós. Não mudou nada desde que chegou ao poder. Além disso, é muito generoso. Em todos os jogos, há presentes para o povo e distribuição de grãos e carne. Ele até criou uma loteria. Conheço alguns sortudos que ganharam moedas de ouro com sua efígie. A maioria deles nem quer gastá-las, para poder guardar uma lembrança de seu belo rosto. É uma loucura, o senhor não acha?

Comazão olhou para o homem e tomou um gole de sua cerveja – que achou nojenta – sem dizer nada. O cervejeiro, como a maioria das pessoas, não sabia que a generosidade vinha do próprio imperador, e não desse palhaço. Hiérocles simplesmente atribuiu o fato a ele.

Comazão continuou a examinar o comportamento de Hiérocles durante a noite. O viu rindo escandalosamente, cantando músicas estúpidas de circo, abraçando e beijando seus amigos; ele estava realmente se divertindo, enquanto Antonino estava sozinha em casa, chorando, pensando nele. Maesa estava certa: alguém tão desprezível tinha que ir embora. E, no entanto... havia algo nele, uma aura de irresistibilidade que fazia Comazão desejar que ele ficasse. Por quê? Afinal de contas, ele estava fodendo o imperador de mais maneiras do que literalmente. Ele era uma verdadeira vergonha para Roma e seu povo. Comazão o queria fora do poder, mas não longe. Tomou um segundo gole. E um terceiro. Perdeu a conta de quantos copos de cerveja bebeu durante a noite. De alguma forma, o sabor ficava melhor a cada gole. Finalmente, depois de um tempo, com a visão embaçada, ele percebeu que Hiérocles havia se levantado e aparentemente estava se despedindo de seus companheiros. Se levantou e o seguiu a uma distância segura. Do lado de fora, quando Hiérocles estava prestes a entrar em sua carruagem, o general veio por trás dele e colocou a mão em seu ombro.

— Comazão — disse Hiérocles, assustado. — O que você está fazendo aqui?

— Cuidar de você, Vossa Alteza.

— Não precisava fazer isso, meu homem. Eu estava entre amigos. Ninguém ousaria me machucar aqui.

Comazão se apoiou pesadamente em Hiérocles, passou o braço por seu ombro e o empurrou desajeitadamente para longe da cervejaria.

— O que está fazendo? Temos de voltar ao palácio. Venha, Comazão, você pode ir comigo em minha carruagem.

Comazão continuou a arrastá-lo até que ambos entraram em um beco cavernoso, iluminado apenas por uma tocha distante. Empurrou Hiérocles contra a parede, prendendo-o pelos ombros, e ficou a polegadas de seu rosto, com seu hálito alcoólico misturando-se ao do consorte. Olhou profundamente nos olhos verdes claros dele.

— Por que matou Zótico? — disse ele com sua voz rouca.

Hiérocles fez uma careta. Ele franziu a testa nervosamente. – Do que está falando?

– Não precisa negar. Só precisa me dizer por que fez isso.

Hiérocles olhou para um lado. Seu peito pesava para cima e para baixo, convulsionado pela respiração agitada, e seus batimentos cardíacos trovejavam com a força de um terremoto. Olhou de volta para Comazão com terror em seus olhos. – Minha esposa estava me traindo com ele! Qualquer homem com um mínimo de honra teria feito o mesmo que eu.

– Os homens não envenenam. Isso é coisa para covardes. Os homens matam com suas espadas – disse Comazão, desembainhando seu *gladius*, com o aço polido brilhando à luz da tocha.

– Largue isso, general. O que acha que está fazendo? Se você... abaixar isso e me deixar ir, talvez eu possa lhe explicar.

Comazão embainhou sua espada novamente.

– Eu... eu amo minha esposa; não suportaria vê-la com aquele homem! Eu os descobri nos banhos, tão próximos um do outro... e isso me machucou. Me machucou tanto que não pude suportar!

– Mesmo assim, esse não é um motivo suficiente para cometer um assassinato.

– Comazão, seja razoável! Além disso...

– Além disso, o quê?

– Eu também fiz um favor a você!

Comazão se afastou, franzindo a testa. – Você me fez um favor? – disse ele, apontando para si mesmo.

— Se você diz que é a hora da verdade, então deve ser para nós dois. Não pense que não sei de seus sentimentos pela imperatriz. Você a ama, sempre a amou. Superprotetor, sempre ciumento; minha presença o incomodou desde o primeiro dia, não negue. Você a queria só para você, não é? Foi por isso que você a colocou no trono, para poder ficar perto dela. — Ele sorriu. — Está vendo como sou bom em amarrar as coisas? Agora, pelo menos, as coisas voltaram ao que eram: eliminei um rival para nós dois!

Comazão balançou a cabeça, como se estivesse tentando verificar se não estava tendo um pesadelo.

— Como prova de boa vontade, eu lhe faço uma oferta — continuou Hiérocles. — Posso compartilhá-la com você. Pegue-a quando quiser. Eu não poderia compartilhá-la com aquele cara, mas com você... com você é diferente.

— Não tente zombar de mim, seu tolo — rugiu Comazão. — Um assassino deve pagar por seu crime! — disse ele, colocando a mão de volta no punho da espada.

— Espere! Espere! Há outra coisa que você quer! Eu sei! Algo que você quer muito. — Hiérocles se virou, desamarrou a toga, levantou a túnica, abaixou as calças e mostrou sua bunda volumosa e peluda para Comazão. — Você quer me foder? É isso que você quer, não é? Então me foda! Faça isso!

Comazão congelou, atordoado, perdendo o equilíbrio a ponto de deixar cair a espada. Ele tocou sua virilha e sentiu seu pênis duro; seu coração estava bombeando sangue em um ritmo vertiginoso. Seu corpo gritava para que ele não perdesse essa oportunidade única. Ele odiava aquele idiota, mas uma força impossível o estava puxando em direção ao auriga. Ele não podia voltar atrás. Sua carne estava queimando. Ele tinha que foder aquela bunda.

Comazão abaixou as calças, levantou a túnica e, depois de uma cusparada impensada, enfiou-se sem piedade no orifício masculino em um único golpe.

– Arghh! Cuidado, seu idiota! É a minha primeira vez!

Mas Comazão não se importava. Ele continuou a empurrar o orifício ávido, libertando-se não apenas de todo o ódio e desprezo, mas também do desejo, da ânsia esmagadora que havia dominado seu interior por tanto tempo. Ele não se importava com o belo rosto de Hiérocles ou com seu enorme pinto; naquele momento, tudo que eu queria era destruir a bunda dele. Fazê-lo pagar por seu crime, de alguma forma.

Hiérocles, por sua vez, queria um pau há muito tempo – desde que chegara a Roma –, mas não havia encontrado um cara digno de enfiá-lo nele. Ele também sentia um forte desejo pelo general desde aquele primeiro encontro na piscina; eles poderiam ter transado como touros naquele dia, se ele já não tivesse um encontro com o imperador. «Negócios em primeiro lugar» sempre foi sua regra. No entanto, naquele momento, independentemente das circunstâncias, ele estava finalmente experimentando ter um pinto gordo dentro dele, e não poderia se sentir melhor. Ele adorava a sensação de plenitude e duvidava que nenhum outro pênis pudesse satisfazê-lo daquela maneira.

Comazão ainda estava batendo sem parar, ofegante, suando, recuperando momentaneamente a consciência após a bebedeira de cerveja. Sem nenhum amor no meio, ele finalmente estava fodendo a bunda de cabelos dourados; ele finalmente estava montando o unicórnio. Ele acariciou as bolas de Hiérocles e cheirou sua mão. A onda de excitação deixou seu pênis mais duro do que aço e tornou a sensação de foder ainda mais divina.

Quando chegou a hora de terminar, ele tirou o pênis da bunda e o puxou vigorosamente. Ele derramou a semente no tufo de cabelo que o auriga tinha acima de sua fenda, contaminando-o como o prostituto barato que ele era. Grunhindo e tentando recuperar o fôlego, Comazão amarrou as calças às pressas e pegou a espada do chão antes de sair. Ele não se importava se um bandido aparecesse agora e acabasse com o consorte; ele estaria fazendo um favor a todos.

Hiérocles ficou tremendo, encostado na parede suja. Ele deslizou lentamente até o chão, sujando o rosto com lama. Sua cavidade masculina latejava com uma mistura de prazer e dor que ele nunca havia imaginado ser possível. De repente, uma onda de medo atravessou seu corpo como um raio. Ele se lembrou de onde estava; tinha que sair dali o mais rápido possível.

Δ

Nas primeiras horas da manhã, Antonino andava nervosamente pelos salões e corredores do palácio. Em suas andanças, ela esbarrou em sua avó, assustando-a.

— Você viu meu marido hoje? Ele não veio dormir.

Maesa se esforçou para conter um sorriso. — Não, eu não o vejo desde... bem, na verdade, faz um tempo desde a última vez que o vi. Você sabe que eu e ele não nos falamos muito, certo?

– Estou preocupada, vovó! Onde está o Comazão? Ele deveria ir procurá-lo.

– Eu também não o vi. Você sabe que ele geralmente está acordado a essa hora do dia.

– Nesse caso, eu mesma vou sair e procurá-lo – disse Antonino, ansiosa.

– Não recomendo que você faça isso. Você conhece seu marido melhor do que eu. Ele provavelmente está em uma festa e dormindo em algum lugar. Eu não me preocuparia. Por que não se junta a mim no tricô?

Antonino revirou os olhos e saiu.

Maesa estava a caminho da cozinha para pegar algo para beber quando os guardas anunciaram a chegada de um mensageiro. Ela pediu que o deixassem passar. O homenzinho lhe entregou um pequeno bilhete, que ela leu com interesse, e depois voltou correndo para seu quarto.

No bordel mais famoso da cidade, Lúcia ia à recepção, assustada, falar com Lucrécia, a proprietária do estabelecimento.

– Como ele está? – perguntou a *domina*.

– Ainda está dormindo. Não acordou desde a noite passada.

No frenesi louco de tentar fugir do beco onde Comazão o havia deixado, Hiérocles chegou ao bordel antes do amanhecer, mal consciente devido à exaustão e à embriaguez. Como de costume, ele foi conduzido por Lucretia ao quarto de Lucia, mas dessa vez ele não estava procurando por sexo. Ele desmaiou assim que chegou à cama.

– Algo está me incomodando – continuou a jovem. – Ele tem se revirado na cama enquanto eu estava dormindo e deixou sangue nos lençóis.

– Está ferido? Alguém pode tê-lo atacado.

– Não vi nenhum ferimento. Na verdade, parece que está saindo sangue de suas nádegas – disse a garota, um pouco envergonhada.

Lucretia franziu a testa. Ela ficou em silêncio por um minuto. – Continue observando-o. Não o acorde, mas fique de olho caso ele precise de ajuda.

– Eu vou, senhora.

Δ

Algumas horas depois, Maesa atendeu ao pedido do senador Júlio Paulo para encontrá-lo em sua *domus*. Ela chegou bem a tempo para o *ientaculum*.

– Oh, *Clarissima*, obrigado por nos honrar com sua presença – disse o senador, com um beijo. Sua esposa também se aproximou para cumprimentá-la. – Por favor, junte-se a nós, espero que ainda não tenha tomado o *ientaculum*.

– Não tenho; vim com a maior pressa assim que recebi sua mensagem.

– E eu certamente agradeço – disse Paulo.

Eles começaram discutindo os vários problemas enfrentados pelo império, mas não demorou muito para que o verdadeiro tema da conversa surgisse.

— E quanto ao cocheiro — disse Paulo inquieto, — a senhora já pensou em uma estratégia para que possamos... colocá-lo fora de ação, por assim dizer?

— De fato, sim — disse Maesa, espalhando seu pão com geleia de frutas. — De fato, podemos receber notícias favoráveis durante o dia. Ele não dormiu no palácio na noite passada — disse ela com uma piscadela.

Paulo assentiu com o cenho franzido. — Interessante. Mas talvez pudesse ser uma de suas saídas noturnas, não acha?

— É possível. Mas o Comazão também ainda não apareceu para trabalhar. E isso pode ser um bom indício de que minhas suspeitas estão certas.

— O que ele tem a ver com isso?

— Pedi a Comazão... que resolvesse o problema com suas próprias mãos. Com certeza o senhor sabe o que quero dizer.

— Acho que sim — disse Paulo, limpando a boca com um guardanapo. — Mas o homem é um verdadeiro crente no Estado de Direito. Eu já havia feito esse pedido com uma oferta que achei que seria irresistível... mas ele recusou terminantemente.

— Ele é um cara especial. É preciso saber como abordá-lo. Acredite em mim, dessa vez eu lhe dei motivos mais do que suficientes para agir.

— Há uma coisa que acho que a senhora deve saber sobre o Comazão, querida Maesa.

Ela olhou para ele atentamente.

– Bem, eu realmente não sei como dizer isso. É um assunto embaraçoso para nossa família... Tentarei ser breve. Sabe, queríamos que o general cortejasse nossa filha com o objetivo de se casar, mas... ela descobriu, nas circunstâncias mais horríveis, que o general prefere...

– Prefere...

– Ele prefere companhia masculina – disse Paulo, quase sem fôlego.

– Oh – disse Maesa, fingindo surpresa, – sinto muito pelo que sua filha teve de passar, mas... acho que isso não tem nada a ver com o que eu pedi para ele fazer. – Ela fez uma pausa. Pensando bem, tinha.

– Espero que seja isso mesmo. Mas a senhora tem um segundo plano, caso as coisas não saiam como esperado?

– Vejamos. Suponhamos que, por qualquer motivo, Comazão não quisesse ou não pudesse se livrar do cocheiro... de que outra forma poderíamos tirar Hiérocles do caminho?

– Talvez possamos tentar usar veneno?

– Isso é muito antiquado. Além disso, acabamos de ter um envenenamento no palácio, então não acho que seja sensato ter outro, mas... – Os olhos de Maesa brilharam.

– O que está pensando, Augusta?

– É absurdo que eu não tenha pensado nisso antes!

– Deixa-me na dúvida, minha querida.

– Não importa. Ainda tenho que resolver os detalhes. E esperar o momento certo. Mas é uma ideia brilhante que resolveria tudo!

Sua ideia, se executada corretamente, de fato resolveria tudo. Para começar, ela tinha de escrever uma carta. Uma carta muito importante para um lugar muito distante. E então, ela tinha que trabalhar com o Comazão. Ou melhor, *no* Comazão.

Δ

O dia inteiro se passou e, ao anoitecer, Hiérocles finalmente abriu os olhos. Ele se sentia como se um elefante tivesse passado por cima dele. Sua cabeça era um vulcão em erupção, seus ossos e músculos estavam doloridos e ele sentia uma estranha dor latejante na bunda. Então ele se lembrou. Comazão. Aquele filho da puta tinha pegado o que ele queria e o deixou para morrer. Mas que boa foda ele havia lhe dado. Ele lambeu os lábios, mas eles estavam secos.

– Água! – gritou assim que se deu conta de onde estava.

Lucia entrou na sala, assustada.

– Meu senhor! Estou muito feliz por você ter acordado. Eu temia que você morresse.

– Por que você não chamou o médico, se estava com tanto medo? – disse Hiérocles, recuperando gradualmente sua arrogância.

– A *domina* me pediu para esperar.

Hiérocles deu um tapinha na cama. Ela se sentou e ele se levantou ligeiramente para acariciar seus longos cabelos negros.

– Você é uma mulher tão doce e bonita. Sinto muito por não ter podido agradá-la ontem à noite.

Ela sorriu e começou a brincar de forma coquete com seu cabelo. – Você ainda pode fazer isso hoje à noite, se quiser.

— Duvido. Estou me sentindo péssimo. Estou surpreso por não estar morto.

— Alguém o atacou ontem à noite, César?

Hiérocles ficou surpreso com a pergunta. — O que você quer dizer com isso?

Ele lhe mostrou os lençóis manchados.

— Por Baco! — exclamou ele, tentando encontrar uma resposta rápida. — Sim... Sim! Foi assim mesmo! Eu quase não me lembrava. Um bandido me atacou quando eu estava tentando voltar para o palácio. Mas eu revidei e dei ao bastardo a surra que ele merecia!

— Posso ver suas feridas? Posso lavá-las e...

— Não! — disse Hiérocles, mudando instantaneamente sua expressão assustada para um sorriso. — Estou bem. Tenho certeza de que já está curado. Foi apenas superficial.

A mulher sorriu e acariciou sua barba desgrenhada.

— Você mudou totalmente meu humor. Podemos nos divertir hoje à noite, se você ainda tiver tempo.

— Tenho todo o tempo do mundo para César. Esta noite, serei sua imperatriz!

Hiérocles riu alto e a beijou. — Muito bem, minha rainha, mas onde está minha água?

Algumas horas depois, um visitante surpresa chegou ao bordel.

— Excelência! — disse Lucretia, surpresa. — Estamos muito honrados com a sua presença, mas gostaria que tivesse nos avisado com antecedência para fazermos os preparativos de acordo com Vossa Senhoria!

— Meu marido está aqui?

— César? Eh... uhm...

Uma das garotas mais jovens olhou para o chão e revelou a resposta.

— Onde ele está? Quero vê-lo agora! — disse Antonino, entrando correndo na loja.

— Imperatriz! Por favor, espere! — gritou Lucrécia, correndo atrás dela.

Antonino andava de um lado para o outro nos corredores, vasculhando cada compartimento, abrindo ruidosamente as cortinas de contas, assustando as mulheres que estavam lá dentro. Então, ela ouviu ruídos. Os gemidos agudos de uma mulher e os grunhidos profundos de um homem. Abriu as cortinas. Lá estava César, deitado na cama com uma mulher voluptuosa montada em seu pênis. Suas mãos estavam entrelaçadas, e ela se movia com um ritmo cadenciado que Antonino gostaria de ter aprendido durante o tempo em que passou no *lupanar* de Plautina. A prostituta olhou para trás e cobriu os seios, dando um grito de pavor. César também olhou para a intrusa. Seu sorriso nem sequer desapareceu. Antonino bateu as cortinas de miçangas contra a parede e correu o mais rápido que pôde.

— Ela vai superar isso — disse Hiérocles. — Não vamos estragar a diversão.

Lucia retomou lentamente seus movimentos. O pênis de Hiérocles não havia perdido sua rigidez.

Antonino vagava sem rumo pelas ruas desertas. Ela havia escapado do palácio sem guardas, especialmente porque

Comazão não estava em lugar algum. Não procurou abrigo em meio à tempestade violenta. Parou em uma esquina e chorou alto, como uma alma penada; era o grito da própria Roma, o grito de uma mulher apunhalada pelas costas. Correu e parou. Sentou-se nas calçadas sujas, deixando que seu manto branco se tornasse um trapo enlameado. Chorou na chuva até que a maquiagem escorresse de seu rosto. Então, com os olhos inchados e vazios, decidiu voltar ao palácio. Só restava uma coisa a fazer.

Deitado na cama, Comazão acordou de repente, nu e com uma forte dor de cabeça. Ele se levantou, olhou pela janela e viu a tempestade furiosa. Estava confuso: era a mesma noite ou ele havia dormido um dia inteiro?

Acendeu uma vela e viu seu uniforme caído no chão e sua espada ao lado dele. Ele a pegou. Não havia sangue nela; pelo menos não havia matado ninguém. Se lembrou de algum tipo de briga. Tocou suas bolas e sentiu uma leve dor. Em seguida, cheirou sua outra mão, que ainda emanava um aroma poderoso, doce e lascivo. Hiérocles. Que droga. Se deleitou com a sensação de penetrar naquela bunda virgem. *Uau.* Fazia muito tempo desde a última vez que ele havia deflorado uma bunda. Aqueles garotos do exército não eram exatamente virgens quando se juntaram à legião, muito menos os prostitutos que ele tinha conseguido na rua. Ele deve ter ficado muito bêbado na cervejaria na noite anterior. Mas se havia dormido o dia todo, por que ninguém o havia procurado? Agora não era hora de se apresentar no palácio, certamente seus homens já estavam de guarda. *Isso não é como você, Comazão, que porra está acontecendo com você!*

Enquanto isso, Antonino estava de volta ao palácio. Se dirigiu aos banhos imperiais, tirou o manto encharcado e mergulhou na água. Estava fria, mas não se importou. Se lembrou da última vez em que estivera lá com Zótico, da maciez da pele dele, de como tinha sido bom quando ele acariciou a bunda dela com a cabeça do pênis. Percebeu então que só havia uma maneira de se vingar do marido.

Se secou e procurou roupas novas. Escolheu uma linda estola amarela que não usava há muito tempo. Passou um pouco de maquiagem. Depois, um pouco mais. E ainda mais. Pintou seus lábios de vermelho rubi. Os lambeu. Colocou uma grande peruca amarela e uma guirlanda de flores nela. Quando estava pronta, saiu do palácio pela porta da frente. Se os guardas se assustaram com sua presença, não o demonstraram.

Ela desceu as escadas alegremente, pulando e dançando como nos bons velhos tempos, quando costumava louvar Heliogábalo. Logo, uma multidão de espectadores, em sua maioria bandidos e criminosos, se reuniu para observá-la. Para alguns, Roma era realmente uma cidade que nunca dormia.

— Quanto por uma noite? — gritou um deles.

Antonino aproximou-se dele e puxou a gola de sua túnica.

— Quanto você tem?

Exclamações de espanto foram ouvidas dos outros.

– Eu tenho isto – disse o homem, mostrando-lhe alguns denários.

Antonino arrancou-lhe o dinheiro, agarrou-o pela mão e o conduziu pelas escadas até o palácio. Ordenou que os guardas abrissem os portões.

Os curiosos ficaram do lado de fora, esperando para ver o que aconteceria. Cerca de meia hora depois, as portas se abriram novamente. O homem saiu em uma atitude triunfante, com os punhos no ar, balançando a pélvis obscenamente, com Antonino atrás dele, soprando um beijo ao vento. Os espectadores explodiram em aplausos.

– Eu tenho dez sestércios – disse outro homem.

Antonino fez um sinal com o dedo indicador para que ele entrasse. Vinte minutos depois, estava fora. Mais alguns homens entraram e saíram antes que outro chegasse, vestindo uma toga suja e desgrenhada e cheirando a suor e perfume barato. Era César.

– Que porra está acontecendo aqui? – ele gritou. – Saiam, antes que eu mate todos vocês!

Os homens se dispersaram, expressando sua decepção. Hiérocles ordenou que os guardas abrissem as portas e caminhou com determinação pelo corredor até o quarto imperial. O que ele viu quase o fez engasgar. Havia um homem de pé, ainda com sua túnica, penetrando Antonino, que estava deitada na beira da cama com as pernas abertas.

– Que porra é essa? – ele latiu. Rapidamente pegou um punhal que estava no criado-mudo.

O homem em pânico mal havia amarrado as calças quando foi esfaqueado no peito por Hiérocles, cujo rosto estava desfigurado pela raiva.

Hiérocles deu alguns passos em direção a Antonino, jogando o punhal na cama. Ele a encarou por um momento antes de lhe dar um soco no rosto. A agarrou pela garganta e a jogou no chão. Em seguida, bateu nela novamente. De novo e de novo. Os gemidos de dor podiam ser ouvidos até a entrada principal, mas nenhum dos guardas levantou um dedo. Ele a golpeou no rosto, no estômago e a chutou quando ela tentou se enrolar em uma bola.

— Não acredito que você teve a audácia de trazer a escória das ruas para esta cama, a minha cama! Eu deveria quebrar seus ossos — disse ele, enquanto a puxava com força pelo braço, causando-lhe fortes dores, e a jogava na cama.

— Você fez isso primeiro! — gritou ela ao se sentar, com a saliva escorrendo pelos dentes e as lágrimas inundando seus olhos. — Você foi o primeiro, você foi àquele lugar imundo para transar com outra mulher! Uma mulher!

Ela pegou o punhal e o apontou para o coração dele. Ele agarrou sua mão com força, fazendo-a largar a arma.

Hiérocles assentiu com a cabeça, o rosto trêmulo e os olhos arregalados de raiva. — Sim, eu o fiz. E sabe por quê? Porque sou um homem. Tenho as necessidades de um homem. Você não é mulher o suficiente para mim, sua aberração! — disse ele, dando-lhe um tapa. Ele agarrou com força seu pênis flácido e suas pequenas bolas. — Está vendo isso? Eu não gosto. Quero uma buceta de verdade. Você deveria cortá-los ou um dia desses eu mesmo farei isso! – disse ele, empurrando-a. Ele saiu correndo do quarto. Antonino estava deitado na cama, com o nariz e a boca sangrando, incapaz de controlar o violento tremor de seu corpo. Aquelas palavras a magoaram profundamente. Se sentiu como uma marionete, como a vítima de uma fraude. A frase *você não é mulher o suficiente* ecoava incessantemente em seu cérebro, como o eco de uma caverna. Ela tapou os ouvidos para tentar parar de ouvi-la.

Ela ficou encolhida dentro do edredom até o amanhecer. Tremia, mas o quarto não estava frio. Depois de um tempo, pôde ouvir o canto dos pássaros do outro lado da janela. Se levantou abruptamente e vestiu o primeiro roupão que encontrou. Tocou o rosto, que estava sensível e inchado. Saiu do quarto e correu para a rua, na direção do templo de Heliogábalo. Ficou olhando para o pilar, de onde anos atrás havia distribuído presentes para seu povo no êxtase da consagração. Pensou em escalá-lo e se jogar dele, em mergulhar na beleza e na magnificência de Roma, dando um fim adequado à sua sensibilidade artística ao contemplar uma última e transcendental vez os arcos triunfais, as habitações imperiais, os vastos pórticos e as ruas sinuosas.

Enquanto ela ponderava sobre essa possibilidade, os comerciantes chocados e os compradores do fórum se reuniram ao seu redor, gritando exclamações. Ela mudou de rumo e caminhou entre eles, empurrando-os para o lado, em direção a uma das casas no centro da cidade. Chegou à varanda e bateu com força na maçaneta da porta. Depois de alguns instantes, um escravo apareceu.

– Quero ver o médico – disse Antonino.

– Em seguida, *domina* – disse o escravo, reconhecendo-a imediatamente. Ele a conduziu para dentro.

O médico, vestido com um roupão simples, chegou alguns minutos depois.

– Por Vênus, minha senhora, o que aconteceu?

– Tenho apenas uma pergunta para você.

– Qual é?

– Pode fazer uma vagina para mim?

Δ

Horas depois, Maesa entrou furiosa no quarto de Antonino. Encontrou a imperatriz enrolada na cama, com as mãos agarradas aos lençóis que mal cobriam seu corpo.

– Você é uma desgraça – ela gritou. – Realmente vai deixar que esse homem a trate assim?

Antonino soluçou sem dizer nada.

– Você é a imperatriz de Roma! Olhe para si mesma – disse ela, segurando um espelho no rosto dele para que Antonino pudesse ver seus olhos negros. – Veja o que esse homem que você chama de marido fez! É assim que você quer aparecer em público? Como uma – ela lutou para pronunciar a palavra – «esposa» maltratada?

– Como uma esposa dedicada, que é o que eu sou! – gritou Antonino. – Como uma mulher apaixonada, repreendida pelo marido quando precisa. Além disso, ele é de Caria, e todos os carios são espancadores de esposas!

Maesa balançou a cabeça em descrença. – Você enlouqueceu. Ficou completamente louca. O médico já me disse por que você foi vê-lo. Eu deveria prendê-la pelo resto de sua vida!

– Meu marido nunca permitirá isso!

– Veremos – disse ela, saindo do quarto. Ela parou e a encarou novamente. – Se você ainda tem algum respeito próprio e respeito por si mesma e por Roma, deixe-o! Divorcie-se dele!

– Nunca deixarei meu marido! Vá embora! Vá embora e me deixe em paz!

Ele saiu. Lá fora, encontrou Comazão. – Oh, general! Finalmente! Onde estava? Preciso falar com o senhor imediatamente! – disse ela com raiva.

Soémia apareceu correndo, quase sem fôlego. Ela olhou para Maesa e Comazão com olhos preocupados, mas não disse nada. Entrou no quarto de sua filha e se sentou ao lado dela. Ele a viu triste e desamparada e começou a passar os dedos pelos cabelos dela.

– O médico também foi informá-la sobre mim? – disse Antonino, sem olhar para ela.

– Sim, minha querida. É natural que ele faça isso.

– Por que ninguém me trata como um adulto? Sou capaz de tomar minhas próprias decisões! Não sou a governante do mundo?

– Sim, você é a imperatriz de Roma, mas também é muito jovem e há certas coisas sobre as quais deve pedir conselhos aos mais velhos.

– Não preciso de conselhos para saber o que sou! – disse Antonino, levantando-se e olhando para a mãe. – Sou uma mulher e como mulher quero viver!

– Não apoiei você desde que tomou essa decisão? – disse Soémia, calmamente. – Não posso dizer que a entendo completamente, mas estou aqui para você, minha querida. Por que não me disse o que queria fazer?

– Porque você pensaria que estou louca! – disse Antonino, soluçando.

– Não, claro que não. De jeito nenhum. Mas o médico já lhe disse: esse procedimento não é possível; você só se machucaria e morreria... ninguém jamais fez algo assim.

– Os homens têm suas bolas cortadas o tempo todo. Você deveria saber disso.

Soémia respirou fundo para tentar manter a calma. – Perder os testículos não fez de Gânis uma mulher, não é mesmo? – disse ela finalmente.

Antonino lançou um olhar de súplica para sua mãe.

– Ouça-me, minha querida. Ser uma mulher é muito mais do que ter uma vagina; ser uma mulher é um estado do espírito, da alma... é uma maneira de ver e experimentar a vida. Você não precisa de cirurgia para viver como uma mulher, para ser uma mulher... apenas siga seus desejos e faça as coisas que deseja fazer, liberte-se, minha querida... e seu espírito conhecerá o caminho.

Antonino abraçou sua mãe com força e soluçou.

— E também desejo que você se livre desse homem.

Antonino a soltou e olhou para ela intensamente. Ela enxugou as lágrimas. — Não posso deixá-lo ir. Não posso, mamãe. Eu o amo demais; eu o amo até os ossos... Se ele fosse embora, eu não teria mais uma razão para viver!

— Você tem a mim, a sua avó, que, por mais severa que pareça, a ama profundamente... você tem um império com milhões de almas para cuidar, mas o mais importante... você tem a si mesma, minha querida, você deve viver para si mesma em primeiro lugar...

— O que há de errado com uma pequena surra? Meu pai também costumava bater em você e você nunca reclamou.

Soémia ficou em silêncio por um minuto, pensando no que dizer. De repente, ela se deu conta do mau exemplo que havia dado à sua filha, embora naquela época, é claro, ela a considerasse um menino.

— Ouça, querida, é diferente...

— Por que é diferente, porque você é uma mulher de verdade e eu não? É isso que você realmente pensa, não é?

— Não, minha querida, eu lhe garanto...

— Por favor, vá embora, mãe. Não minta para mim. Não finja que me entende, porque não entende! — disse Antonino, levantando-se e desviando o olhar. — Deixe-me em paz! Preciso ficar sozinha!

Com o rosto desolado e os olhos cheios de lágrimas, Soémia deixou a sala.

Maesa e Comazão entraram no *tablinum*.

— Tive alguns problemas ontem — disse Comazão, desculpando-se, — e só vim ver se o imperador está bem.

— Ele não está bem... é claro que ele não está bem! — disse Maesa, mostrando-lhe uma cadeira.

Ambos se sentaram.

— O que eu disse ao senhor, Comazão?

O general olhou para baixo. — Eu não sabia que eram ordens.

— A incompetência neste palácio é inacreditável. Onde o senhor foi ontem à noite em vez de cumprir suas obrigações? Na verdade, onde esteve desde a última vez que o vi?

Comazão tentou falar, mas não encontrou palavras. Ele não estava preparado para enfrentar Maesa com raiva naquela manhã.

— Sim, eu sei, tenho certeza de que o senhor esteve bebendo. Tem um problema com o vinho, Comazão, e precisa acabar com isso! Está prejudicando seriamente o seu trabalho.

— Eu fui a uma cervejaria; não nego. Mas não pelo que a senhora pensa. Hiérocles estava lá, e eu o observei, mas...

— Mas...?

— Mas é verdade, eu bebi demais e não estou acostumado a beber cerveja. Depois, perdi o rastro dele. Achei que ele tinha voltado para o palácio, então voltei para casa.

— Bem, ele não fez isso! Ele não apareceu o dia todo ontem, então pensei que o senhor tinha feito seu trabalho. Como eu estava errada. Ele estava em um bordel enquanto o senhor cuidava da sua maldita ressaca!

Em um *lupanar*? Como ele tinha energia para o sexo depois do que havia acontecido entre eles? Bendita juventude! Um sorriso se espalhou por seu rosto ao se lembrar do encontro deles.

— O que é tão engraçado, general?

— Nada, Augusta. Eu estava pensando em como ele conseguiu ter vitalidade para esse tipo de atividade depois de uma bebedeira dessas.

— E isso não é o pior de tudo.

Ela lhe contou tudo sobre como Antonino havia descoberto seu marido e o que havia acontecido depois. A imperatriz confessou tudo ao médico, que, por sua vez, informou Maesa em detalhes.

Enfurecido, Comazão se levantou de sua cadeira. — Vou matar esse bastardo agora mesmo!

— Calme-se, Comazão. Já falhou uma vez. Há algo melhor que pode fazer. — Ela cruzou as mãos e o encarou. — Por que o senhor não... demonstra seu amor pelo imperador de forma definitiva?

O coração de Comazão deu um salto. Ele já havia desistido da possibilidade de se aproximar de Antonino. Havia tentado enterrar seu amor, mas, no fundo, uma pequena vela de esperança permanecia, lutando por um sopro de ar para mantê-la viva.

— Ele precisa de todo o apoio que puder receber neste momento, e quem melhor do que alguém que o amou em silêncio todos esses anos? — Ela se levantou e se aproximou dele por trás, colocando as mãos em seus ombros. — Agora, talvez seja hora de o senhor dar um passo adiante, e...

– E...

– ...leve Antonino embora.

Comazão andou nervosamente pelo *tablinum*.

– Levá-lo embora? Para onde? Não há para onde ir. Garanto que ninguém vai incomodá-los. – Ela caminhou em direção a ele. – O Senado ficará mais do que feliz em vê-lo partir. Eu me livrarei de Hiérocles e farei com que o senhor nunca mais tenha de trabalhar em sua vida.

– Mas quem será o imperador agora?

– Deixe isso para mim.

Comazão balançou a cabeça. – Não, o que a senhora está propondo é demais. Não posso fazer isso.

– Não ama Antonino mais do que a si mesmo?

– Sim. Sim!

– Então, leve-o embora, fuja e esqueça tudo isso. O senhor já serviu ao sua pátria. É hora de o senhor ser feliz, de os dois ser felizes. Logo ele perceberá que Hiérocles foi uma péssima escolha e esquecerá ele. Tenho certeza de que seu amor o ajudará a fazer isso.

Comazão franziu a testa e respirou fundo, sem conseguir ouvir mais nada. Ele deixou o *tablinum* sem esperar pela permissão de Maesa para sair.

Maesa ficou sozinha, pensando: será que ele faria isso? Pelo menos ele não disse «não» imediatamente. Ela sabia que o coração dele lutaria contra sua mente e sabia qual dos dois venceria. Era sempre assim com os homens; não importava o quanto fossem corajosos ou inteligentes, eles eram todos escravos de seus desejos.

Agora, em questões mais práticas... Para onde eles poderiam ir? Certamente poderiam fugir para a Grécia, Síria ou qualquer outro lugar ao longo das fronteiras; poderiam chegar lá rapidamente e, acima de tudo, nunca mais voltar. Ela sabia que havia uma oportunidade de que Paulo e os outros senadores providenciassem para que eles fossem assassinados durante a travessia, mas não se importava. Com Antonino fora do caminho, Hiérocles cairia como uma fruta madura. Então, ela poderia instalar seu novo peão, que, a propósito, já estava a caminho de Roma.

Seus pensamentos foram interrompidos por sua filha, que entrou no estúdio sem avisar.

— Falei com o médico — disse Soémia, sentando-se na cadeira que Comazão havia deixado.

— Querida, estou com uma dor de cabeça terrível, você se importaria se conversássemos mais tarde?

— Sim, mãe, eu me importaria. Preciso ter essa conversa com você, agora mesmo.

— Tudo bem — disse Maesa, respirando fundo.

— O médico me contou sobre sua conversa com Antonino. Por que você mesma não me contou?

— Eu não queria preocupá-la desnecessariamente. O que você teria feito de qualquer maneira?

— Eu teria pelo menos tentado conversar com ela. Ou melhor, ouvi-la. Entender suas razões... — Ela fez uma pausa. — Você acha que poderíamos buscar outra opinião médica sobre o procedimento?

Maesa olhou para a filha com condescendência. — Querida filha, é claro que não! Além disso, a remoção dos órgãos genitais não transforma um homem em uma mulher. É claro que Gânis não perdeu nada de sua masculinidade quando suas bolas foram cortadas. Pelo menos, não com você na cama!

Soémia não ouviu o comentário mordaz de sua mãe. Ela estava perdida em seus pensamentos. — Mas e se Antonino for realmente uma mulher? Uma mulher nascida no corpo errado. É claro que ele nunca demonstrou nenhum traço de masculinidade.... E se a realização dessa operação realmente resolveria as coisas para ela?

— Por favor, pare com essa bobagem. Quando você vai começar a ser uma boa mãe?

— Pelo menos eu tento entendê-la. Ninguém mais parece entender. Ela precisa saber que sempre haverá alguém ao seu lado, independentemente das circunstâncias.

— Seria melhor se essa pessoa fosse você e não aquele homem horrível.

— Ela não quer deixá-lo...

— Ainda não, filha. Mas, não se preocupe, as coisas vão acabar logo, muito logo...

CAPÍTULO 8

O TIBRE

Dois meses depois, visitantes chegaram aos portões do palácio. Eram uma mulher e um jovem, ambos com aparência cansada e desgrenhada. Assim que deram seus nomes aos guardas, os portões se abriram e os escravos se adiantaram para carregar sua extensa bagagem.

Depois que isso foi anunciado, um escravo entrou nos aposentos de Maesa, que estava na companhia de Soémia. – *Domina*, visitantes de Emesa chegaram ao palácio e estão perguntando pela senhora.

Maesa sorriu. – Peça a uma das escravas que os leve para os aposentos dos hóspedes. Diga a eles para se refrescarem nos banheiros e providencie roupas limpas. Diga-lhes também que não tenham pressa e que nos encontraremos no *triclinium* principal para jantar quando estiverem prontos.

Soémia olhou para ela, perplexa.

– Sua irmã está aqui. E seu filho – disse Maesa, com o rosto iluminado.

– Mameia e Alexiano? O que eles estão fazendo aqui?

– Eu os convidei.

Soémia ficou atônita. – Por que você não me informou? Ou a Antonino, por falar nisso. Acho que ela não sabe, e...

– Eu queria fazer uma surpresa para vocês. E, pelo que vejo, consegui!

Horas depois, Maesa, Soémia e a recém-chegada Mameia e seu filho Alexiano estavam jantando no *triclinium* principal.

– Obrigada por todas as suas atenções, mãe. Estamos nos sentindo tão revigorados agora, depois de uma viagem tão longa – disse Mameia.

– É o mínimo que posso fazer pela minha preciosa menina – disse Maesa, sorrindo. – Deu tudo certo na viagem?

– Sim, foi tudo bem, apesar da pressa. Você não acha, querido? – disse Mameia, cutucando o filho.

– Sim, mamãe. Foi tudo ótimo – respondeu Alexiano, que não conseguiu conter um bocejo.

-Imagino como vocês devem estar cansados. Tenho certeza de que terão uma boa noite de descanso em seus aposentos. E amanhã se encontrarão com a imperatriz.

Mameia havia sido avisada por carta sobre a mudança de sexo de Antonino. – A imperatriz está indisposta hoje? Gostaríamos muito de conversar com ela esta noite. Você não gostaria de ver seu primo novamente, meu querido? Você não o vê... erm, você não *a* vê... desde, bem, desde que ele ainda era um menino...

Alexiano olhou para sua mãe e depois para seu prato. Soémia comeu suas azeitonas em silêncio. Ela não havia dito uma palavra durante todo o jantar e ainda não sabia o que pensar da ideia maluca de sua mãe. Por que trazer Mameia e Alexiano para o palácio, especialmente com tanta pressa?

Nos jardins do palácio, Antonino estava caminhando com Comazão por uma trilha cercada de narcisos em flor. Ela colheu um e o cheirou. Deu-o ao prefeito para que o cheirasse também.

— Obrigada por me fazer companhia, Comazão. Você tem sido muito gentis comigo, especialmente desde....

Comazão colocou um dedo nos lábios da imperatriz. — Não precisa dizer isso. Já passou. Além disso, não aconteceu de novo.

— Isso não aconteceu porque tenho sido uma boa esposa. Não dei ao meu marido nenhum motivo para me bater novamente.

— Se ele o ameaçar, estarei lá para defendê-lo, Augusto.

— Você não estava lá da última vez. A propósito, onde você estava? Você nunca me disse.

Era melhor manter isso no escuro.

— Bebendo. Sinto muito, Excelência. Como já lhe disse milhares de vezes, isso não acontecerá novamente.

— Não importa. Você gosta do seu vinho, não há nada de errado nisso. Não é como se você tivesse que me vigiar o dia todo.

Mas eu gostaria de fazê-lo. Adoraria observá-lo a cada hora do dia.
— Sua Majestade é muito gentil.

Eles caminharam por mais alguns minutos antes de retornar ao palácio. O humor de Antonino estava calmo e jovial naquela tarde.

— Sua Majestade, posso lhe fazer uma pergunta?

— Pode.

— Hiérocles o forçou a... se tornar uma mulher?

Antonino sorriu. – Não, Comazão, é claro que não. Ele sugeriu que eu adotasse um papel mais feminino, mas quanto a me forçar... – Ele fez uma pausa. – Você... você nunca entenderia. Eu sou uma mulher. Sempre fui. Não me identifico nem um pouco com o corpo masculino. Vestir-me e agir como uma mulher tem sido... libertador.

Comazão olhou para ela confuso.

– Não faça essa cara, por favor. Vamos fazer algo divertido. Eu gostaria de tomar um banho depois dessa longa caminhada. Você gostaria de me acompanhar?

A naturalidade com que Antonino falava fez o coração de Comazão disparar. Ele engoliu.

– E mais uma coisa. Trate-me sem cerimônia. Não há necessidade de tanta formalidade entre nós, especialmente quando estamos apenas nós dois.

– Será como disser, Majestade. Então suponho que não acompanhará sua tia e seu primo ao jantar?

– Claro que não. Não vou deixar minha avó impor seus caprichos a mim. Eu os encontrarei amanhã.

Uma vez nos banhos, Antonino testou a água com o pé. – Os escravos não se esqueceram de manter a água morna, está vendo? A autoridade de meu marido tem sua utilidade.

Antonino tirou a capa e deixou Comazão puxar a túnica por cima da cabeça. Ele tirou as calças e pulou na água, não sem inadvertidamente dar a Comazão alguns momentos para admirar seu corpo esbelto, mas muito tonificado e pálido. Comazão suspirou. Se esforçou para reprimir seus pensamentos.

— A água está deliciosa, você deveria vir comigo — disse Antonino, espremendo a água do cabelo.

— Eu estou bem aqui.

— Vamos lá, Comazão! Não seja um desmancha-prazeres.

Se havia um momento perfeito para ser um soldado bom e obediente, era agora. Ele desamarrou as sandálias, retirou a pesada couraça e o capacete e tirou a túnica e a roupa de baixo. Seu corpo de urso estava totalmente exposto, mas Antonino não pareceu notar.

— Vamos lá, pule!

Comazão pulou com um grande respingo. Assim que emergiu, foi recebido por Antonino com uma guerra de água. O general se aproximou e a abraçou para fazê-la parar. A imperatriz se defendeu e tentou escapar de seu aperto, mas Comazão a alcançou novamente e a prendeu por trás. Antonino nadou para a frente com o peito primeiro, arrastando-o para a borda da piscina. Ela se agarrou à parede, mas Comazão não a soltou. Seu pênis duro havia encontrado irremediavelmente o caminho para dentro do buraco de Antonino.

Antonino se debateu e se virou para olhar para o general, encarando seus intensos olhos azul-turquesa. Comazão viu a alma nos olhos da imperatriz, a alma que ele desejava possuir desde o primeiro dia. Agora ele a tinha como sempre a quis. Sozinho e só para ele. Ele se desinibiu e aproximou sua boca. Liberou a paixão que há tanto tempo consumia seu corpo, fechando os olhos enquanto a possuía com sua língua, perdendo-se no momento celestial. Ele pressionou o pênis da imperatriz com o seu próprio contra o abdômen e continuou a beijá-la até quase perder o fôlego.

– Esperei tanto tempo por isso – disse Comazão.

Antonino entendia as ansiedades do general. Ter estado ao lado dela por tanto tempo, amá-la enquanto ela se casava com outro homem não podia ser fácil. Afinal de contas, ele havia cumprido seu dever. Protegeu o casal apesar de seus sentimentos. Ofereceu sua amizade em momentos de dor. Ele merecia uma recompensa real. Ela se virou e deu as costas para o general. Este, tentando manter o equilíbrio, agarrou-se à borda da piscina com uma das mãos e com a outra colocou seu pênis onde deveria estar. Empurrou levemente.

– Não, espere, espere um pouco – disse Antonino. – Vamos para o quarto.

Na cervejaria, Hiérocles, bêbado, compartilhava a noite com seu amigo Gordio.

– Homem, o que há com você? Não parece estar bem – disse Gordio, dando-lhe um tapinha no ombro.

– Nada. Os negócios do império me deixam exausto. É por isso que estou aqui com você, tentando aproveitar uma noite.

– E eu certamente agradeço, meu caro amigo. E sua esposa, ela ainda está lhe causando problemas?

– Não, ela aprendeu sua posição – disse Hiérocles, tomando um gole de sua cerveja. – Ela está em seu quarto agora, provavelmente dormindo. Eu realmente não dou a mínima.

— E quanto aos visitantes que você disse que chegaram hoje?

— Ugh, não sei. Mais problemas, eu acho. É a irmã da minha sogra e o filho dela.

— Você não quer conhecê-los?

— Eu sei que vou, eventualmente. Não precisava ser hoje. Eles ficarão por um bom tempo, eu acho. Não se faz uma viagem da Síria à toa.

— Interessante você dizer isso. Já pensou em qual poderia ser o motivo da visita deles?

— Não sei, Gordio. Mas vou descobrir.

— Você não odeia o fato de que, apesar de ser César e governante de fato do império, ainda tem que lidar com a sua sogra e as bobagens de sua esposa? Eu sei que você é o herdeiro do trono, mas sua esposa é mais jovem do que você, então talvez você nem sinta o cheiro dele nesta vida.

— Quem sabe, muita coisa pode acontecer.

— Você tem algo em mente? Oh, diga, vamos lá! Você sabe que seus segredos estão seguros comigo.

— Nada. Não seja tão curioso, Gordio. Quero dizer... coisas acontecem. Você sabe, raios, terremotos, acidentes...

— Sim... acidentes... seu esperto filho da puta! Você não mudou nada desde seus dias nos estábulos.

— Oh, sim, eu mudei, acredite, eu mudei. E agora estou muito perto de realizar todos os meus desejos. Tenha certeza de que ninguém vai me impedir.

— Brinde a isso!

Os homens bateram seus copos.

– A propósito – Gordio sussurrou, aproximando-se de César. – O que você vai fazer depois disso? Nós ainda poderíamos, você sabe...

– Você é o único que não mudou, seu porco! – disse Hiérocles, rindo. – Você ainda é louco pra caramba!

Antonino e Comazão saíram da água e se secaram com peles de carneiro das prateleiras. Com as toalhas sobre eles, caminharam descalços pelos corredores que levavam à câmara imperial, que estava iluminada por duas velas meio acesas.

Eles jogaram as toalhas no chão. Antonino levou Comazão para a cama, onde o general imediatamente pulou sobre ela. A pele macia de Antonino era deliciosa contra o toque das mãos ásperas de Comazão. A imperatriz estava deitada de costas, apoiada nos travesseiros e na cabeceira da cama. Comazão desceu sobre ela, beijando seu corpo do mamilo ao umbigo, esfregando a barba por fazer nas coxas dela até chegar ao seu pênis, que se erguia alto e reto como um obelisco. Comazão lambeu a cabeça circuncidada e chupou-a gentilmente, aplicando uma pressão suave e prazerosa. Antonino gemeu suavemente.

Comazão se abaixou para apagar uma das velas, deixando o cômodo em uma confortável escuridão. Pegou um frasco de óleo com aroma de rosas e esfregou um pouco em suas mãos. Pegou outra gota e aplicou-a gentilmente no orifício latejante de Antonino, que já estava se contraindo com expectativa. Esfregou o pênis com a mão lubrificada, sentindo um calor intenso, mas prazeroso. Empurrou as pernas de Antonino para trás com seu corpo e se inclinou para beijá-la. A imperatriz acariciou as costas largas do general, deixando que os pelos do peito dele fizessem cócegas em seus peitorais macios. Comazão subiu e fez a primeira inserção, a bunda ávida da imperatriz sugando a cabeça grossa do pênis.

– Ohhh – gemeu Antonino, com a respiração cada vez mais rápida.

Comazão continuou a empurrar suavemente, seu pênis cortando como uma faca quente na manteiga. Ele permaneceu dentro dela por alguns minutos, silencioso e imóvel, apreciando o encaixe perfeito, como uma luva, e então começou a bater. Primeiro, ele empurrou lentamente, com cuidado, deixando o jovem buraco se acostumar com sua espessura. Antonino gostou da pressão e fechou ligeiramente as pernas para sentir mais de perto a arma favorita do general.

Comazão se inclinou para a frente novamente e beijou seu rapaz – pois ele ainda era um rapaz para ele –, sua língua se movendo o mais profundamente possível dentro dela, quase fazendo-a engasgar. Antonino retribuiu com a mesma intensidade, sentindo-se viva e percebendo que estava sendo possuída por um homem de verdade pela primeira vez em sua vida.

O que havia começado como uma foda lenta rapidamente cresceu em paixão, com Comazão empurrando todo o comprimento de seu pênis a cada investida e sentindo o calor acolhedor e a maciez da passagem da imperatriz. Ele pensou em mudar de posição, mas o prazer era intenso demais; não poderia ficar melhor e ela não queria distrações. Antonino continuou a brincar com os muitos pêlos do general, deixando-o beijar seu pescoço delicado, deixando-o respirar em seu ouvido, implorando em sussurros por mais.

Depois de um bom tempo, Comazão sentiu que estava chegando ao seu limite e que não conseguiria conter o jorro por muito mais tempo. Sua semente – aquela semente que nunca lhe daria um filho – finalmente escapou de seu corpo em explosões rítmicas de intenso êxtase. Ele gemeu alto. Muitas vezes ele havia gozado dentro das entranhas de outro homem, mas nunca quando estava verdadeiramente apaixonado.

Quando terminou, o general se deitou de costas, colocando o antebraço na testa, expondo a axila peluda e encharcada de suor. Um calor inebriante invadiu sua cabeça e o levou ao Olimpo. Agora sua vida estava completa. Não havia nada mais sublime para experimentar neste mundo. No entanto, quando ele estava começando a descer de seu clímax orgástico, um pensamento veio à sua mente... Talvez pudesse haver uma felicidade ainda maior nesta vida, afinal de contas? Uma felicidade pacífica, feliz e duradoura?

Antonino deitou-se no peito aveludado de seu amante, com o ritmo de suas respirações em perfeita sincronia. E assim ficaram deitados, imóveis por horas, em perfeita paz.

Momentos antes, Mameia e Alexiano estavam caminhando pelos corredores do palácio em direção aos seus aposentos quando passaram pela sala da imperatriz.

– O que são esses barulhos? – disse Alexiano, confuso.

— Do que está falando? — disse a mãe, com o ouvido voltado para a porta. Ela ouviu o gemido de duas vozes, uma aguda e outra masculina. Ela ofegou, atônita. — Nada! Você não ouviu nada, agora continue andando!

— Mas, mamãe, tenho certeza...

— Não, não tem! Você bebeu demais esta noite e isso não é apropriado para sua idade. Saia da frente!

Mameia deixou o filho em seu quarto, deu-lhe um beijo de boa noite e apagou as velas ao sair. Mas ela não foi para seu quarto. Ela vagou procurando uma saída para o jardim. Do lado de fora, caminhou entre os muitos arbustos de rosas, narcisos e outras flores, até chegar a um banco cercado por dois cupidos. Esperou. Minutos depois, uma figura encapuzada chegou e sentou-se ao lado dela e olhou em volta antes de falar. Era Maesa.

— Não temos muito tempo — Maesa sussurrou. — Você se certificou de que ninguém a seguiu?

— Sim, mãe — respondeu Mameia. — Mas por que todo esse segredo, por que você queria me encontrar sem Soémia?

— Eu não sabia que você se importava tanto com sua irmã.

— Eu não me importo. Mas a curiosidade sobre o que você quer me contar está me matando!

— Serei breve. Quero tornar seu filho imperador. E você precisa me ajudar.

Mameia estava prestes a soltar um grito de excitação, mas Maesa tapou sua boca.

— Quieta! Não estrague as coisas! Eu não queria correr o risco de lhe contar por carta. — Ela fez uma pequena pausa. —

Tornar Antonino imperador foi um desastre. Eu conhecia sua personalidade «peculiar» desde criança, mas nunca pensei que seria um obstáculo tão monumental aos meus planos. E as coisas pioraram muito desde que ele instalou aquele bruto auriga como César. Ele está administrando o governo sozinho e nem sequer me deixa opinar. Ele vai arruinar tudo! Ele até exigiu um lugar para sua mãe! Dá para acreditar?

— Eu lhe disse em Emesa que estava cometendo um erro, mãe! Alexiano sempre foi o mais sábio dos dois.

— Sim, mas ele tinha quatorze anos na época, quem o levaria a sério? Além disso, eu tinha a desculpa de inventar que Antonino era filho de Caracala.

— Então não é...? Você falou com tanta confiança que cheguei a acreditar que Soémia havia sido infiel ao marido.

— Você sabe que ela não é esse tipo de mulher. Ela é ingênua e de bom coração; me deixou continuar com o engano, mas com relutância. Vejo agora que eu teria tido uma cooperação mais ativa de você.

— Claro, mãe, fico feliz que você pelo menos aceite isso agora! Então, qual é o plano?

Gemidos altos de êxtase podiam ser ouvidos nos aposentos da imperatriz.

— Bem, parece que a primeira parte está em andamento.

— O quê?

— É a voz de Comazão que você está ouvindo. Esse homem realmente ama Antonino. Se ele pudesse substituir Hiérocles em seu coração, a primeira parte da tarefa estaria concluída. Então você e eu teremos que trabalhar na segunda parte.

– A segunda parte? Diga-me o que é, mãe, estou louca para saber!

– Temos que nos certificar de que Antonino nomeie Alexiano como César e herdeiro.

Mameia sufocou um grito. – Mas, com certeza, não conseguiremos, mãe... Ela está totalmente sob a influência daquele horrível cocheiro, pelo que você me disse.....

– Isso é exatamente o que espero que mude esta noite. E então...

– Então...?

– Então devemos ficar atentas, querida filha; temos que procurar o momento certo para entrar. Se Comazão levar Antonino, devemos nos certificar de que seu filho seja César antes que eles partam! Não sei exatamente como as coisas vão se desenrolar, mas fique alerta... fique alerta!

Δ

Antonino acordou na manhã seguinte, quando os primeiros raios de sol estavam entrando por uma fresta das cortinas. Ela e Comazão ainda estavam deitados na mesma posição em que haviam adormecido.

– Comazão, Comazão acorde – disse ela, acariciando o rosto dele com delicadeza.

O general acordou e, após um momento de confusão, viu o rosto de sua amada e sorriu. – Por que você me acordou tão cedo? Eu estava tendo um sonho muito bonito.

– O que foi?

– Sonhei que vivíamos juntos em um pequeno vilarejo e que... tínhamos uma família.

Antonino caiu de costas e soltou um suspiro. – Isso foi um erro. Não deveríamos ter feito isso.

Comazão lhe lançou um olhar confuso, mas continuou sorrindo. – O que você quer dizer com isso? Estes foram os melhores momentos de minha vida.

– Sim, mas... não estava certo. Não estava certo! Que horas são? Meu marido chegará a qualquer momento e eu...

– E daí? Ele terá que me encarar se tiver algo a dizer.

– Não, você deve ir. Por favor, vá agora, Comazão! Vá e esqueça tudo isso. Volte para suas tarefas e nunca mais volte a esta parte do palácio. Me desculpe. Me desculpe!

– Antonino, meu amor! Como você pode dizer isso depois da noite mágica que acabamos de ter juntos? Como você pode...?

Antonino se levantou abruptamente da cama e, desajeitadamente, jogou um lençol sobre os ombros.

– Por favor, Comazão. Não torne as coisas mais difíceis. Eu estava confusa, não sabia o que estava fazendo. Hiérocles... Hiérocles chegará a qualquer momento! Você tem que ir! Você tem que sair agora, por favor!

Comazão não entendeu nada, mas não queria fazer uma cena. Não depois do amor que haviam compartilhado na noite anterior. Certamente ela estava se arrependendo. Era normal para uma mulher casada que havia traído o marido. Eles teriam tempo para conversar mais tarde. Ele juntou suas roupas, vestiu-se apressadamente e saiu do quarto.

Antonino se encostou na porta depois de fechá-la e caiu no chão. As lágrimas correram rapidamente por seu rosto e ela chorou inconsolavelmente.

Quando Hiérocles chegou horas depois, Antonino estava em sua cama e parecia estar dormindo. Ele tirou a toga e se deitou ao lado da esposa usando apenas a túnica. Ela sentiu sua presença e se virou para ele.

– Oh, meu marido, você está aqui – disse ela, acariciando o peito dele. – Não percebi que você tinha entrado.

Ele não respondeu. Havia algo diferente no cômodo, mas, à primeira vista, não conseguia distinguir o que era. Então sentiu um cheiro. Um cheiro muito familiar. Comazão. Seu coração pulou uma batida. Então ele concordou em compartilhar sua mulher depois de tudo.

– Quer tomar *ientaculum* na cama? Posso mandar os escravos fazerem...

– Não. Tome você se quiser. Eu tenho que ir.

– Mas você acabou de chegar. Vamos, por favor, fique só mais um pouco – disse Antonino, esfregando o peito com mais força e procurando a boca dele.

Hiérocles afastou a mão, levantou-se e vestiu novamente a toga. Saiu da sala.

Alguns minutos depois, Estêvão chegou com uma cesta.

– Minha senhora, aqui está o seu *ientaculum*.

Antonino, recostada na cabeceira da cama, acenou com a mão e disse-lhe para colocar a cesta no criado-mudo. – Você sabe para onde meu marido foi?

– Não faço ideia, *domina*. Ele parecia estar com um pouco de pressa.

– Deve ter se lembrado de uma reunião no Senado ou algo assim. – Ela se levantou. – Vou tomar um banho. Você pode comer isso se quiser. Não estou com fome.

Comazão voltou para casa e sentou-se em sua cama, confuso. Apoiou a cabeça na mão e, pela primeira vez desde a dissolução da *Legio III Gallica*, chorou. Chorou em gritos desesperados, liberando toda a dor e tristeza de seu coração partido. Ele tentou encontrar consolo nos momentos de êxtase em que sua semente preenchia as entranhas de Antonino; nos movimentos doces e deslizantes que o precederam; nos beijos profundos e apaixonados na piscina... tudo isso para quê? Será que tudo foi realmente em vão?

Ele sabia que o casamento de Antonino com Hiérocles estava se desfazendo; ele queria afastá-la de Hiérocles, cortar os laços emocionais com esse homem abusivo, remover a venda dos olhos dela. Então, ele poderia levá-la para bem longe, até mesmo para a terra dos gregos – onde viver a vida de casados publicamente seria mais fácil – e esquecer Roma. Que sonho! Mas a realidade era que, mesmo com todo o seu cuidado, amor e ternura, o odiado cocheiro ainda estava lá, escurecendo o futuro dele como uma sombra maligna. O sonho que tivera na cama de Antonino o assombrava: ele e Antonino, como homem ou mulher – ele não conseguia se lembrar – juntos no campo, criando uma família de filhos adotivos, vivendo uma vida de bela simplicidade. Mas tinha sido apenas isso. Um sonho. Algo ilógico. Algo impossível.

Ele ouviu uma batida na porta. Se levantou e foi abrir. O que viu o surpreendeu.

— Posso... entrar? — disse Hiérocles.

Comazão lhe deu as boas-vindas com um aceno de mão. Ao entrar na residência, Hiérocles admirou o verde exuberante da murta e da hera que adornavam as paredes e as portas. As colunas estavam cobertas de trepadeiras. O átrio tinha vitrais e havia lustres em forma de animais, cobertos por um tecido de lã púrpura. Um suave aroma de tuberosa pairava no ar. Era uma *domus* austera, mobiliada com um estilo marcial de soldado, longe dos luxos do palácio, mas não era um lugar ruim para se viver. Pelo menos era muito melhor do que o lixão onde ele costumava viver durante seus dias como auriga.

— Você ainda tem uma paixão pelo Oriente, não é? Não conheço muitos romanos que compram esse fabuloso incenso. Eles o acham muito exótico.

— Fiquei estacionado lá por um bom tempo. Eu me afeiçoei a certas coisas — disse Comazão, puxando uma cadeira para o convidado surpresa. — Algo para beber?

— Vinho, por favor.

Comazão pegou uma ânfora de seu armário e serviu um copo para o consorte e outro para si mesmo.

— Eu não deveria estar aqui depois da maneira como você me deixou para morrer na rua — disse Hiérocles, tomando um gole. — Na verdade, eu não o perdoei.

— Você disse isso melhor do que eu poderia dizer. Não há necessidade de sua presença aqui, Vossa Alteza.

— Corte a besteira, Comazão. Seu pau já entrou na minha bunda. Me chame pelo meu nome. Hiérocles.

Comazão suspirou ao se lembrar do momento. Ele também tomou um gole de vinho. Ele havia fodido a bunda virgem mais bonita de Roma, mas agora, diante do que acabara de acontecer, não se importava tanto. Na verdade, ele não se importava nem um pouco.

— Por que você está aqui, Hiérocles?

— Você parece mal. Esteve chorando? Estou errado ou, afinal, o grande e duro general tem um coração?

— Minha vida pessoal não é da sua conta. Agora, se me der licença, tenho coisas a fazer...

— Acho que é. — Ele pausou. — Sei que você dormiu com minha esposa.

Um silêncio de pedra encheu a sala. Por alguns minutos, nenhum dos homens bebeu de seu copo.

Por um momento, Comazão pensou no que dizer como desculpa. Então, se lembrou de uma promessa vaga feita no escuro. — Você disse que eu poderia tê-la quando quisesse.

Hiérocles assentiu com a cabeça, sorrindo. — Vejo que você não estava tão bêbado na noite em que me fodeu. Estava perfeitamente consciente do que estava fazendo.

— Você também.

— Sim, eu admito. Foi consensual. Eu queria você. E você também me queria. Vamos superar isso.

Comazão considerou isso por um minuto. Em seguida, estendeu a mão. Hiérocles a apertou.

— Obrigado. Isso é o que eu esperava. No entanto, tenho mais uma pergunta para você — disse Hiérocles.

– Que pergunta?

– Essa amizade significa que você será leal a mim em qualquer circunstância, e eu quero dizer em qualquer circunstância?

– Sempre serei leal a Roma e suas instituições.

– Não, mas quero dizer, leal a mim. A mim pessoalmente.

– Serei leal a Roma e suas instituições – repetiu o general.

– E vou lhe dar um conselho, meu jovem. O poder e o ouro não são as coisas mais importantes da vida. Existem coisas como a honra, o respeito –

– E o amor? – disse Hiérocles, levantando o copo. Ao ver no rosto sem expressão de Comazão que não havia mais nada a dizer, se levantou da cadeira.

– Uma coisa – disse Comazão.

Hiérocles coçou as orelhas.

– Não quero ouvir novamente que você bateu no imperador.

Hiérocles sorriu. Se dirigiu à porta. Do lado de fora, ele teve a oportunidade de admirar o homem que havia sido seu único garanhão. O olhou de cima a baixo. – Caramba, cara. Você é tão gostoso. E que foda você me deu.

Quando Antonino voltou ao quarto, encontrou Estêvão deitado no chão, com a cesta desarrumada e comida derramada ao seu lado. Ela se inclinou para frente e, segurando sua cabeça, viu dois pequenos orifícios sangrando em seu pescoço. O soltou rapidamente, gritando de terror. Um som alto e sibilante foi ouvido embaixo da cama. Antonino olhou por baixo e uma cobra mostrou suas presas ameaçadoramente. Ela saiu correndo do quarto, gritando por socorro.

Poucos minutos depois, dois escravos entraram clandestinamente com redes para capturar o réptil. Antonino, Soémia e Maesa ficaram do lado de fora. Soémia abraçou sua filha inconsolável.

— Havia uma cobra na minha comida, sim! — disse Antonino, soluçando. — Alguém tentou me envenenar! Vamos interrogar todos os escravos da casa imediatamente!

— Você acha que pode ter sido o próprio Estêvão? Ele trouxe a comida para você, não foi? — disse Soémia.

— Claro que não, mãe. Se ele sabia que a cobra estava lá, então por que ele está morto?

— Bem, talvez ela tenha saído de seu controle e se voltado contra ele... Não se pode realmente treinar cobras.

— Não perca seu tempo com coisas estúpidas. Eu sei muito bem quem fez isso — disse Maesa.

— Quem? — gritou Antonino.

— Não é óbvio? Seu marido! Ele já havia envenenado antes e agora tentou de novo!

— Você está mentindo, não pode ser ele! Ele nem está no palácio agora!

— Ele poderia muito bem ter enviado a cesta com Estêvão. Infelizmente, o pobre escravo não pode nos dizer agora.

— Não! Eu me recuso a acreditar nisso!

— Não tire conclusões precipitadas, mãe — disse Soémia. — Você não tem base para suas afirmações!

— Claro que sim! É hora de tirar esse véu do rosto! Seu marido é um assassino! Ele matou seu amigo e agora tentou matá-la. Você é realmente tão estúpida assim?

O barulho atraiu Mameia e Alexiano para o quarto, ainda vestidos com suas roupas de dormir.

— Este é aquele que você deve nomear César. Este é aquele que deve ser seu herdeiro! — exclamou Maesa apontando para Alexiano. — Por Heliogábalo, acorde do feitiço e, pelo menos uma vez, seja digna de seu título!

Antonino piscou os olhos com lágrimas nos olhos. A imagem de seu primo estava embaçada e distante. Depois de alguns instantes, ela conseguiu focalizá-la com nitidez. Lá estava ele, alguns anos mais novo que ela, o garoto com quem ela costumava brincar quando criança. O garoto que ela não via há quatro anos.

Os escravos saíram da sala com a cobra sibilando, contorcendo-se dentro da rede, sacudindo em todas as direções.

— Levem-a embora e cortem sua cabeça, por Heliogábalo! — disse Maesa. — E você, minha querida, por que não aproveita a oportunidade para conversar com seu primo? — Ela pegou as mãos de Soémia e Mameia. — Venham, filhas, e deixem os jovens conversarem em particular.

Antoninus entrou em seu quarto bagunçado, seguido por seu primo. Ela se sentou na cama, enquanto Alexiano ficou na frente dela.

— Desculpe-me por não tê-lo encontrado ontem — disse Antonino. — Eu estava... sinceramente indisposta.

– Não precisa se desculpar, Vossa Majestade. A imperatriz tem o direito de fazer o que quiser.

Antonino ficou surpreso com a facilidade com que seu primo havia se adaptado à sua nova personalidade. Ela olhou para cima e o observou. Ele havia se transformado em um jovem muito bonito, com um leve bigode e uma barba jovem, que provavelmente nunca havia sido raspada desde que crescera. Sua cabeça oval e seus olhos sonhadores lhe davam um ar de sabedoria. A imperatriz levantou a mão e tocou seu queixo.

– Olhar para você é como olhar para um espelho do passado – disse Antonino. – Você se parece tanto comigo quando cheguei a Roma, há quatro anos, cheio de sonhos e ilusões... E provavelmente tem a mesma idade que eu tinha naquela época.

– Acabei de fazer dezoito anos este mês, Vossa Majestade.

– Claro, claro, me perdoe por não me lembrar. – Ela tirou a mão do queixo e começou a chorar.

– Não, por favor, não chore, minha senhora. Estou aqui para lhe trazer felicidade, não tristeza.

Ele se sentou ao lado dela e colocou o braço ao redor de seu ombro. Ela se virou para olhá-lo e encostou a cabeça em seu pescoço. Ele enxugou suas lágrimas. Ela suspirou e voltou a olhar para ele.

– Você será um grande César – disse ela com uma voz calma.

Δ

Na manhã seguinte, Antonino pediu ao Senado que se reunisse em plenário para fazer um anúncio especial. Os senadores suspeitavam de algo importante, já que César não estava presente. Júlio Paulo havia recebido dicas de Maesa, mas não tinha certeza de nada. Ela também estava presente na sessão.

A imperatriz apareceu e ordenou silêncio. – Pais de Roma – ela começou seu discurso, em um tom de voz suave que lembrava os dias em que ainda era um rapaz, – sei que não é comum eu visitá-los nesta casa tão honrada, mas o assunto que me traz aqui é da maior importância e só poderia ser tratado por mim pessoalmente.

Os senadores ouviram atentamente.

– Há alguns meses deleguei todos os deveres do governo a meu marido, que foi nomeado César por mim, com o direito que tenho de conceder títulos de acordo com meus desejos. Bem, então, é meu dever informá-los de que os assuntos de Estado continuarão a ser tratados por César...

Houve vaias nas fileiras. Alguns senadores assobiaram para silenciar seus colegas dissidentes.

– Os assuntos de Estado ainda serão tratados por César, mas César não será mais meu marido – disse ela, estendendo a mão em direção à entrada, onde Alexiano, vestido com uma toga máscula, apareceu. – Eis o novo César de Roma.

Os senadores se levantaram e aplaudiram quando Alexiano assumiu o centro da *curia* com sua prima. Antonino pediu a eles que ficassem em silêncio.

— Agora vocês podem ter certeza de que em meu coração só existe preocupação com o bem de Roma. Que Heliogábalo nos guie nesse novo rumo – disse ela, e ela e seu primo deixaram a sala.

Mais tarde, Hiérocles invadiu o quarto imperial enquanto Antonino estava trocando de roupa.

— O que você acabou de fazer? – gritou ele, batendo a porta.

— O que eu deveria ter feito desde o início! Nomear meu primo como meu herdeiro legítimo e César!

Hiérocles lhe deu um tapa. – Como ousa tentar me deserdar? Vou matar você! – disse ele, agarrando-a com força pela garganta.

— Mate-me! Mate-me! – sibilou Antonino com olhos esbugalhados. – Mas você nunca será imperador!

Os olhos de Hiérocles brilharam de fúria. Ele a jogou no chão.

— É uma pena que você já tenha falhado uma vez – disse Antoninus, tocando seu pescoço. – Você não terá outra oportunidade. Eu me divorciarei de você e o expulsarei do palácio – gritou ela, espumando pela boca.

Hiérocles ficou paralisado por um momento. Sentiu-se arrepiado. Se aproximou dela e lhe ofereceu a mão para se levantar. Ela a aceitou. Ele tentou abraçá-la e beijá-la, mas ela desviou o olhar.

— Ouça-me, por favor. As coisas não precisam ser assim... Nós ainda podemos fazer as coisas darem certo... Você me ama, eu sei que você me ama... e eu também amo você... mas há coisas, pessoas que se interpuseram entre nós...

Ela soluçou. Ele se afastou um pouco para olhar nos olhos dela.

— Descobri... que você dormiu com o prefeito do pretório.

Antonino franziu a testa e enxugou as lágrimas. — Como você descobreu?

— Você acha que um homem não sentiria o cheiro de outro homem que dormiu em sua cama?

— Então, por que... por que você não disse nada? Por que não me bateu?

Percebi que bater em você não era a resposta... não teria resolvido nada. Eu estava ferido, profundamente ferido; eu queria matá-la e depois me matar para me juntar a você na eternidade – disse ele, sentado na cama com as mãos sobre os olhos, soluçando.

— Não, meu marido, por favor, não chore – disse Antonino, sentando-se ao lado dele, – eu... fui estúpida, me senti abandonada e sozinha e... me entreguei de uma vez... não sinto nada por Comazão, nunca senti! Eu fui fraca... e você sabe como nós, mulheres, somos frágeis e cedemos à menor tentação... Juro que não senti nada e, durante todo o tempo em que ele estava dentro de mim, eu só pensava em você!

— Você jura?

— Sim, pelo todo-poderoso Heliogábalo, eu juro!

Hiérocles se voltou para ela e eles se beijaram com muita paixão. Um fio de saliva uniu seus lábios quando se separaram.

— Então, vamos fazer as coisas de forma diferente... Vamos passar mais tempo juntos, como nos velhos tempos! Vamos fazer amor todos os dias, vamos jantar na cama, vamos caçar juntos. Que se dane Roma, que se dane o império, que se danem os senadores! Você é minha esposa e é com você que passarei todo o meu tempo!

— Você jura?

— Eu juro, pelo todo-poderoso Heliogábalo!

Ela sorriu e se apoiou em seu ombro. Ouvir o marido proclamar sua fé em seu deus a convenceu de que as coisas haviam sido resolvidas.

— Mas há uma coisa — disse Hiérocles.

Antonino olhou para ele.

— Para que tudo volte a ficar bem entre nós, você deve retirar seu decreto e me tornar César novamente.

— Eu vou, amor.

— Quando?

— Agora mesmo, se você quiser!

Hiérocles a abraçou por longos minutos. — Obrigado, obrigado, amor — disse ele com lágrimas nos olhos, — mas você precisa se livrar de Comazão também. Esse homem é perigoso; ele está apaixonado por você e quer nos separar.

Ela o olhou diretamente nos olhos. — Não se preocupe com isso, meu raio de sol. Vou pedir para ele ir embora hoje.

Algumas horas mais tarde, Antonino, vestida com uma estola suntuosa e adornada com todas as insígnias imperiais que conseguiu encontrar e com um pouco de maquiagem em excesso, estava entrando no salão do palácio vindo de seus aposentos, acompanhada pelo marido. Sua avó, que estava esperando por ela desde que fora alertada sobre o retorno de Hiérocles, correu em sua direção.

— Onde você está indo, minha querida?

— De volta ao Senado.

— Para quê? — disse ela, consternada.

— Para retirar minha decisão e renomear meu marido como César e meu herdeiro legítimo.

— Você não fará nada disso!

— Afaste-se, Maesa! — gritou Hiérocles, detendo-a com um aceno de mão. — Irei até minha esposa para que seja feita a vontade dela.

— Você não tem ideia do que está fazendo — disse Maesa a Antonino, ignorando Hiérocles, — Alexiano já apareceu com as tropas! Elas o apoiam! Essa decisão não pode ser revertida sem mais nem menos!

— Vamos ver isso! disse Hiérocles, empurrando-a para o lado.

Comazão, alertado por um dos guardas, apareceu pelo portão principal.

— Sai daqui, Comazão! Não ouse interferir nas decisões de minha esposa!

— Você não está mais no poder. Não recebo ordens de você — rosnou Comazão, aproximando-se de Hiérocles e mostrando-lhe o punho.

– Mas você recebe ordens de mim – disse Antonino, vindo por trás. – E eu digo que você está dispensado de suas funções, Comazão. De agora em diante, você será o prefeito da cidade, mas não terá mais nenhuma autoridade sobre o exército ou sobre os pretorianos.

Comazão olhou para ela com espanto e descrença. Furioso, se virou e deixou o palácio.

– Ouça-me! Ouça-me! – Maesa gritou desesperadamente, com as mãos sobre o rosto. – Pelo menos deixe-me falar com você antes que faça algo de que se arrependa!

– É comigo que você precisa falar! – gritou Soémia, fazendo sua entrada. – Filha, há algo que você precisa saber. Algo que mantive em segredo por muitos anos, mas está na hora de saber.

Antonino olhou para ela com um semblante perturbado.

– Não faça isso, não faça isso! – Maesa gritou, aproximando-se da filha.

Soémia falou antes que Maesa pudesse impedi-lo. – Seu pai não é Caracala! Seu verdadeiro pai é Gânis! Gânis! Você nunca deveria ter se sentado no trono!

O choque foi demais tanto para Antonino quanto para Hiérocles, cujos olhos pareciam ter saído de suas órbitas.

– Guardas, abram a porta! – gritou Hiérocles em desespero.

As portas permaneceram fechadas.

– Meu marido lhe disse para abrir as portas! – disse Antonino, importunando os guardas.

– É inútil – disse Maesa. – Eles foram avisados de que devem obedecer somente a mim.

– Isso é ridículo! – gritou Hiérocles, fora de si. – Abram! – gritou ele para os guardas. – Abram essas portas imediatamente!

Enquanto os guardas permaneciam imóveis, Hiérocles puxou sua esposa pelo vestido e a arrastou de volta para seus aposentos.

– Duvido muito que ela queira ir para lá! Guardas! Capturem o cocheiro! Libertem a imperatriz! – gritou Maesa.

Um grupo de guardas correu para o casal, que, seguido por Soémia, correu para se refugiar na câmara imperial.

Maesa chegou alguns instantes depois e bateu na porta. – Abra a porta, criança, precisamos conversar! Por favor, seja razoável!

Passaram-se alguns instantes e não se ouvia nenhum ruído no interior.

– Guardas, abram a porta! Arrombem-na, se necessário!

Os guardas fizeram o que lhes foi pedido. Depois de várias tentativas, eles conseguiram abrir a porta com um chute. Entretanto, quando eles e Maesa entraram na sala, não havia ninguém lá dentro.

Nas ruas, um soldado ofegante alcançou Comazão nos degraus do prédio do Senado.

– General! General! – gritou o homem, quase sem fôlego.

– O que foi, Márcio?

– Correu uma emergência. Hiérocles, a imperatriz e sua mãe fugiram. Ninguém sabe onde eles estão!

– De que bobagem você está falando?

– É melhor o senhor vir comigo. Eu lhe explicarei no caminho.

Comazão caminhava apressado ao lado do guarda.

– Devo avisá-lo de que se trata de uma insurreição, general. Os pretorianos já souberam de sua demissão e não aceitaram. O vínculo de honra que eles têm com o senhor é mais forte do que qualquer pacto sexual que possam ter feito com a imperatriz diante de um deus estrangeiro. Eles foram leais a ela apenas porque o senhor permaneceu leal. Mas agora, tudo mudou. Como sabe, Alexiano, o novo César, já se apresentou a eles, e eles não estão dispostos a se submeter ao flagelo de Hiérocles novamente! Eles estão fora de controle e prontos para capturar a imperatriz e depô-la. Agora eles querem que Alexiano não seja apenas o César, mas também o imperador! E eles querem o senhor de volta ao cargo!

– Eu falarei com eles – respondeu Comazão, com voz firme.

– E, general, não ajuda o fato de o imperador nunca ter cumprido as promessas de riqueza que fez aos homens em Rafanea, das quais a mãe de Alexiano se aproveitou agora, espalhando ouro entre os soldados. Se o senhor tivesse ficado mais alguns minutos no palácio, teria ouvido falar do escândalo, general! A própria mãe de Antonino disse que o pai dele não é Caracala, mas Gânis! Dá para acreditar? E agora a mãe de Alexiano subornou os soldados para que aceitassem seu filho no lugar dele! Não os culpo por aceitarem o dinheiro. Eles se sentem enganados, usados, privados não apenas de sua justa recompensa monetária, mas também de seu poder sexual, que, segundo eles, Antonino usou para enfeitiçar aquele cocheiro e atraí-lo para que se tornasse seu marido! Isso é óbvio, já que ela abandonou o culto a Heliogábalo assim que se casou com ele!

— Eu vou falar com eles! — Comazão reiterou, exasperado com a verbosidade do soldado.

Minutos depois, Comazão e os soldados chegaram ao palácio, onde Maesa ainda estava esperando com alguns dos guardas.

— Augusta! O que aconteceu? Onde está o imperador?

— Oh, Comazão, Comazão! Se o senhor estivesse aqui, isso não teria acontecido — disse ela, jogando-se em seus braços. — Eu queria ganhar tempo falando com ele no palácio, mas agora eles fugiram e não sabemos onde estão!

Comazão a levou para a câmara imperial e lhe mostrou a passagem oculta.

— Só o imperador e o prefeito do pretório sabiam desse lugar. Foi assim que eles escaparam para a cidade.

— O senhor sabe aonde isso vai dar?

— Sim. Mas a esta hora, eles devem estar escondidos em outro lugar. — Ele correu para a saída. — Guardas! Sigam-me! Quero todos os homens interrogados e todos os prédios revistados! Temos de encontrá-los a todo custo!

Os homens seguiram Comazão até o lado de fora. — General! — disse um deles. — O senhor já deve saber que o consenso da guarda pretoriana é que a «imperatriz» deve ser deposta. Essa loucura deve acabar! É para o bem de Roma! O senhor deve nos apoiar!

— Não apoiarei a sedição contra o imperador!

Um dos guardas sacou sua espada.

Comazão lhe disse para colocá-la em seu lugar. – Vamos encontrá-los primeiro. Depois, todos nós conversaremos.

Eles vasculharam a cidade no calor escaldante, derrubando mesas de mercado, entrando em casas particulares, inspecionando templos e palácios. Depois de cerca de uma hora, os soldados pararam aos pés da estátua do Colosso, onde uma liteira estava sendo carregada furtivamente por quatro homens.

– Precisamos revistar a liteira – disse um dos guardas aos carregadores.

– Mas, oficial, um senador de muito prestígio está viajando e não quer –

Comazão abriu a cortina sem dar ao homem a oportunidade de terminar a frase. Hiérocles pulou do outro lado e correu com a velocidade de uma gazela. Dois pretorianos o perseguiram. Lá dentro ficou Antonino, com a maquiagem borrada, abraçado à mãe, ambos tremendo de medo.

– Excelência, Excelência! – disse Comazão sem fôlego, com o suor escorrendo pelas têmporas. – Não tema! Você está sob minha proteção. Não precisa se preocupar; os guardas me respeitam e aceitarão minha solução. Eu o levarei para bem longe de Roma e poderemos viver uma vida feliz no exílio! A vida no campo pode ser muito agradável... Há belas vilas, com pomares e vinhedos, onde podemos viver em paz... Ou podemos ir ainda mais longe, para a Grécia! Quero que você more comigo, quero que você seja minha esposa, meu rapaz, o que você quiser ser... Quero viver o resto da minha vida amando você... Sua mãe pode vir conosco também!

– E Hiérocles? – disse Antonino, com os olhos cheios de lágrimas. – Leve Hiérocles também... Procure por ele, Comazão... Leve-o também....

Atônito, Comazão deu um passo para trás. Olhou ao redor, mas sua visão estava embaçada. Não conseguia ouvir os sons da cidade, nem o murmúrio da grande multidão de espectadores que havia se reunido ao seu redor. Sua língua estava seca e seus lábios estavam entreabertos. Se sentia fraco, a ponto de cambalear.

– Soémia, venha comigo – disse ele com uma voz angustiada e um olhar perdido.

– Não! – disse ela, agarrando-se firmemente a Antonino, – não vou a lugar nenhum sem minha filha!

Comazão olhou para os guardas sem dizer nada. Se virou violentamente e se afastou com a mão em seu *gladius*. Ao longe, ele pôde ouvir os gritos de Antonino e sua mãe sendo dilacerados pelo golpe preciso de uma espada pretoriana, mas o clamor logo desapareceu de seus ouvidos e se confundiu com seus próprios pensamentos assassinos.

– General! General! – gritaram dois guardas, correndo em sua direção. – Hiérocles escapou. Não conseguimos pegá-lo.

Ao mesmo tempo, Maesa uivou como uma sirene desesperada, correndo em direção à liteira o mais rápido que uma mulher idosa poderia correr. – Não! Não os matem! Não minha Soémia! Não! – Ela olhou para dentro da liteira e caiu inconsciente no chão antes que qualquer um dos guardas pudesse detê-la.

Comazão não precisou ir muito longe. Só havia um lugar onde o fugitivo poderia estar escondido. Caminhou pelo interior da *Cloaca Maxima*, com os pés encharcados de esgoto até os tornozelos. Seu olfato havia se tornado alheio ao fedor; ele andava como Hermes, pisoteando a sujeira entre o mundo dos vivos e o mundo dos mortos.

— Hiérocles! — gritou ele. Sua voz ecoou nas paredes cavernosas como o rugido de Hades.

Não havia nenhum som além do som da água corrente. Ele andou mais alguns passos e soltou um segundo grito. Após o terceiro grito, Hiérocles emergiu de um canto com as mãos levantadas, suas roupas outrora imaculadas manchadas de excrementos e com uma angústia nunca antes vista desfigurando seu rosto.

— O imperador está morto — disse Comazão com um nó na garganta.

A expressão de Hiérocles permaneceu inalterada. Comazão se aproximou, brandindo sua espada.

— Ouça! Ouça! Não faça nada antes de me ouvir!

— Fale!

— Comazão, você estava certo! Você sempre esteve certo. O poder e o ouro não são tão importantes. Uma vida simples, uma vida longe dos problemas é o que realmente importa. Eu me arrependo do dia em que fui ao palácio, me arrependo de ter sido vítima dos caprichos de um garotinho estúpido! Mas você... você é um homem de verdade... você é alguém em quem se pode confiar... Isso é tudo o que eu preciso, isso é tudo o que eu estou procurando... E eu sei que tudo o que você quer é um rapaz para você... Eu posso ser esse rapaz! Leve-me com você, oh poderoso Comazão, leve-me com você! Eu farei tudo o que você quiser! Você pode me foder todos os dias e todas as noites, você pode –

Suas palavras foram interrompidas pelo impulso sólido da única arma que Comazão deveria ter usado para penetrá-lo: sua espada. O golpe profundo cravou a lâmina afiada no abdômen de Hiérocles; Comazão puxou o metal com um forte movimento em ziguezague para infligir o máximo de dor possível. Hiérocles ofegou, engasgando com seu próprio sangue, e caiu de joelhos. Olhou para os olhos azuis do orgulhoso general uma última vez, mas encontrou apenas desprezo. O outrora herdeiro do trono caiu de cara no chão com um forte respingo, e apenas alguns cachos de seu cabelo dourado permaneceram intocados pelas águas imundas.

Δ

Uma fria sensação de desolação emanava das paredes do agora antigo templo de Heliogábalo. O altar estava sendo desmontado e o betilo transportado para o palácio, de onde seria enviado de volta a Emesa para ser adorado por aqueles que ainda o desejavam. Os deuses de outrora retornariam a Roma; Júpiter voltaria a ocupar seu lugar de direito no templo.

Comazão entrou na *curia*, onde a pintura de Antonino estava sendo desmontada do lugar de destaque que ocupava acima da estátua alada da Vitória. Ordenou que um dos escravos a trouxesse para ele. Estava tão concentrado em estudá-la que não percebeu que Alexiano, que agora se chamava Alexandre, caminhava atrás dele.

– Era bonito, não é? – disse o imperador recém-nomeado.

Comazão olhou brevemente para o visitante e depois voltou a olhar para a imagem. Alexandre colocou a mão no ombro do general.

– Sinto muito pelo que aconteceu – continuou Alexandre.

– Era tarde demais para deter a multidão enlouquecida. Ele não merecia que seu corpo fosse profanado dessa maneira. – O corpo de Antonino foi arrastado pelas ruas, desmembrado e jogado no rio Tibre. – Nenhum de nós queria isso.

– Eu sei.

– Pelo menos sua mãe teve um funeral digno.

– Como está Maesa? – perguntou Comazão, olhando para o jovem.

– Doente. Quando ela voltou a si, estava gritando incoerentemente. Tivemos que trancá-la no palácio. Um médico cuidará dela. Eu fui vê-la e...

– ¿E...?

– Ela acha que eu sou Antonino. Se jogou no chão, implorando por perdão. Não consegui convencê-la de que não é assim.

Vários escravos se aproximaram varrendo o chão com vassouras de palha.

– Comazão, preciso lhe perguntar uma coisa.

– O que quiser, Excelência – disse Comazão, dispensando os escravos com um aceno de mão e colocando o retrato de lado.

– Minha mãe me contou como você era apegado ao meu primo. Ela disse que você o amava como um filho. Eu ficaria muito feliz se você pudesse me amar da mesma forma.

Comazão sorriu diante da ironia do destino. – Conte com isso... filho.

Alexandre o abraçou. – Fique com o quadro. Tenho certeza de que você o utilizará da melhor maneira possível.

Deixado sozinho, Comazão examinou a imagem novamente, agora apenas uma amostra grosseira da beleza cativante do rapaz sírio, o imperador pálido. Desviou o olhar por um momento e se virou lentamente para o fogo sagrado de Vitória. Olhou para a pintura uma última vez, a luz avermelhada das chamas destacando os tons de pele. Queimou um de seus cantos, deixando as cinzas caírem. As chamas atingiram o rosto do outrora ser humano mais poderoso da Terra, obscurecendo-o, manchando-o, obliterando-o. Ele jogou os últimos restos no fogo, vendo-os desaparecer em uma nuvem crepitante de faíscas e fumaça.

Printed in Great Britain
by Amazon

41584181R00189